应用型高等教育财经类专业“十三五”规划教材
创新创业基础 * 营改增新规 * 税收筹划演练

税　法

崔淑芬　主　编
方小红　向　涛　副主编

上海财经大学出版社

图书在版编目(CIP)数据

税法/崔淑芬主编．—上海：上海财经大学出版社，2017.2
(应用型高等教育财经类专业"十三五"规划教材)
ISBN 978-7-5642-2618-3/F・2618

Ⅰ.税…　Ⅱ.①崔…　Ⅲ.①税法-中国-高等学校-教材
Ⅳ.①D922.22

中国版本图书馆 CIP 数据核字(2016)第 294619 号

□ 责任编辑　徐　超
□ 封面设计　张克瑶

SHUIFA
税　法
崔淑芬　主　编
方小红　向　涛　副主编

上海财经大学出版社出版发行
(上海市武东路 321 号乙　邮编 200434)
网　址：http://www.sufep.com
电子邮箱：webmaster @ sufep.com
全国新华书店经销
上海景条印刷有限公司印刷装订
2017 年 2 月第 1 版　2017 年 2 月第 1 次印刷

787mm×1092mm　1/16　14.75 印张　377 千字
印数：0 001—4 000　定价：35.00 元

作者简介：

崔淑芬，教授，高级会计师，硕士生导师，深交所上市公司独立董事资格，湖北省高校财务管理专家，国家948项目评审专家，省级政府公共资源评审专家，湖北省法学会财税法学研究会理事，湖北省首届会计领军人才，中国总会计师协会会员。作者在大型国有企业和中外合资企业担任高层财务管理人员多年，拥有丰富的企业财务管理工作经验和税收实践经验。获得"2016年湖北省高校智库优秀决策咨询研究成果奖"；获得"九三学社成立70周年全国优秀社员"、"九三学社全国参政议政先进个人"称号；获得教育部、工信部"全国会计信息大赛最佳指导教师、优秀组织奖、优秀团队奖"；获得中国总会计师学会和北京大学"全国内控专题征文一等奖"；获得"2015年财政部全国管理会计征文优秀三等奖"、"2015年国家税务总局'营改增'专题征文全国优秀三等奖"；多项提案信息被中央政治局常委、国务院副总理批示，被省级及中央决策层采纳，并获得省政协优秀提案奖和优秀信息奖；连续5年获得省级优秀信息先进工作者称号。近年来在普通高校讲授多门会计专业课程，如"基础会计学"、"中级财务会计"、"高级财务会计"、"税法"、"中国税制"、"经济法概论"、"财务管理学"、"报表分析"、"管理会计学"，教学效果显著。在国家一级刊物发表论文多篇，主编出版了普通高等教育会计专业教材五本。主持和参与了多个省级重点项目和国家级项目。并致力于创新创业基础财税教育，为大型央企中国三江航天集团、湖北省担保集团和东风汽车集团、长江日报传媒集团等企业集团进行了税收筹划指导，具有丰富的企业财务管理和税收筹划经验。

副主编方小红，女，湖北黄冈人，管理学硕士。近年专著有《报税实务》等，合著有《成本会计》、《基础会计》等，参写、参编著作、教材多部；在《社会科学》、《教育科学》、《科教前沿》等刊物发表论文二十余篇。目前主要从事财务管理、税收筹划的教学与研究工作。

副主编向涛，注册会计师，高级会计师，湖北省会计领军人才（第五期），入选2014年全国高级会计师考试银榜。在中国航天三江集团公司任职多年，拥有丰富的财务管理、企业管理、法律事务经历，分别为工业、建筑业、商业等不同行业的公司开展税收筹划和财务管理。在企业改制和投资、高新技术企业申报和税收优惠、营改增、固定资产投资、研制项目管理、预算管理、财务管理、风险管控、业务与财务融合等方面均积累了丰富的经验和取得了成绩。有多篇企业管理成果在省级、国家级获奖，两篇论文分别在湖北省获奖和财经杂志发表。

前 言

税法是保障国家财政收入、调控经济与社会活动，维护纳税人权益的法律手段。随着我国社会主义市场经济的深入发展和社会民主法治的进步，税法和税法学科得到了迅速发展。

《税法》在最新的税收法规、会计法规的基础上，结合我国财税体制改革和营改增推进的进程，考虑大众创业、万众创新的需要，结合新会计准则和学生参加职称考试及企业税收筹划的需要，力图以会计的语言表达税法的经济实质并突出"精练性"和"应用性"。主要内容有：税收法律制度概述，流转税法律制度，所得税法律制度，财产税、行为税和资源税法律制度，税收征收管理法律制度等，主要章节设计涵盖了2015年全国注册会计师考试和注册税务师考试教材内容，并将真题作为例题进行了解答，以同时满足普通高校会计专业学生学习相关知识、考取相关技术职称的需要，具有很强的实用性。

在税法中非常重要的流转税增值税(含营改增)、消费税和关税中，我们重点介绍了增值税，这是因为营业税改征增值税后，增值税是我国企业收入中的主体税种，覆盖面广，占比高，因此作为主要的流转税种进行介绍。

《税法》以我国"十三五"期间的财税改革方向为引领，及时反映"营改增"的最新政策，并将创新创业税收筹划等有关内容在每章后进行训练，实用性和政策性强；同时将注册职称考试的真题作为本书的例题和课后练习题，有助于学生参加职称考试复习；同时，将复杂的知识尽量用图表形式进行总结提炼，方便记忆和学习；教材内容还会计分录运用于税法中，为提高学生的应用能力奠定坚实的基础。

本书主编崔淑芬，是湖北省首届会计领军人才，省高校财务管理专家，国家948项目评审专家，是湖北省创业指导教师，具有丰富的实践知识和丰硕的理论成果，致力于推进我国良法善治的财税体制改革工作，致力于促进大学生创新创业和小微企业的创业服务。本书得到浙江省丽水学院邱询旻教授的支持和指导，武汉东湖学院方小红副教授参与编写，财务管理专业学生吴剑兰同学参与了本书的资料收集工作，在此一并表示感谢！

《税法》可作为高等院校财经类、创业学院及其他应用型专业的税法普及应用教材，也可作为企业财务人员的培训提升，提高职业素质和能力的教材。

目　录

第一章　税收法律制度概述

【本章知识点简介】

本章是税收法律制度基础知识的介绍。

税收是以国家为主体，为实现国家职能，凭借政治权力，按照法定标准，无偿取得财政收入的一种特定分配形式。税法是国家权力机关和行政机关制定的用以调整国家与纳税人之间在征纳税方面的权利与义务关系的法律规范的总称。

【本章主要内容】

一是税收与税法的概念、特征及作用。税收与其他财政收入形式相比，具有强制性、无偿性和固定性三个特征。税收应坚持效率与公平原则。

二是税种的分类和税法要素。税收的分类有多种方法，其中按照征税对象性质的不同可以将税收分为流转税、所得税、资源税、财产税、行为税。税法要素包括征税人、纳税义务人、征税对象、税目、税率、计税依据、减免税、纳税环节、纳税地点、纳税期限、法律责任等内容。

三是我国现行税收制度。我国现行税收制度中的税种有增值税、消费税、资源税、企业所得税、个人所得税、印花税、土地增值税、城镇土地使用税、房产税、车船税、固定资产投资方向调节税(已停征)、城市维护建设税、车辆购置税、屠宰税、筵席税、耕地占用税、契税、关税、烟叶税等。我国税收征收管理机关主要有国家税务局、地方税务局和海关。

四是企业组织的整体税收筹划。设立组织形式选择、筹资活动、生产经营活动、投资活动、利润分配等税收筹划依据。

第一节　税收与税法概述

一、税收的概念和特征

(一)税收的概念

税收是政府为了实现其职能，凭借政治权力，按照预定的标准，向社会成员和组织强制、无偿地取得财政收入的一种主要形式。

税收的本质特征为税收是政府为实现职能(提供公共产品)而向社会成员筹集的收入。税法所确定的具体内容就是税收制度。因此,必须在深入理解税收的基础上把握税法的概念。见图1—1。

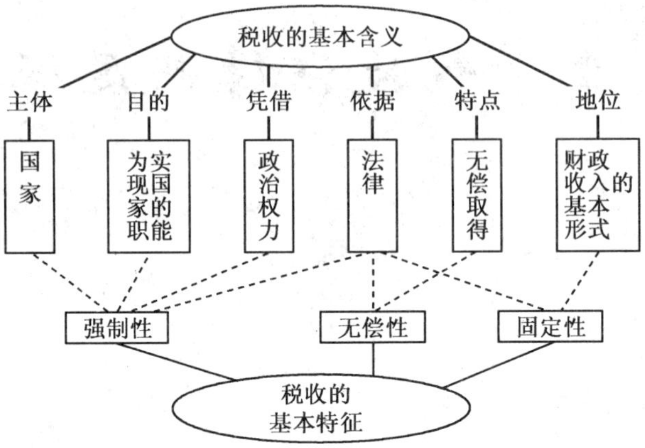

图1—1 税收的含义和特性

(二)税收的特征

税收特征,亦称"税收形式特征",是指税收分配形式区别于其他财政分配形式的质的规定性。税收特征由税收的本质决定,是税收本质属性的外在表现,是区别税与非税的外在尺度和标志,也是古今中外税收的共性特征。

税收的形式特征通常概括为税收"三性",即无偿性、强制性和固定性。

(1)税收的无偿性,指国家征税以后对具体纳税人既不需要直接偿还,也不付出任何直接形式的报酬,纳税人从政府支出所获利益通常与其支付的税款不完全成一一对应的比例关系。无偿性是税收的关键特征,它使税收明显地区别于国债等财政收入形式,决定了税收是国家筹集财政收入的主要手段,并成为调节经济和矫正社会分配不公的有力工具。

(2)税收的强制性,指税收是国家凭借政治权力,通过法律形式对社会产品进行的强制性分配,而非纳税人的一种自愿缴纳,纳税人必须依法纳税,否则会受到法律制裁。强制性是国家的权力在税收上的法律体现,是国家取得税收收入的根本前提。它也是与税收的无偿性特征相对应的一个特征。正因为税收具有无偿性,才需要通过税收法律的形式规范征纳双方的权利和义务,对纳税人而言依法纳税既是一种权利,更是一种义务。

(3)税收的固定性,指税收是国家通过法律形式预先规定了对什么征税及其征收比例等税制要素,并保持相对的连续性和稳定性,即使税制要素的具体内容也会因经济发展水平、国家经济政策的变化而进行必要的改革和调整,但这种改革和调整也总是要通过法律形式事先规定,而且改革调整后要保持一定时期的相对稳定。基于法律的税收固定性始终是税收的固有形式特征,税收固定性对国家和纳税人都具有十分重要的意义。对国家来说,可以保证财政收入的及时、稳定和可靠,可以防止国家不顾客观经济条件和纳税人的负担能力,滥用征税权力;对于纳税人来说,可以保护其合法权益不受侵犯,增强其依法纳税的法律意识,同时也有利于纳税人通过税收筹划选择合理的经营规模、经营方式和经营结构等,降低经营成本。

税收"三性"是一个完整的统一体,相辅相成、缺一不可。其中无偿性是核心,强制性是保障，固定性是对强制性和无偿性的一种规范和约束。

二、税法

(一)税法的概念和分类

税收属于经济学概念，而税法则属于法学概念。

税法，即税收法律制度，是税收制度的法律表现形式，是国家权力机关和行政机关制定的用以调整国家与纳税人之间在征纳税方面的权利与义务关系的法律规范的总称，是国家法律的重要组成部分。税法是以宪法为依据，调整国家与社会成员在征纳税方面的权利与义务关系，维护社会经济秩序和纳税秩序，保障国家利益和纳税人合法权益的一种法律规范，是国家税务机关及一切纳税单位和个人依法征税、依法纳税的行为规则。

税法定义要点：

(1)立法机关——有权的机关：在我国即是全国人民代表大会及其常务委员会、地方立法机关、获得授权的行政机关。

(2)调整对象——税收分配中形成的权利义务关系。

(3)范围——广义与狭义之分。广义的税法，包括各级有权机关制定的税收法律、法规、规章，是由税收实体法、税收程序法、税收争诉法等构成的法律体系。

【例 1－1】 从广义的立法层次上划分，税法包括(　　)。

A. 全国人大制定的税收法律

B. 国务院制定的税收法规

C. 省级政府制定的地方性税收法规

D. 中央政府部门制定的税收规章

E. 市级政府制定的税收规章

［答案］ ABD

［解析］ 从广义的立法层次上划分，税法包括全国人大制定的税收法律、国务院制定的税收法规或省级人民代表大会制定的地方性税收法规，有关政府部门制定的税收规章。

税法与税收存在着密切的联系，税收活动必须严格依照税法的规定进行，税法是税收的法律依据和法律保障。税收以税法为其依据和保障，而税法又必须以保障税收活动的有序进行为其存在的理由和依据。此外，税收作为一种经济活动，属于经济基础范畴，而税法则是一种法律制度，属于上层建筑范畴。国家和社会对税收收入与税收活动的客观需要，决定了与税收相对应的税法的存在；而税法则对税收的有序进行和税收目的的有效实现起着重要的法律保障作用。两者涉及的范围不同，一般来说，所有的税收法律规范都称为税收制度，包括税收法律、法规和规章三种形式，而税法一般仅指税收法律这一种形式。

按税法的立法目的、征税对象、权限划分、适用范围、功能作用的不同，可对税法做出不同的分类。按照税法的功能作用的不同，将税法分为税收实体法和税收程序法两类。

税收实体法是指确定的税种立法，具体规定了税种的征收对象、征收范围、税目、税率、纳税地点等内容。例如，《中华人民共和国个人所得税法》就属于税收实体法。

税收程序法是指税务管理方面的法律，具体规定了税收征收管理、纳税程序、发票管理、税务争议处理等内容。例如，《中华人民共和国税收征收管理法》(以下简称《税收征管法》)就属于税收程序法。

(二)税法的法定解释

(1)专属性:法定解释应严格按照法定的解释权限进行,任何有权机关都不能超越权限进行解释。

(2)权威性:法定解释同样具有法的权威性。

(3)针对性:法定解释大多是在法律实施过程中,特别是在法律的适用过程中进行的,是对具体的法律条文、具体的事件或案件做出的。但其效力不限于具体的法律事件或事实,而具有普遍性和一般性。

1. 按解释权限划分

具体见表1—1。

表1—1 解释权限对照

种类	解释主体	法律效力	其 他
立法解释	三部门:全国人大及其常委会、最高行政机关、地方立法机关做出的税务解释	可作判案依据	属于事后解释
司法解释	两高:最高人民法院、最高人民检察院、两高联合做出的税务刑事案件或税务行政诉讼案件解释或规定	有法的效力 ——可作判案依据	司法解释在我国,仅限于税收犯罪范围
行政解释	国家税务行政主管机关(包括财政部、国家税务总局、海关总署)	不具备与被解释的税法同等的法律效力 ——原则上不作判案依据	执行中有普遍约束力

2. 按解释尺度划分

(1)字面解释:必须严格依税法条文的字面含义进行解释,既不扩大也不缩小。

(2)限制解释:是指为了符合立法精神与目的,对税法条文所进行的窄于其字面含义的解释。

(3)扩充解释:是指为了更好地体现立法精神,对税法条文所进行的大于其字面含义的解释。例如,我国个人所得税法规定:"劳务报酬所得按次征收",个人所得税法实施条例关于"次"的规定。

【例1—2】 下列有关税法解释的表述中,正确的是( )。

A. 税法解释不具有针对性

B. 税法解释不具有专属性

C. 检察解释不可作为办案的依据

D. 税法立法解释通常为事后解释

[答案] D

[解析] 税法解释具有针对性、专属性,司法解释可作为办案的依据。

(三)税收法律关系

税收法律关系是指税收法律制度所确认和调整的国家与纳税人之间、国家与国家之间以及各级政府之间在税收分配过程中形成的权利和义务关系。税收法律关系体现为国家征税与纳税人纳税的利益分配关系。总体上,税收法律关系与其他法律关系一样,也是由主体、客体和内容三个要素构成。这三个要素之间互相联系,形成统一的整体。

1. 税收法律关系主体

税收法律关系主体是指税收法律关系中享有权利和承担义务的当事人,即税收法律关系的参加者。分为征税主体和纳税主体。

(1)征税主体。征税主体是指税收法律关系中享有征税权利的一方当事人，即税务行政执法机关。包括各级税务机关、海关等。

【例1—3】 下列职权中不属于税务机关职权的是(　　)。

A. 税收检查权

B. 税收行政立法权

C. 代位权和撤销权

D. 税收法律立法权

［答案］ D

［解析］ 税收法律立法权，属于国家权力机关的职权，税务机关没有制定税收法律的权力。

(2)纳税主体。纳税主体即税收法律关系中负有纳税义务的一方当事人。包括法人、自然人和其他组织。对这种权利主体的确定，我国采取属地兼属人原则，即在华的外国企业、组织、外籍人、无国籍人等，凡在中国境内有所得来源的，都是我国税收法律关系的纳税主体。

【例1—4】 下列各项属于纳税人权利范围的有(　　)。

A. 发票使用检查权

B. 申请延期缴纳税款权

C. 申请退还多缴税款权

D. 索取有关税收凭证的权利

E. 代位权和撤销权

［答案］ BCD

［解析］ 发票使用检查权、代位权和撤销权属于税务机关的职权。

2. 税收法律关系客体

税收法律关系的客体是指税收法律关系主体双方的权利和义务所共同指向、影响和作用的客观对象。税收法律关系客体与征税对象较为接近，在许多情况下是重叠的，但有时两者又有所不同。税收法律关系的客体属于法学范畴，侧重于其所连接的征税主体与纳税主体之间权利义务的关系，不注重具体形态及数量关系，较为抽象；而征税对象属于经济学范畴，侧重于表明国家与纳税人之间物质利益转移的形式、数量关系及范围，较为具体。例如流转税的法律关系客体是纳税人生产、经营的商品、货物或从事的劳务，而征税对象是其商品流转额或非商品流转额；财产税的法律关系客体是纳税人所拥有的某些财产，征税对象是这些财产的价值额。

3. 税收法律关系内容

税收法律关系的内容是指税收法律关系主体所享受的权利和应承担的义务，这是税收法律关系中最实质的内容，也是税法的灵魂。它具体规定了税收法律关系主体可以有什么行为，不可以有什么行为，如果违反了税法的规定，应该如何处罚等。

(1)征税主体的权利与义务。

根据我国税法规定，税务机关享有依法行政和征收国家税款的权力。主要有：征税权；税务管理权；税法解释权；估税权；委托代征权；税收保全权；行政强制执行权；行政处罚权；税收检查权；税款追征权；代位权与撤销权；阻止欠税纳税人离境的权力；定期对纳税人欠缴税款情况予以公告的权力；等等。

税务机关的义务包括:依法办理税务登记、开具完税凭证的义务;保密的义务;宣传税法、无偿提供纳税咨询服务的义务;提供高质量纳税服务的义务;依法进行回避的义务;多征税款立即返还的义务;实施税收保全过程中的义务;出示税务检查证的义务;受理行政复议及应诉的义务;等等。

(2)纳税主体的权利与义务。

纳税主体的权利包括:知情权;保密权;陈述权与申辩权;控告检举权;延期申报请求权;延期纳税请求权;减税、免税、出口退税请求权;多缴税款申请退还权;取得凭证权;税务人员未出示税务检查证和税务通知书时拒绝检查权;个人及其所扶养家属维持生活必需的住房和用品不被扣押的权利;委托税务代理权;要求税务机关承担赔偿责任权;申请行政复议和提起行政诉讼权。

纳税主体的义务包括:按期办理税务登记的义务;依法设置账簿、正确使用凭证的义务;按期办理纳税申报的义务;按期缴纳或解缴税款的义务;滞纳税款须缴纳滞纳金的义务;接受税务检查的义务;向税务机关报告的义务;离境前结清税款的义务;申请行政复议前缴纳税款、滞纳金或提供担保的义务。

4. 税收法律关系的产生、变更与消灭

税法是引起税收法律关系的前提条件,但税法本身并不能产生具体的税收法律关系。税收法律关系的产生、变更和消灭必须有能够引起税收法律关系产生、变更或消灭的客观情况,也就是由税收法律事实来决定。税收法律事实可以分为税收法律事件和税收法律行为,税收法律事件是指不以税收法律关系权利主体的意志为转移的客观事件,例如,自然灾害可以导致税收减免,从而改变税收法律关系内容的变化。税收法律行为是指税收法律关系主体在正常意志支配下做出的活动,例如,纳税人开业经营即产生税收法律关系,纳税人转业或停业就造成税收法律关系的变更或消灭,详见表1—2。

表1—2　税收法律关系的产生、变更与消灭对照

要　点	内　容
产生	以引起纳税义务成立的法律事实为标志(即出现应税行为)
变更原因	1. 由于纳税人自身的组织状况发生变化 2. 由于纳税人的经营或财产情况发生变化 3. 由于税务机关组织结构或管理方式的变化 4. 由于税法的修订或调整 5. 因不可抗力造成的破坏
消灭原因	1. 纳税人履行纳税义务 2. 纳税义务因超过期限而消灭 3. 纳税义务的免除 4. 某些税法的废止 5. 纳税主体的消失

5. 税收法律关系的保护

税收法律关系是同国家利益及企业和个人的权益相联系的。保护税收法律关系,实质上就是保护国家正常的经济秩序,保障国家财政收入,维护纳税人的合法权益。税收法律关系的保护形式和方法是很多的,税法中关于限期纳税、征收滞纳金和罚款的规定,《中华人民共和国刑法》(以下简称《刑法》)对构成逃税、抗税罪给予刑罚的规定,以及税法中对纳税人不服税务机关征税处理决定，可以申请复议或提出诉讼的规定等都是对税收法律关系的直接保护。税收法律关系的保护对权利主体双方是平等的，不能只对一方保护，而对另一方不予保护。同时对其享有权利的保护，就是对其承担义务的制约。

（四）税法的制定

根据我国《宪法》及其他相关法律的规定，有权参与税收立法和政策制定的机关有全国人民代表大会及其常务委员会，省、自治区、直辖市人民代表大会及其常务委员会，国务院，财政部，国家税务总局，国务院关税税则委员会。

(1)全国人民代表大会是我国的最高权力机关，行使国家立法权，包括制定税收法律。

(2)全国人民代表大会常务委员会是全国人民代表大会的常设机关，它不仅自己拥有税收立法权，而且还可以授权国务院公布有关税收条例。

(3)国务院是国家最高权力机关的执行机关，是国家最高行政机关。根据我国《宪法》规定，国务院有制定行政法规的权力。国务院的税收立法权主要表现在三个方面：一是根据全国人民代表大会及其常务委员会制定的税收法律，制定实施条例及有关行政法规；二是根据全国人民代表大会常务委员会的授权，拟定有关税收条例；三是向全国人民代表大会及其常务委员会提出税收法律议案。

(4)财政部是国务院负责国家财政收支、主管财政政策、实施财政监督、参与对国民经济进行宏观调控的职能部门。负责制定和执行国家税收的方针、政策；负责组织制定税法和税收条例、决定、规定及有关实施细则，制定税种的增减和税目税率的调整等法规性政策。

(5)国家税务总局负责组织实施税收征收管理体制改革；制定征收管理制度；监督检查税收法律法规、方针政策的贯彻执行。

(6)关税税则委员会负责制定或者修订《进出口关税条例》《海关进出口税则》的方针、政策、原则等。

广义的税收制度的四个层次，见表1—3。

表1—3　　税收制度的四个层次

分　类	立法机关	形　式	举　例
税收法律	全国人大及其常委会	法律	中华人民共和国个人所得税法 中华人民共和国税收征收管理法
税收法规	国务院——最高行政机构	暂行条例	中华人民共和国增值税暂行条例 中华人民共和国个人所得税法实施细则
税收规章	税务总局	办法、细则、规定等	税务部门规章制定实施办法
税务行政规范	税务机关	通知、答复函等	关于增值税几个税收政策问题的通知

（五）税法的作用

1. 规范作用

规范作用有五个方面（注册会计师考试考过定义）：指引、评价、预测、强制、教育。

2. 经济作用

经济作用有五个方面：税收的法律保障、处理分配关系的法律依据、宏观调控的手段、监督管理活动、维护国家权益。

（六）税法的原则

税法的原则反映税收活动的根本属性，是税收法律制度建立的基础。税法原则包括税法基本原则和税法适用原则，见表1－4。

表1－4 **税法原则**

两类原则	具体原则
税法的基本原则	1. 税收法律主义 2. 税收公平主义 3. 税收合作信赖主义 4. 实质课税原则
税法的适用原则	1. 法律优位原则 2. 法律不溯及既往原则 3. 新法优于旧法原则 4. 特别法优于普通法原则 5. 实体从旧、程序从新原则 6. 程序优于实体原则

1. 基本原则

(1)税收法律主义(也称税收法定性原则)。

①含义：是指税法主体的权利义务必须由法律加以规定，税法的各类构成要素都必须且只能由法律予以明确地规定，超越法律规定的课税是违法和无效的。

②功能：保持税法的稳定性与可预测性。

③具体原则：课税要素法定；课税要素明确(从立法技术角度)；依法稽征(依法定要素、依法定程序)。

(2)税收公平主义。

①含义：税收负担必须根据纳税人的负担能力分配，负担能力相等，税负相同；负担能力不等，税负不同。

②法律上的税收公平与经济上的税收公平。经济上的税收公平往往是作为一种经济理论提出来的，可以作为制定税法的参考，但是对政府与纳税人尚不具备强制性的约束力。

③实体上的、程序上的税收公平。

(3)税收合作信赖主义。

①含义：征纳双方关系从主流上看是相互信赖、相互合作的，而不是对抗的。

②表现：一方面，纳税人应按照税法的规定及时缴纳税款；另一方面，没有充足的依据，税务机关不能对纳税人是否依法纳税有所怀疑。

(4)实质课税原则。

①含义：依纳税人真实负担能力决定其税负，不能仅考核其表面是否符合课税要件。

②意义：防止纳税人避税与偷税，增强税法适用的公正性。

例如：纳税人借转让定价而减少计税所得，税务机关有权重新估定计税价格，而不是纳税人申报的计税价格。

【例1－5】 下列各项中，体现税收合作信赖主义原则的是(　　)。

A. 税法主体的权利义务必须由法律加以规定

B. 税收负担必须根据纳税人的负担能力分配

C. 没有充足证据税务机关不能对纳税人是否依法纳税有所怀疑

D. 应根据纳税人的真实负担能力决定纳税人的适用税率

［答案］　C

［解析］　选项 A、B 和 D 不符合题意。

【例 1—6】　关于税法的基本原则，下列表述中正确的有(　　)。

A. 税收法定主义的功能偏重于保持税法的稳定性和可预测性

B. 经济上的税收公平不具备强制约束力，仅作为制定税法的参考

C. 实质课税原则的意义在于防止纳税人的偷税和避税

D. 税收公平主义赋予纳税人既可以要求实体利益上税收公平，也可以要求程序上税收公平的权利

E. 税务机关有权重新核定计税依据，体现的是税收公平主义原则

［答案］　ABCD

［解析］　税务机关有权重新核定计税依据，体现的是实质课税原则。

2. 税法的适用原则

税法的适用原则如表 1—5 所示。

表 1—5　　税法的适用原则

适用原则	含　义	解　析
法律优位原则	关系：法律>法规>规章 税收法律的效力高于行政法规的效力，税收行政法规的效力高于税收行政规章的效力，效力高的税法高于效力低的税法	(1)作用：处理不同等级税法的关系上 (2)效力低的税法与效力高的税法发生冲突，效力低的税法即是无效的
法律不溯及既往原则	新法实施后，之前人们的行为不适用新法，而只沿用旧法	例如：2015—2—1 电池、涂料征收消费税
新法优于旧法原则	新法旧法对同一事项有不同规定时，新法效力优于旧法	例如：2014—7—1 增值税简易办法征收率统一
特别法优于普通法原则	对同一事项两部法律分别订有一般和特别规定时，特别规定的效力高于一般规定的效力	居于特别法地位级别较低的税法，其效力可以高于作为普通法的级别较高的税法
实体从旧、程序从新原则	实体法不具备溯及力，而程序法在特定条件下具备一定溯及力	实体性权利义务以其发生的时间为准；而程序性问题(如税款征收方法、税务行政处罚等)新税法具有约束力
程序优于实体原则	在税收争讼发生时，程序法优于实体法，以保证国家课税权的实现	—

【例 1—7】　纳税人李某和税务所在缴纳税款上发生了争议，必须在缴纳有争议的税款后，税务复议机关才能受理李某的复议申请，这体现了税法适用原则中的(　　)。

A. 新法优于旧法原则

B. 特别法优于普通法原则

C. 程序优于实体原则

D. 实体从旧原则

［答案］　C

［解析］　程序优于实体原则含义是在税收争讼发生时，程序法优于实体法适用。

（七）税法与其他部门法关系

1. 税法与宪法

宪法56条的两个明确：明确了国家可以向公民征税；明确了向公民征税要有法律依据。

2. 税法与民法的关系

(1)联系

①税法借用了民法的概念。

②税法借用了民法的规则。

③税法借用了民法的原则。

(2)区别

①调整的对象不同。

②法律关系的建立及其调整适用的原则不同。

③调整的程序和手段不同。

3. 税法与行政法的关系

(1)联系

①调整对象有相同。

②居于领导地位的都是国家。

③都体现国家单方面意志。

④解决争议的程序相似。

(2)区别

①税法具有经济分配性质。

②税法与社会再生产密切相连。

③税法是义务性法规。

4. 税法与刑法的关系

(1)联系

①调整对象上有衔接和交叉。

②对税收犯罪的刑罚。

③司法调查程序是一致的。

④都具备明显的强制性。

(2)区别

①调整对象不同。

②税法属于义务性法规。刑法属于禁止性法规。

③法律责任的承担形式。

第二节　税收制度

税收制度简称税制，是指一个国家在其税收管辖权范围内调整税收分配的过程中，形成的权利义务关系的法律规范的总称。包括税收法律、法规和各类税务规章，是政府依法向纳税人征税的法律依据和工作准则。不同国家或地区以及同一国家或地区在不同历史时期，税收制度都是不同的。

税收制度是一个历史的、财政的范畴，是国家财政经济制度的重要组成部分，是国家处理税收分配关系的规范。既是国家向纳税人征税的法律依据和税务机关税收工作的规程，又是纳税人履行纳税义务的法定准则。

其概念可从广义和狭义两个角度理解。

广义的包括国家的各种税收法律法规、税收管理体制、税收征收管理制度及税务机关内部管理制度。可以分为税收法律、税收法规、税务规章和税务行政规范等四个层次。

狭义的指国家的各种税收法规和征收管理制度，包括各种税法条例、实施细则、征收管理办法和其他相关的税收规定等。

上述两种含义既有明显区别，又有内在联系。前者是法律形式，是税收分配活动的法律规范；后者是一个国家根据经济条件和财政需要所采用的税制的构造体系。

一、税收制度的分类

对税收制度的分类有多种方法，主要有按课税对象性质、经济性质及其转嫁归宿状况分类。我国税种分类主要有：

（一）按征税对象的性质不同分类

按征税对象的性质不同，可分为流转税类、所得税类、资源税类、财产税类、行为税类五大类型。

（1）流转税类。如增值税、消费税、关税等。流转税是我国税制体系中的主体税种，其中又以增值税为主。

（2）所得税类。如企业所得税、个人所得税。

（3）资源税类。如资源税等。

（4）财产税类。如房产税、契税等。

（5）行为税类。如城市维护建设税、印花税、车辆购置税、车船税、船舶吨税、屠宰税等。

（二）按管理和税收收入归属不同分类

按管理和使用权限的不同，可分为中央税、地方税和中央地方共享税。

（1）中央税。属于中央政府的财政收入，由国家税务局负责征收管理，如关税和消费税。

（2）地方税。属于地方各级政府的财政收入，由地方税务局负责征收管理，如城镇土地使用税、契税等。

（3）中央地方共享税。属于中央政府和地方政府财政的共同收入，由中央、地方政府按一定的比例分享税收收入，目前由国家税务局负责征收管理，如增值税。

（三）按计税依据不同分类

按计税依据不同，可分为从价税和从量税。

（1）从价税是以征税对象价格为计税依据，其应纳税额随商品价格的变化而变化，能充分体现合理负担的税收政策，因而大部分税种均采用这一计税方法。

（2）从量税以征税对象的数量、重量、体积等作为计税依据，课税数额与征税对象数量相关而与价格无关。

（四）按税负能否转嫁分类

按税负能否转嫁，可分为直接税和间接税。

（1）直接税是由纳税人直接负担，不易转嫁的税种，如所得税类、财产税类等。

（2）间接税是纳税人能将税负转嫁给他人负担的税种，向各种商品的课税均属于间接税。

二、税收实体法及其组成要素

要素，是构成事物的必要因素，税法要素是指税收实体法要素。

税收实体法：规定税收法律关系主体的实体权利、义务的法律规范总称，是税法的核心部分。

税收实体法结构的特点：规范性（一税一法）、统一性（税收要素固定，即权利义务的要件）。

涉及实体法的六个要素，分别是：纳税义务人、课税对象、税率、减税免税、纳税环节、纳税期限。

（一）纳税义务人

1. 含义

税法规定直接负有纳税义务的单位和个人，包括法人和自然人。

2. 与纳税人有关的概念

（1）负税人：实际负担税款的单位和个人。

纳税人与负税人有时一致：如直接税（所得税）；有时不一致：如间接税（货物劳务税）。

不一致的原因是：价格与价值背离，引起税负转移或转嫁。

（2）代扣代缴义务人：有义务从持有的纳税人收入中扣除其应纳税款并代为缴纳的企业、单位或个人。

（3）代收代缴义务人：有义务借助与纳税人的经济交往而向纳税人收取应纳税款并代为缴纳的单位。

（4）代征代缴义务人：因税法规定，受税务机关委托而代征税款的单位和个人。

（5）纳税单位：申报缴纳税款的单位，是纳税人的有效集合。

（二）课税对象

1. 含义

税法中规定的征税的目的物，是征税的依据，解决对什么征税。

2. 作用——基础性要素

（1）是区分税种的主要标志；

（2）体现征税的范围；

（3）其他要素的内容一般都以课税对象为基础确定。

3. 与征税对象有关的要素

（1）计税依据（税基）：税法规定的据以计算各种应征税款的依据或标准，见表1—6。

表1—6　课税对象与计税依据

课税对象与计税依据关系	计税依据	举　例
一致	价值形态	所得税
不一致	实物形态	房产税、耕地占用税、车船税

【课税对象与计税依据的关系】

课税对象是指征税的目的物，计税依据则是在目的物已经确定的前提下，对目的物据以计算税款的依据或标准；

课税对象是从质的方面对征税所做的规定，而计税依据则是从量的方面对征税所做的规定，是课税对象量的表现。

(2)税源：税款的最终来源，税收负担的归宿，表明纳税人负担能力，见表1—7。

表1—7　　课税对象与税源关系

课税对象与税源关系	课税对象来源	举　例
一致	国民收入分配中形成的各种收入	所得税
不一致	其他方面	大多数税（如消费税、房产税）

【课税对象与税源的关系】　课税对象是据以征税的依据；税源则表明纳税人的负担能力。

(3)税目。

①含义：税目是课税对象的具体化，反映具体的征税范围，解决课税对象的归类。

②作用：明确征税范围；解决征税对象的归类（税目税率同步考虑——税目税率表，如消费税、资源税）。

③分类：分为列举税目和概括税目两类。

A. 列举税目：是将每一种商品或经营项目采用一一列举的方法（又分为细列举、粗列举），如消费税。

B. 概括税目：是按照商品大类或行业采用概括方法设计税目（又分为小概括、大概括）。

【例1—8】　对税收实体法要素中有关课税对象的表述，下列说法中正确的有（　　）。

A. 课税对象是国家据以征税的依据

B. 税目是一种税区别于另一种税的最主要标志

C. 从实物形态分析，课税对象与计税依据是一致的

D. 从个人所得税来看，其课税对象与税源是一致的

E. 计税依据是从质的方面对课税做出的规定，课税对象是从量的方面对课税做出的规定

[答案]　AD

[解析]　课税对象是一种税区别于另一种税的最主要标志；从实物形态分析，课税对象与计税依据是不一致的；从所得税（包括企业所得税和个人所得税）来看，其课税对象与税源是一致的。计税依据是从量的方面对课税做出的规定，课税对象是从质的方面对课税做出的规定。

(三)税率

税率是计算税额的尺度，代表课税的深度，关系着国家的收入多少和纳税人的负担程度，因而它是税收政策的中心环节。

税率的形式：比例税率、累进税率、定额税率、其他形式。

1. 比例税率：同一征税对象或同一税目，规定一个比例的税率。

(1)形式：产品比例税率，行业比例税率，地区差别比例税率，有幅度的比例税率。

(2)特点：①税率不随课税对象数额的变动而变动；②课税对象数额越大，纳税人相对直接负担越轻；③计算简便；④税额与课税对象成正比。

2. 累进税率：是指同一课税对象，随着数量的增大，征收比例也随之增高的税率。

即：课税对象按数额大小划分等级，规定不同税率。多用于收益课税，处理税收负担的纵向公平。

累进方式：额累（见图1—2），率累。具体有：

(1)全额累进税率。

(2)超额累进税率。

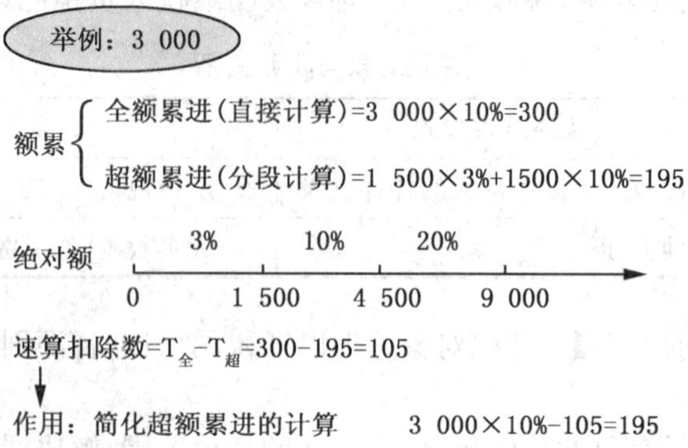

图1—2 额累

超额累进税率的特点：

①计算方法比较复杂,征税对象数量越大,包括等级越多,计算步骤也越多；

②累进幅度比较缓和,税收负担较为合理；

③边际税率和平均税率不一致,税收负担的透明度较差。

目前,我国个人所得税中有三个税目使用此税率。

(3)超率累进税率——适用于土地增值税。

(4)超倍累进税率。

计税基数是绝对数时,超倍累进税率实际上是超额累进税率,因为可以把递增倍数换算成递增额；

计税基数是相对数时,超倍累进税率实际上是超率累进税率,因为可以把递增倍数换算成递增率。

【例1—9】 下列关于累进税率的表述中正确的是(　　)。

A. 超额累进税率计算复杂,累进程度缓和,税收负担透明度高

B. 全额累进税率计算简单,但在累进分界点上税负呈跳跃式,不尽合理

C. 计税基数是绝对数时,超倍累进税率实际上是超率累进税率

D. 计税基数是相对数时,超额累进税率实际上是超倍累进税率

[答案] B

[解析] 选项A,超额累进税率计算复杂,累进程度缓和,税收负担透明度低；选项C,计税基数是绝对数时,超倍累进税率实际上是超额累进税率；选项D,计税基数是相对数时,超率累进税率实际上是超倍累进税率。

3. 定额税率

(1)含义:根据单位课税对象,直接规定固定的征税数额。

(2)目前使用:城镇土地使用税、耕地占用税、车船税、消费税中部分应税消费品、资源税中部分资源产品。

(3)基本特点:①税率与课税对象的价值量脱离了联系,不受课税对象价值量变化的影响。②适用于对价格稳定、质量等级和品种规格单一的大宗产品征税的税种。③由于产品价格变动的总趋势是上升的,因此,产品的税负就会呈现累退性。

【例1－10】 在我国现行税法中，采用地区差别定额税率的税种有(　　)。

A. 资源税　　B. 城镇土地使用税

C. 耕地占用税　　D. 土地增值税

E. 城市维护建设税

［答案］ BC

［解析］ 资源税有比例税率，也有定额税率；土地增值税为超率累进税率，城市维护建设税为比例税率。

4. 税率的其他形式

(1)名义税率与实际税率。

名义税率：税法规定的税率。

实际税率：一定时期内实际缴纳税额占其课税对象实际数额的比例。

通常：名义税率＞实际税率

原因：(注意多选题)

①计税依据与征税对象可能不一致；②税率差异；③减免税的使用；④偷漏税；⑤错征税款。

(2)边际税率与平均税率。

边际税率是指再增加一些收入时，增加的这部分收入所纳税额同增加收入之间的比例。

平均税率是指全部税额与全部收入之比。

【二者关系】 在比例税率条件下，边际税率等于平均税率；而在累进税率条件下，边际税率往往要大于平均税率。边际税率的提高会带动平均税率的上升。

边际税率与平均税率比较，见图1－3。

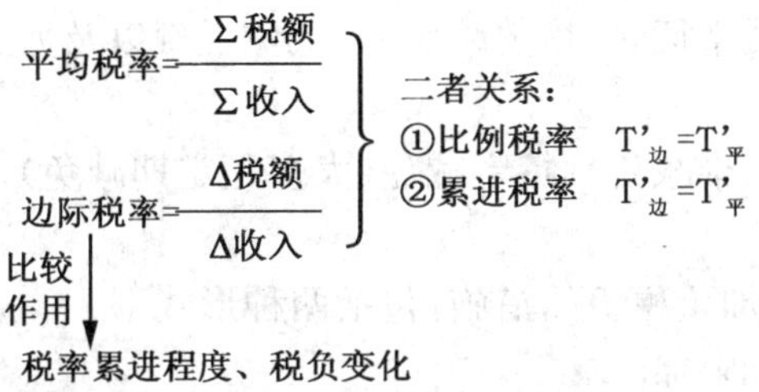

图1－3　边际税率与平均税率

(3)零税率与负税率。

零税率是以零表示的税率，是免税的一种方式，表明课税对象的持有人负有纳税义务，但不需缴纳税款。

负税率是指政府利用税收形式对所得额低于某一特定标准的家庭或个人予以补贴的比例。

(四)减税免税

减税是指减征部分税款，免税是指免征全部税款。

减免税权限：减免税依照法律的规定执行，法律授权国务院的，按国务院制定的行政法规的规定执行。

1. 减免税的基本形式

(1)税基式减免——使用最广泛，即直接缩小计税依据的方式实现减免税。

具体包括起征点、免征额、项目扣除、跨期结转等。

【区分起征点与免征额】

起征点是征税对象达到一定数额开始征税的起点。免征额是在征税对象的全部数额中免予征税的数额。见图1—4。

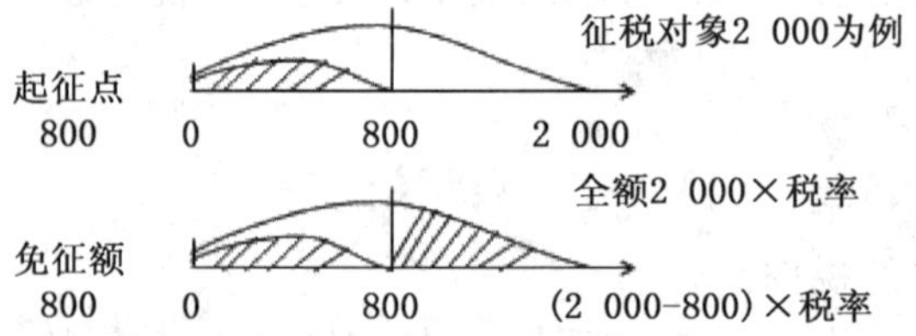

图1—4 起征点与免征额

【起征点与免征额关系】

区别：①当纳税人收入达到或超过起征点时，就其收入全额征税；而当纳税人收入超过免征额时，则只就超过的部分征税。②当纳税人的收入恰好达到起征点时，就要按其收入全额征税；而当纳税人收入恰好与免征额相同时，则免于征税。

比较：享受免征额的纳税人就要比享受同额起征点的纳税人税负轻。起征点只能照顾一部分纳税人，而免征税额则可以照顾适用范围内的所有纳税人。

(2)税率式减免——适用于流转税(解决某个行业或产品)

具体包括重新确定税率、选用其他税率、零税率等形式。

(3)税额式减免

具体包括：全部免征、减半征收、核定减免率、抵免税额以及另定减征税额等。

2. 减免税分类

法定减免、临时减免(困难减免)、特定减免(大多是定期减免)。

3. 加重税负的措施

与减免税相对立的，是加重税负的措施，包括两种形式：

(1)税收附加：也称地方附加。

(2)税收加成：加一成相当于加征应纳税额的10%。

《个人所得税法》规定，对劳务报酬所得畸高的，可以实行加成征收。

【例1—11】 减免税作为税收优惠政策的核心内容，体现了税法的统一性与灵活性的有机结合。下列关于税收减免税表述中，正确的是(　　)。

A. 增值税即征即退是税基式减免税的一种形式

B. 增值税的减免税由全国人大规定

C. 免征额是税额式减免税的一种形式

D. 零税率是税率式减免税的一种形式

[答案] D

[解析] 增值税即征即退属于税额式减免；增值税的减税、免税依照法律的规定执行，法律授权国务院的，依照国务院制定的行政法规的规定执行；免征额是税基式减免。

(五)纳税环节

生产环节(如资源税)、流通环节(商品税)、分配环节(所得税)、消费环节(车辆购置税)。

（六）纳税期限

1. 决定因素

税种的性质、应纳税额的大小、交通条件。

2. 形式

（1）按期（如流转税）。

（2）按次（如耕地占用税）。

（3）按年（但要分期预缴，如企业所得税、房产税、土地使用税）。

【例1－12】 纳税期限是纳税人向国家缴纳税款的法定期限。下列有关纳税期限的表述中正确的有（　　）。

A. 不同性质的税种，其纳税期限不同

B. 我国现行税法中的纳税期限只有按期纳税一种形式

C. 采取何种形式的纳税期限，与课税对象的性质有密切关系

D. 我国个人所得税实行按季征收的纳税期限

E. 房产税实行按年计算分期缴纳的纳税期限

［答案］ ACE

［解析］ 我国现行税制的纳税期限有三种形式：按期纳税，按次纳税和按年计征、分期预缴或缴纳；个人所得税中的劳务报酬所得等均采取按次纳税的办法；房产税实行按年计算、分期缴纳。

【例1－13】 按照税收实体法要素的规定，下列表述中正确的有（　　）。

A. 课税对象是据以征税的依据，税源的大小体现着纳税人的负担能力

B. 跨期结转属于税基式减免

C. 在比例税率条件下，边际税率往往要大于平均税率

D. 税目的作用是进一步明确征税范围

E. 定额税率不受课税对象价值量变化的影响

［答案］ ABDE

［解析］ 在比例税率条件下，边际税率等于平均税率；在累进税率条件下，边际税率往往要大于平均税率。

三、税收程序

税收程序见表1－8。

表1－8　税收程序

程序法涉及	内　容
作用	保障实体法实施；规范和控制行政权行使；保障纳税人合法权益；提高执法效率
税收程序法主要制度	5项：表明身份、回避、职能分离、听证、时限制度
税收确定程序	3项：税务登记、账簿凭证管理、纳税申报
税收征收程序	税款征收（相关制度）、税收保全措施和强制执行措施
税务稽查程序	基本程序：选案、检查、审理、执行

税收征收程序，包括税款征收相关制度，税收保全措施和强制执行措施。

1. 税款征收中

(1)滞纳金:对欠税的纳税人、扣缴义务人按日征收欠缴税款万分之五的滞纳金。

(2)税款的补征和追征制度:

①补征:因税务机关的责任;3年内;不得加收滞纳金。

②追征:因纳税人、扣缴义务人计算错误等失误;3年(特殊情况为5年);同时追征滞纳金。

对偷税、抗税、骗税的,税务机关可以无限期地追征偷税、抗税的税款、滞纳金和纳税人、扣缴义务人所骗取的税款。

2. 税收保全措施和强制执行措施

税收保全措施内容:

①书面通知纳税人的开户银行或者其他金融机构冻结纳税人的相当于应纳税款的存款。

②扣押、查封纳税人的价值相当于应纳税款的商品、货物或者其他财产。

纳税人行为条件、时间条件内,需提供纳税担保;不能提供→税收保全→责令限期满,强制执行。

强制执行措施内容:

①书面通知纳税人的开户银行或者其他金融机构从其存款中扣缴税款。

②扣押、查封、依法拍卖或者变卖其相当于应纳税款的商品、货物或者其他财产。

税务机关采取强制执行措施时,对纳税人、扣缴义务人、纳税担保人未缴纳的滞纳金同时强制执行。

税务机关对纳税人等采取保全措施或强制执行措施应经县以上税务局(分局)局长批准。

【例1—14】 税收程序法是指如何具体实施税法的规定。下列有关税收程序法的表述中,正确的是(　　)。

A. 办理税务登记是纳税人应尽而非法定义务

B. 纳税申报是纳税人履行纳税义务的程序

C. 提供担保是纳税人纳税前必经的程序

D. 纳税人只要有逃避纳税义务的行为即可对其实施税收强制执行措施

[答案] B

[解析] 选项A,办理税务登记是纳税人的法定义务;选项C,税收保全措施的条件是纳税人有逃避纳税义务的行为,没有逃避纳税义务行为的不能采取税收保全措施;选项D,纳税人有逃避纳税义务行为的要先进行税收保全。

四、我国现行税制

国家税收制度的确立,要根据本国的具体政治经济条件。所以,各国的政治经济条件不同,税收制度也不尽相同,具体征税办法也各有千秋、千差万别。就一个国家而言,在不同的时期,由于政治经济条件和政治经济目标不同,税收制度也有着或大或小的差异。我国的现行税制就其实体法而言,是1949年中华人民共和国成立后经过几次较大的改革逐步演变而来的,按其性质和作用大致分为五类:

(1)流转税类。包括增值税、消费税和关税。主要在生产、流通或者服务业中发挥调节作用。

(2)资源税类。包括资源税、土地增值税和城镇土地使用税。主要是对因开发和利用自然资源差异而形成的级差收入发挥调节作用。

(3)所得税类。包括企业所得税、个人所得税。主要是在国民收入形成后，对生产经营者的利润和个人的纯收入发挥调节作用。

(4)特定目的税类。包括固定资产投资方向调节税(暂缓征收)、筵席税、城市维护建设税、车辆购置税、耕地占用税和烟叶税，主要是为了达到特定目的，对特定对象和特定行为发挥调节作用。

(5)财产和行为税类。包括房产税、车船税、印花税、契税，主要是对某些财产和行为发挥调节作用。

上述税种中的关税由海关负责征收管理，其他税种由税务机关负责征收管理。耕地占用税和契税，1996 年以前由财政机关的农税部门征收管理，1996 年财政部农税管理机构划归国家税务总局领导，部分省市机构相应划转，这些税种就改由税务部门负责征收，部分省市仍由财政机关负责征收。

上述种税，除企业所得税、个人所得税是以国家法律的形式发布实施外，其他各税种都是经全国人民代表大会授权立法，由国务院以暂行条例的形式发布实施的。这 19 个税收法律、法规组成了我国的税收实体法体系。

除税收实体法外，我国对税收征收管理适用的法律制度，是按照税收管理机关的不同而分别规定的：

(1)由税务机关负责征收的税种的征收管理，按照全国人大常委会发布实施的《税收征收管理法》执行。

(2)由海关机关负责征收的税种的征收管理，按照《海关法》及《进出口关税条例》等有关规定执行。

上述税收实体法和税收征收管理的程序法的法律制度构成了我国现行税法体系。

需要说明的是，对于我国现行税制中的 19 个税种，本书介绍了其中的 16 个，而另外 3 个税种没有介绍，主要考虑是这些税种有的在经济生活中已经不发生影响或影响很小，有的是其征收领域与注册会计师业务相关性不大。这 3 个税种是：固定资产投资方向调节税，保留税种，暂缓征收；筵席税，由地方政府自主决定开征与否；烟叶税，以在中华人民共和国境内收购烟叶的单位为纳税人。

五、我国税收制度的沿革

中华人民共和国成立 60 多年来，随着国家政治、经济形势的发展，税收制度的建立与发展经历了一个曲折的过程。从总体上看，60 多年来我国税制改革的发展大致上经历了三个历史时期：第一个时期是从 1949 年中华人民共和国成立到 1957 年，即国民经济恢复和社会主义改造时期，这是中华人民共和国税制建立和巩固的时期。第二个时期是从 1958 年到 1978 年底党的第十一届中央委员会第三次全体会议召开之前，这是我国税制曲折发展的时期。第三个时期是 1978 年党的十一届三中全会召开之后的新时期，是我国税制建设得到全面加强、税制改革不断前进的时期。

在上述三个时期内，我国的税收制度先后进行了五次重大的改革。第一次是中华人民共和国成立之初的 1950 年，在总结老解放区税制建设的经验和全面清理旧中国税收制度的基础上建立了中华人民共和国的新税制。第二次是 1958 年税制改革，其主要内容是简化税制，以适应社会主义改造基本完成、经济管理体制改革之后的形势的要求。第三次是 1973 年税制改革，其主要内容仍然是简化税制，这是"文化大革命"的产物。第四次是1984年税制改革，其主要内容是普遍实行国营企业"利改税"和全面改革工商税收制度，以适应发展有计划社会主义商品经济的要求。第五次是1994年税制改革，其主要内容是全面改革工商税收制度，以适应建立社会主义市场经济体制的要求。我国现行税法体系基本上是在1994年税制改革时期形成的，在此与新一轮税制改革一并做主要介绍。

1992年9月召开的党的十四大，提出了建立社会主义市场经济体制的战略目标，其中包括税制改革的任务。1993年6月，中共中央、国务院做出了关于加强宏观调控的一系列重要决策，其中的重要措施之一就是要加快税制改革。同年11月，党的十四届三中全会通过了《关于建立社会主义市场经济体制若干问题的决定》，明确提出了税制改革的基本原则和主要内容。

建立社会主义市场经济体制战略目标的提出，给我国的经济改革与发展指明了方向，也给我国的税制改革带来了许多新情况、新问题，同时为全面推行税制改革提供了一次极好的机遇。从市场机制的角度来看，要求统一税法、简化税制、公平税负、促进竞争。从国家经济管理的角度来看，国家要运用税收等手段加强宏观调控，体现产业政策，调整经济结构，优化资源配置，调节收入分配，保证财政收入，并配合其他改革的推行。

为此，在中共中央、国务院的直接领导下，从1992年起，财税部门就开始加快税制改革的准备工作，1993年更是抓住机遇，迅速制订了全面改革工商税制的总体方案和各项具体措施，并完成了有关法律、法规的必要程序，于1993年底之前陆续公布，从1994年起在全国实施。这是我国改革开放以后第二次、新中国成立以后第五次大规模的税制改革。

1994年税制改革的主要内容是：第一，全面改革了流转税制，实行了以比较规范的增值税为主体，消费税、营业税并行，内外统一的流转税制。第二，改革了企业所得税制，将过去对国营企业、集体企业和私营企业分别征收的多种所得税合并为统一的企业所得税。第三，改革了个人所得税制，将过去对外国人征收的个人所得税、对中国人征收的个人收入调节税和个体工商业户所得税合并为统一的个人所得税。第四，对资源税、特别目的税、财产税、行为税做了大幅度的调整，如扩大了资源税的征收范围，开征了土地增值税，取消了盐税、奖金税、集市交易税等7个税种，并将屠宰税、筵席税的管理权下放到省级地方政府，新设了遗产税和证券交易税（但是一直没有立法开征）。

经过1994年税制改革和多年来的逐步完善，我国已经初步建立了适应社会主义市场经济体制需要的税收制度，对于保证财政收入，加强宏观调控，深化改革，扩大开放，促进经济与社会的发展，起到了重要的作用。

2003年，党的十六届三中全会通过了《完善社会主义市场经济体制若干问题的决定》（以下简称《决定》），明确了要分步实施税收制度改革。《决定》确定了八个方面的改革内容：改革出口退税制度；统一各类企业税收制度；增值税由生产型改为消费型；完善消费税，适当扩大税基；改进个人所得税；实施城镇建设税费改革；在统一税政的前提下，赋予地方适当的税政管理权；创造条件逐步实现城乡税制统一。一般的看法认为，这标志着进入新世纪之后我国新一轮税制改革的开始。可以说2003年以来我国税制改革取得了突破性进展。

2004年6月30日，财政部、国家税务总局下发了《关于取消除烟叶外的农业特产税的通知》。2005年12月29日，第十届全国人民代表大会常务委员会第十九次会议决定，自2006年1月1日起，废止1958年6月3日通过的《中华人民共和国农业税条例》。这标志着我国彻底告别延续2 600多年的"皇粮国税"——农业税。

2005年12月14日，根据第十届全国人大常委会第十八次全体会议《关于修改〈中华人民共和国个人所得税法〉的决定》，工资、薪金所得费用扣除标准将从每月800元提高到每月1 600元，并规定自2006年1月1日起施行。2007年6月29日，全国人大常委会通过修法，进一步将个税所得费用减除标准提高至2 000元。2011年6月30日，全国人大常委会通过修法，将个税所得费用减除标准由2 000元提高到3 500元。

2006年4月1日起，对我国现行消费税的税目、税率及相关政策进行调整。此次政策调整是1994年税制改革以来消费税最大规模的一次调整。

2007年1月，第十届全国人民代表大会第五次会议审议通过了企业所得税法，中华人民共和国主席胡锦涛签署第63号主席令，公布了《中华人民共和国企业所得税法》。新企业所得税法自2008年1月1日起施行，结束了我国长期以来执行《中华人民共和国企业所得税暂行条例》和《外商投资企业和国外企业所得税法》两套内外有别的企业所得税税法的历史，内外资企业所得税实现了合并。

2008年11月10日，时任国务院总理温家宝签署国务院令，公布修订后的《中华人民共和国增值税暂行条例》、《中华人民共和国消费税暂行条例》和《中华人民共和国营业税暂行条例》。新修订的三个条例于2009年1月1日起施行。这样，通过对原暂行条例的修订，我国增值税实现了由生产型向消费型转变的重大改革。增值税转型改革的核心是在企业计算应缴增值税时，允许扣除购入机器设备所含的增值税，这一变化，与修订前的增值税条例关于不得抵扣固定资产进项税额的规定有冲突。因此，实行增值税转型改革需要对增值税条例进行修订。同时为了能够同增值税条例有效衔接和适应经济社会发展形势的需要，对原消费税条例和营业税条例也进行了相应修订。

除上述重大改革措施外，近年来我们还相继出台其他多项改革举措。主要有改革出口退税机制，较大幅度地调整出口退税政策，抑制高耗能、高污染和资源性产品出口，促进外贸增长方式的转变；完成了耕地占用税暂行条例和城镇土地使用税暂行条例的修订工作，加强了对土地利用的税收调节；改革车船使用税制度，统一和规范了内外资企业的车船使用税制度；颁布并实施烟叶税条例，成功实现了对烟叶农业特产税的替代；按照“适当提高资源税税负，增加资源开采地特别是中西部地区的财政收入，完善资源税费关系，促进资源的保护和利用”的思路，在调整部分应税品目资源税税额标准的同时，研究制订了资源税的总体改革方案；开展了物业税模拟评税试点，为实施物业税改革做好技术准备。

2003年以来，相关部门按照十六届三中全会提出的“简税制、宽税基、低税率、严征管”原则，积极稳妥地推进税制改革，建立健全税收政策扶持体系，加强和改善税收宏观调控，加快税收法制建设步伐，充分发挥税收职能作用，促进了税收收入持续快速增长和经济社会的协调发展。

“营改增”，全称是营业税改征增值税。2011年10月，国务院决定开展营改增试点，逐步将征收营业税的行业改为征收增值税。2014年6月1日起，电信业在全国范围实施营改增试点。2016年5月1日起，全面推开营改增试点，将建筑业、房地产业、金融业、生活服务业纳入试点范围。其意义在于，有效解决了重复征税问题，完善了增值税抵扣链条；有利于服务业盈利能力提高和分工专业化；提高出口劳务及货物在国际市场中的综合竞争力。

六、营改增是我国财税体制改革的重头戏

2016年1月22日，中共中央政治局常委、国务院总理李克强主持召开座谈会，研究全面

推开营改增、加快财税体制改革、进一步显著减轻企业税负，调动各方发展积极性。

2016 年 5 月 1 日起，营改增试点范围扩大至建筑业、房地产业、金融业、生活服务业，并将所有企业新增不动产所含增值税纳入抵扣范围。至此，“十二五”时期启动的营改增试点，在“十三五”时期的开局之年实现全面落地。这是自 1994 年财税体制改革以来的一次重大税制改革，标志着 1994 年所构建的财税体制开始从量变走向质变，迈出脱胎换骨的重要一步，其重要意义不言自明。

新一轮财税体制改革既是站在财政是国家治理的基础和重要支柱的战略高度，从着眼建立现代财政制度出发而进行的一次深刻变革，也是针对长期以来我国财税体制中存在的这样或那样的不足而进行的一次全面系统完善。

在营改增试点全面实施之际，盘点新一轮财税体制改革的清单，可以发现，六大税种改革，目前尚有消费税、资源税、环境保护税、房地产税、个人所得税五大税种的改革等待去落实，政府间财政关系的重构亦是如此。这些基本上都是长期以来财税体制运行中积累下来的难点问题，非一时能妥善解决的，改革的难度不小，改革的进展不容乐观。

根据 2020 年现代财政制度基本建立的时间表，整个“十三五”时期，是新一轮财税体制改革的关键时期。新一轮财税体制改革，不仅是自身的改革，也是要通过自身改革继续支持和促进经济社会其他改革顺利推进。故而，统筹推进新一轮财税体制改革，既是自身改革的需要，也是经济社会发展大局的需要。

第一，立足于全面建成小康社会，以创新、协调、绿色、开放、共享五大发展理念为衡量标准，解决当前财税体制中的不适应之处，通过整体设计、统筹推进，当好经济社会发展的先行军。

第二，协调推进六大税种的改革。营改增固然有带动其他税种改革跟进的作用，但也突显了其他税种改革相对滞后的态势，尤其是以个人所得税、房地产税为代表的直接税改革迟迟无实质性进展。这就需要其他税种改革加紧推进，实现六大税种改革的有序共进。

税收筹划案例

纳税人在不违反税收法律、法规的前提下，通过对经营、投资、理财活动的安排等进行筹划，尽可能地减轻税收负担，以获取节税的税收利益的行为，可以说很早以前就存在，但是税收筹划为社会关注及被法律认可，从时间上可以追溯到 20 世纪 30 年代。最为典型的是当时英国的一则判例。1935 年，英国上议院议员汤姆林爵士针对税务局长诉温斯大公一案，对当事人依据法律达到少缴税款做了法律上的认可。他说：任何个人都有权安排自己的事业，依据法律这样做可以少缴税。为了保证从这些安排中得到利益，不能强迫他多缴税。汤姆林爵士的观点赢得了法律界认同，这是第一次对税收筹划做了法律上的认可。之后，英国、澳大利亚、美国在以后的税收判例中经常援引这一原则精神。

税收筹划是税务咨询的一项重要业务，所以税收筹划的起源与税务咨询的起源有密切联系。而谈到现代税务咨询，人们一般会想起欧洲税务联合会。该联合会于 1959 年在法国巴黎由五个欧洲国家从事税务咨询的专业团体联合成立，其会员是税务顾问和从事税务咨询的专业团体，目前会员有 15 万，分别来自奥地利、比利时、瑞士、德国、英国、丹麦、西班牙、法国、意大利、卢森堡、荷兰等 22 个欧洲国家，由于有些是以团体名义加入的，所以参加欧洲税务联合会的税务顾问实际上更多。

欧洲税务联合会明确提出税务专家是以税务咨询为中心开展税务服务，同时从事纳税申报表、财务会计文件的填报和编制，以及对行政机关、法庭和纳税人的代理等业务，这与日本税理士、韩国税务士以及现在中国的税务师把税务代理放在前面不同，从而真正形成了一种独立于税务代理业务的新业务，这种新业务的一个重要内容就是税收筹划。

1947 年，在美国也出现类似的判例。在“专员诉纽曼”一案的辩论中，法官利恩德·汉德认为，“人们为保持尽可能低的纳税而安排自己的事务是没有什么过错的。每个人，不论是穷人还是富人，他都有权利这么做，因为没有人负有法律规定以外的义务。税收是一种强制课征而不是一种自愿捐款，以道德名义要求多缴税是虚伪的”。之后，其他一些西方国家在以后的税收判例中也经常援引这一思想。

本章练习题

一、问答题

1. 什么是税收？什么是税法？各有哪些作用？
2. 税法的基本原则是什么？
3. 税收按征税对象不同，可分为哪几类？
4. 税收制度的要素有哪些？
5. 我国税收减免有哪些方式？
6. 简略描述营改增在我国财税体制改革中的意义。

二、单项选择题

1. 下列具有最高法律效力的是（　　）。

A.《中华人民共和国个人所得税法实施细则》

B.《中华人民共和国增值税暂行条例》

C.《税务部门规章制定实施办法》

D.《中华人民共和国车船税法》

2. 税收立法是指国家机关依照其职权范围，通过一定程序制定税收法律规范的活动，下列关于税收立法说法中错误的是（　　）。

A.《中华人民共和国税收征收管理法》是国务院制定的税收法规

B. 税收立法权的划分，是税收立法的核心问题

C. 税收立法必须经过法定程序，这是法的现代化的基本标志之一

D. 在我国，划分税收立法权的直接法律依据主要是《宪法》与《立法法》的规定

3. 下列关于税法特点的表述中，不正确的是（　　）。

A. 从立法过程来看，税法属于制定法

B. 从法律性质来看，税法属于义务性法规

C. 从内容上看，税法具有综合性

D. 税法的特点是税收上升为法律后的形式特征，应与税收属于经济范畴的特点相一致

4. 税法与民法关系的陈述中，下列错误的是（　　）。

A. 税法借用了民法的概念和规则

B. 税法调整手段具有综合性，民法的调整手段较单一，主要是以民事手段为主

C. 税法调整的是国家与纳税人之间的税收征纳关系，属于横向经济关系

D. 税法调整手段更多的是行政处罚和刑罚手段

5. 下列选项中，属于税基式减免的是（　　）。

A. 全部免征　　　　B. 减半征收

C. 零税率　　　　D. 免征额

6. 下列各项中，属于事后监督的是（　　）。

A. 税收执法检查

B. 税收规范性文件合法性审核制度

C. 重大税务案件审理制度

D. 税收执法监督

7. 下列属于按次纳税的是（　　）。

A. 车辆购置税　　　　B. 营业税

C. 房产税　　　　D. 增值税

8. 关于税务规章，下列说法中正确的是（　　）。

A. 税务规章解释与税务规章不具有同等效力

B. 审议通过的税务规章可由起草部门直接发布

C. 税务规章与地方性法规对同一事项的规定不一致时，必须由全国人大常委会裁决

D. 人民法院在行政诉讼中对税务规章可以参照适用，但对不适当的税务规章不能宣布无效

9. 下列关于税收执法检查的说法中，正确的是（　　）。

A. 税收执法检查的主体是税务机关

B. 税收执法检查具有控制和废止违规行为的功能

C. 税收执法检查的对象是税务机关及其工作人员

D. 税收执法检查的内容是税务机关及其工作人员的行政执法行为

10. 下列关于税收司法的说法中，错误的是（　　）。

A. 税收刑事司法是以《刑法》和《刑事诉讼法》为法律依据

B. 税收司法审查仅限于合法性审查

C. 税收司法审查以具体税务机关行政行为作为审查对象

D. 掌握税收司法概念的核心在于公安机关和人民检察院能否行使国家司法权

三、多项选择题

1. 纳税期限是纳税人向国家缴纳税款的法定期限，下列关于纳税期限的表述中正确的有（　　）。

A. 确定纳税期限长短主要取决于税种的性质、应纳税额的大小和交通条件

B. 按期纳税的纳税间隔期一般分为 5 种期限

C. 城镇土地使用税采用按次纳税方法

D. 无论采用哪种纳税期限，如纳税申报期的最后一天遇公休或节假日，都可以顺延

E. 除以一个月作为纳税间隔期外，以其他间隔期为纳税期限的，应自期满之日起 7 日内预缴税款

2. 关于依法治税的内在机制，下列表述中正确的有（　　）。

A. 明确税收业务工作流程,是推行执法责任制的基础
B. 建立考核管理机制的核心是推行税收执法责任制
C. 事中监督的目的是强化过程控制
D. 规范税收立法是当前依法治税工作的重中之重
E. 对可以采用多种方式实现执法目的的,应当选用最有利于保障税收收入的措施和方式
3. 关于税收法律关系,下列表述中正确的有(　　)。
A. 税收法律关系的成立、变更等不以主体双方意思表示一致为要件
B. 税收法律关系的征税主体是国家最高权力机关
C. 税收法律关系的产生以引起纳税义务成立的法律事实为标志
D. 税法的修订或废止会引起税收法律关系的消灭
E. 税法的修订或调整,会引起税收法律关系的变更
4. 推动税收征管活动法制化、科学化和规范化的途径有(　　)。
A. 实行精细化管理,适当下放税收执法权
B. 实行专业化管理,分解税收执法权
C. 加快信息化建设,制约税收执法权
D. 优化纳税服务,规范税收执法权
E. 实行集约化管理,适当上收税收执法权
5. 下列关于减免税的说法中正确的有(　　)。
A. 起征点属于税基式减免
B. 农业生产者销售自产农业产品免征增值税属于税率式减免
C. 将以前纳税年度的经营亏损在本纳税度经营利润中扣除,直接减少了本年度应纳税款,属于税额式减免
D. 减半征收属于税率式减免
E. 跨期结转属于税基式减免
6. 税率是税收政策的核心要素,下列关于税率的表述中正确的有(　　)。
A. 定额税率与课税对象价值量大小成正比
B. 在累进税率条件下,边际税率高于平均税率
C. 速算扣除数是为解决全额累进税率计算税款复杂而引入的
D. 超倍累进税率的计税基数是绝对数时,超倍累进税率实际上是超额累进税率
E. 相对于全额累进税率而言,超额累进税率的计算方法复杂,但累进程度比较缓和
7. 下列关于国际重复征税问题的表述中正确的有(　　)。
A. 缔结国际税收协定的主要目的是避免有关国家纳税人的国际双重(或多重)征税
B. 目前国际上大量的税收协定是多边的,双边税收协定相对较少
C. 目前国际上最具影响力的两个税收协定范本是“联合国范本”和“OECD 范本”
D. 国际税法包括关税互惠公约,但不包括国际税收惯例
E. 当前,世界各国普遍接受地域税收管辖权优先的原则
8. 税收程序法是税法体系的基本组成部分,其中税务行政程序制度主要包括(　　)。
A. 回避制度　　B. 听证制度
C. 审裁分离制度　　D. 会签制度
E. 信息获取制度

9. 关于税法的效力，下列表述中正确的有（　　）。

A. 我国税法采用属人与属地相结合的原则

B. 立法解释、司法解释均具有法的效力，均可以作为办案和适用法律、法规的依据

C. 税法的扩大解释作为一条税法解释原则被普遍使用

D. 税法的效力范围表现为空间效力、时间效力和对人的效力

E. 税法的限制解释是指为了更好地体现税法精神，对税法条文所进行的窄于其字面含义的解释

10. 关于税法的基本原则，下列表述中正确的有（　　）。

A. 税收法定主义的功能偏重于保持税法的稳定性和可预测性

B. 经济上的税收公平不具备强制约束力，仅作为制定税法的参考

C. 实质课税原则的意义在于防止纳税人的偷税和避税

D. 税收合作信赖主义原则包括征纳双方对有争议的涉税行为可共同协商缴税的内容

E. 税收公平主义赋予纳税人既可以要求实体利益上税收公平，也可以要求程序上税收公平的权利

第二章　流转税法律制度

【本章知识点简介】

本章是关于流转税法律制度的介绍。流转税类，是以商品生产、商品流通和劳务服务的流转额为征税对象的一类税收。其中，流转额包括商品交易的金额或数量和劳务收入的金额。我国现行的增值税、消费税、关税均属于流转税类。我国税制结构是以流转税为主，各种流转税是政府财政收入的重要来源。

【本章主要内容】

一是增值税法律制度。包括增值税征税范围，增值税纳税人，销项税额、进项税额、应纳税额的计算，税收征收管理，以及增值税专用发票的有关规定。具体介绍了一般纳税人和小规模纳税人的认定标准，混合销售行为与兼营行为(即兼营应税劳务与非应税劳务)的联系与区别，视同销售货物应征收增值税的法定行为，将含增值税销售额换算成不含增值税销售额，税法对出租出借包装物、折扣销售货物、以旧换新销售货物、以物易物销售货物的特殊规定，税法对准予从销项税额中抵扣的进项税额和不准予从销项税额中抵扣的规定，增值税专用发票的领购使用范围、开具范围、开具时限以及对销售退回或销售折让开具增值税专用发票的规定。

二是消费税法律制度。

三是关税法律制度。

第一节　增值税法律制度

增值税目前是我国的第一大税种，我国 1979 年下半年引进增值税开始试点。国务院于 1993 年 12 月 13 日制定了《中华人民共和国增值税暂行条例》(以下简称《增值税暂行条例》)，该条例于 2008 年 11 月 5 日修订并自 2009 年 1 月 1 日起施行。据此，财政部、国家税务总局于 1993 年 12 月 25 日制定、2008 年 12 月 15 日修订的《中华人民共和国增值税暂行条例实施细则》(以下简称《增值税实施细则》)，明确了《增值税暂行条例》规定的一些重要概念、税收政策以及税收征管问题。1994 年建立了规范的"生产型增值税"。2006～2010 年开始增值税由生产型转为消费型，2016 年 5 月 1 日起，全国全面推行“营改增”。后期将进行增值税税率简并，增值税收入分享体制调整、增值税征管机制协调、增值税的国际协调机制。现行增值税的法律制度主要由增值税的行政法规、部门规章及规范性文件等法律渊源构成。

一、增值税的概念

增值税（Value-added Tax，VAT），是以商品在流转过程中产生的增值额为计税依据而征收的一种商品税。主要包括工资、利润、利息和其他属于增值性的费用。

增值税是指对从事销售货物或者加工、修理修配劳务，以及进出口货物的单位和个人取得的增值额为计税依据征收的一种流转税。这里所说的“增值额”，是指纳税人在生产、经营或劳务服务活动中所创造的新增价值，即纳税人在一定时期内销售货物或提供劳务服务所取得的收入大于其购进货物或取得劳务服务时所支付金额的差额。例如，A 企业生产某产品，耗费原材料、燃料、动力等外购项目金额为 60 元，该产品销售价格为 110 元，如不考虑其他因素，则增值额为 50 元（110－60）。

由于增值因素在实际经济活动中难以精确计量，国际上普遍采用税款抵扣的方式计算增值税应纳税额，即纳税人根据货物或应税劳务销售额，按照规定的税率计算出一个税额，然后从中扣除上一道环节已纳增值税额，其余额即为纳税人应纳的增值税税额。

（一）关于增值额——理论增值额

增值额是指企业在生产经营过程中新创造的价值，即 $V+M$ 中的 V。

以货物为例，见图 2－1。

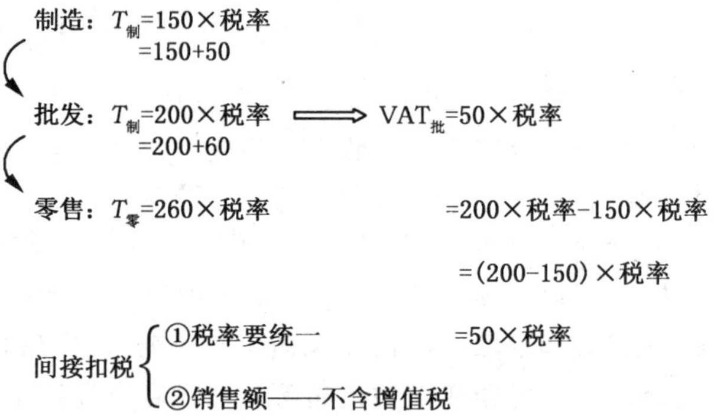

图 2－1 增值额图示

（二）法定增值额

法定增值额是指各国政府根据各自国家的国情、政策要求，在增值税制度中人为确定的增值额。

法定增值额不一定等于理论增值额，不一致的原因：各国在扣除范围上，对外购固定资产处理方法不同。

二、增值税的类型

各国在增值税立法中，出于财政收入或者投资政策的考虑，在确定法定增值额时，除了对一般性外购生产资料（即非固定资产项目）普遍实行扣除外，对于某一纳税人的外购生产资料中的固定资产的价值扣除，规定不完全相同。根据税基和购进固定资产的进项税额是否扣除

及如何扣除的不同,各国增值税可以分为生产型、收入型和消费型三种类型:

(1)生产型增值税,是指在计算应纳税额时,只允许从当期销项税额中扣除原材料等劳动对象的已纳税款,而不允许扣除固定资产所含税款的增值税。(我国1994年1月1日至2008年12月31日)

生产型增值税以销售收入总额减去所购中间产品价值后的余额为税基。

(2)收入型增值税,是指在计算应纳税额时,除扣除中间产品已纳税款,还允许在当期销项税额中扣除固定资产折旧部分所含税金。

收入型增值税以销售收入总额减去所购中间产品价值与固定资产折旧额后的余额为税基。

(3)消费型增值税,是指在计算应纳税额时,除扣除中间产品已纳税款,对纳税人购入固定资产的已纳税款,允许一次性地从当期销项税额中全部扣除,从而使纳税人用于生产应税产品的全部外购生产资料都不负担税款。(我国从2009年1月1日起执行)

消费型增值税以销售收入总额减去所购中间产品价值与固定资产投资额后的余额为税基。

目前,只有极少数发展中国家实行生产型增值税,极少数拉丁美洲国家实行收入型增值税,90%以上的国家开征的都是消费型增值税。我国全面实施增值税制度,真正实现商品劳务税制一体化,将涉及更多国际税收协调问题。2015年经济合作与发展组织财委会开始讨论起草《增值税/一般消费税指南》,我国如何参与适应这一规则,应是下一步增值税改革的重点。

三、增值税的性质及原理

(一)增值税的性质

(1)以全部流转额为计税销售额。

(2)税负具有转嫁性。

(3)按产品或行业实行比例税率。

(二)增值税的计税原理

(1)按全部销售额计税,但只对其中的新增价值征税。

(2)实行税款抵扣制。

(3)税款随货物销售逐环节转移,最终消费者承担全部税款。

四、增值税的特点

(一)增值税的特点

(1)不重复征税,具有中性税收的特征。

(2)逐环节征税,逐环节扣税,最终消费者承担全部税款。

(3)税基广阔,具有征收的普遍性和连续性。

(二)增值税的优点

(1)能够平衡税负,促进公平竞争。

(2)既便于对出口商品退税,又可避免对进口商品征税不足。

(3)在组织财政收入上具有稳定性和及时性。

(4)在税收征管上可以互相制约,交叉审计,避免发生偷税行为。

五、增值税的计税方法

增值税的计税方法，即增值税应纳税额的计算方法。总体来说，增值税的计税方法主要有三种，即税基列举法、税基相减法和购进扣税法。

（一）税基列举法

税基列举法，即加法，是指把构成增值额的各个项目直接相加，再乘以适用的税率，其计算公式为：

应纳税额＝增值额×税率＝（工资＋利息＋租金＋利润＋其他增值项目）×税率

如小规模纳税人适用的简易计税方法：

当期应纳增值税额＝当期销售额×征收率

（二）税基相减法

税基相减法，即减法，是指从销售收入中减去同期应扣除的项目，得出增值额，再乘以使用的税率，其计算公式为：

应纳税额＝增值额×税率＝（当期应税销售收入额－应扣除项目金额）×税率

上述两种方法都是先直接计算出增值额，再乘以适用税率。但是，这两种直接计税方法都不易操作。

（三）购进扣税法

购进扣税法，又称进项税额扣除法、税额扣减法，简称扣税法，其基本步骤是先用销售额乘以税率，得出销项税额，然后再减去同期各项外购项目的已纳税额，从而得出应纳税额。

应纳税额＝增值额×税率＝（产出－投入）×税率
＝销售额×税率－同期外购项目已纳税额
＝当期销项税额－当期进项税额

在实行购进扣税法的情况下，销售额、税率、当期外购项目已纳税额（体现在购进商品的增值税专用发票上）都是已知的，既计算简便，又能体现出增值税的“中性”特征。这种方法虽然并不直接计算增值额，但可以便捷地计算出应纳税额，因而成为各国增值税最常采用的计税方法。

如一般纳税人适用的计税方法：

当期应纳增值税税额＝当期销项税额－当期进项税额

六、增值税的纳税人

增值税的纳税人，是在中华人民共和国境内（以下简称中国境内）销售货物或者提供加工、修理修配劳务以及进口货物的单位和个人。“单位”是指企业、行政单位、事业单位、军事单位、社会团体及其他单位；“个人”是指个体工商户和其他个人。

（一）基本规定

（1）增值税纳税人：凡在我国境内从事货物销售，提供增值税加工、修理修配劳务，以及营改增各项应税服务的单位和个人，为增值税的纳税人。

（2）增值税的扣缴义务人：境外单位或个人在境内的代理人或购买者。

【提示】 境内的界定：货物起运地或所在地、劳务发生地、应税服务的提供方或接受方在境内。

(二)两类纳税人的划分及标准

根据纳税人的经营规模以及会计核算的健全程度不同,增值税的纳税人,可以分为小规模纳税人和一般纳税人。

(1)分类目的:配合增值税专用发票的管理。

(2)分类标准:销售额大小、会计核算水平。

一般纳税人和小规模纳税人的认定标准见表2—1。

表2—1　纳税人认定标准

认定标准／纳税人	生产货物或提供应税劳务,或以其为主(50%以上),并兼营批发或零售	批发或零售货物	营改增应税服务
一般	年应税销售额50万元以上	年应税销售额80万元以上	年应税销售额500万元以上
小规模	50万元(含)以下	80万元(含)以下	500万元(含)以下

【提示】 年应税销售额,是指纳税人在连续不超过12个月的经营期内累计应征增值税销售额,包括:

(1)纳税申报销售额。

(2)稽查查补销售额。

(3)纳税评估调整销售额。

(4)税务机关代开发票销售额。

(5)免税销售额。

(三)小规模纳税人

小规模纳税人,是指年应纳增值税销售额(以下简称年应税销售额)在规定的标准以下,并且会计核算不健全,不能按规定报送有关税务资料的增值税纳税人。

会计核算不健全,是指不能正确核算增值税的销项税额、进项税额和应纳税额。对符合条件的小规模纳税人,由主管税务机关依照增值税法规定的标准认定。

小规模纳税人的标准由国务院财政、税务主管部门规定。目前,认定小规模纳税人的具体年应税销售额的标准为:

(1)从事货物生产或者提供应税劳务的纳税人,以及以从事货物生产或者提供应税劳务为主,并兼营货物批发或者零售的纳税人,年应税销售额在50万元以下的。以从事货物生产或者提供应税劳务为主,是指纳税人的年货物生产或者提供应税劳务的销售额占年应税销售额的比重在50%以上。

(2)除上述规定以外的纳税人,年应税销售额在80万元以下的。

(3)年应税销售额超过小规模纳税人的其他个人(指自然人),按小规模纳税人纳税。

(4)非企业性单位、不经常发生应税行为的企业,可选择按小规模纳税人纳税。

例如:旅店业和饮食业纳税人销售非现场消费的食品,可选择按小规模纳税人缴纳增值税。

(5)兼有增值税应税业务但不经常发生应税行为的单位和个体工商商户,可选择按小规模纳税人纳税。

(四)一般纳税人

除上述小规模纳税人以外的其他纳税人属于一般纳税人。增值税纳税人实行登记制,登记事项由增值税纳税人向其主管税务机关办理。下列纳税人不属于一般纳税人：

(1)个体工商户以外的其他个人——自然人；

(2)选择按小规模纳税人纳税的非企业性单位；

(3)选择按小规模纳税人纳税的不经常发生增值税应税行为的企业。

【例 2—1】 下列纳税人，其年应税销售额超过增值税一般纳税人认定标准，可以不申请一般纳税人认定的有(　　)。

A. 个体工商户　　B. 事业单位

C. 不经常发生应税行为的企业　　D. 销售增值税免税产品的企业

E. 行政单位

[答案] BCE

[解析] 非企业性单位、不经常发生应税行为的企业，可以选择按小规模纳税人纳税。

除国家税务总局另有规定外，纳税人一经认定为一般纳税人后，不得转为小规模纳税人。

有下列情形之一者，应按销售额依照增值税税率计算应纳税额，不得抵扣进项税额，也不得使用增值税专用发票：

(1)一般纳税人会计核算不健全，或者不能够提供准确税务资料的；

(2)除年应税销售额超过小规模纳税人标准的其他个人、非企业性单位、不经常发生应税行为的企业，可选择按小规模纳税人纳税外，纳税人销售额超过小规模纳税人标准，未申请办理一般纳税人认定手续的。

【例 2—2】 某家用电器修理厂会计核算健全，2014 年营业额 120 万元，但一直未向主管税务机关申请增值税一般纳税人认定。2015 年 5 月，该厂提供修理劳务并收取修理费价税合计 23.4 万元；购进的料件、电力等均取得增值税专用发票，对应的增值税税款合计 2 万元。该修理厂本月应缴纳增值税(　　)万元。

A. 0.68　　B. 1.32　　C. 1.40　　D. 3.40

[答案] D

[解析] 纳税人销售额超过小规模纳税人标准，未申请办理一般纳税人认定手续的，应按销售额依照增值税税率计算应纳税额，不得抵扣进项税额，也不得使用增值税专用发票。应纳增值税＝23.4÷(1＋17%)×17%＝3.4(万元)。

区分一般纳税人和小规模纳税人的重要意义在于，两者的税法地位、计税方法都是不同的。两者的税法地位或称税法待遇的差别主要表现在：一般纳税人可以使用增值税专用发票，并可以用购进扣税法抵扣发票上注明的已纳增值税额。而小规模纳税人则不得使用增值税专用发票，也不能进行税款抵扣。正由于两者在税法地位上的差异，计税方法也各有不同。

(五)营改增的一般纳税人政策

(1)年应税销售额在 500 万元确定：

试点实施前应税服务年销售额＝连续不超过 12 个月应税服务营业额合计÷(1＋3%)

(2)差额计税的，按未扣除之前的销售额计算。

(3)纳税人兼有销售货物、提供加工修理修配劳务以及应税服务的，应税货物及劳务销售额与应税服务销售额分别计算，分别适用增值税一般纳税人资格认定标准。

(六)纳税人年应税销售额未超过小规模纳税人标准以及新开业的纳税人办理一般纳税人资格认定应提出申请并符合的条件

(1)有固定的生产经营场所；

(2)能按统一会计制度设置账簿、会计核算、提供准确的会计资料。

(七)一般纳税人辅导期管理

(1)主管税务机关可以在一定期限内对下列一般纳税人实行纳税辅导期管理：

①新认定为一般纳税人的小型商贸批发企业。

“小型商贸批发企业”，是指注册资金在 80 万元(含 80 万元)以下、职工人数在 10 人(含 10 人)以下的批发企业。

②国家税务总局规定的其他一般纳税人。

(2)发票领购：限额(最高不超过 10 万元)限量(每次不超过 25 份)。

(3)纳税辅导期进项税额的抵扣：按规定的认证、比对方式抵扣。

(4)辅导期纳税人一个月内多次领购专用发票的，应从当月第二次领购专用发票起，按照上一次已领购并开具的专用发票销售额的 3%预缴增值税，未预缴增值税的，主管税务机关不得向其发售专用发票。

七、增值税的税率

增值税均实行比例税率；绝大多数一般纳税人适用基本税率、低税率或零税率；小规模纳税人和采用简易办法征税的一般纳税人适用征收率。

(一)增值税税率

增值税税率体现货物的整体税负。

$$增值税税率=\frac{货物在本环节的应纳税额+以前环节的已纳税额}{货物在本环节的销售额}\times 100\%$$

增值税税率对应的计税销售额为不含税销售额，如果税率为 17%，此税率相当于含税价的 14.5%[即 1/(1+17%)×17%]。

(二)增值税税率的类型

增值税税率的类型见表 2—2。

表 2—2　　增值税税率

纳税人	应税行为和范围	增值税税率
小规模纳税人	包括原增值税纳税人和营改增纳税人，从事货物销售，提供增值税加工、修理修配劳务，以及营改增各项应税服务	征收率 3%
原增值税纳税人	销售或者进口货物(另有列举的货物除外)；提供加工、修理修配劳务	17%
	1. 粮食、食用植物油、鲜奶	13%
	2. 自来水、暖气、冷气、热气、煤气、石油液化气、天然气、沼气、居民用煤炭制品	
	3. 图书、报纸、杂志	
	4. 饲料、化肥、农药、农机(整机)、农膜	
	5. 国务院规定的其他货物	
	6. 农产品(指各种动、植物初级产品)；音像制品；电子出版物；二甲醚；食用盐	
	出口货物	

续表

纳税人	应税行为和范围				增值税税率
营改增一般纳税人	销售服务	交通运输服务	陆路运输服务	铁路运输服务	11%
				其他陆路运输服务	
			水路运输服务	程租业务	
				期租业务	
			航空运输服务	航空运输的湿租业务	
			管道运输服务	无运输工具承运业务	
		邮政服务	邮政普遍服务	函件	11%
				包裹	
			邮政特殊服务	邮政特殊服务	
			其他邮政服务	其他邮政服务，是指邮册等邮品销售、邮政代理等业务活动	
		电信服务	基础电信服务	基础电信服务	11%
			增值电信服务	增值电信服务	6%
		建筑服务	工程服务	工程服务	11%
			安装服务	安装服务	
			修缮服务	修缮服务	
			装饰服务	装饰服务	
			其他建筑服务	其他建筑服务	
		金融服务	贷款服务	贷款	6%
				融资性售后回租	
			直接收费金融服务	直接收费金融服务	
			保险服务	人身保险服务	
				财产保险服务	
			金融商品转让	金融商品转让	
				其他金融商品转让	
		研发和技术服务	研发服务		6%
			合同能源管理服务		
			工程勘察勘探服务		
			专业技术服务		
		信息技术服务	软件服务		6%
			电路设计及测试服务		
			信息系统服务		
			业务流程管理服务		
			信息系统增值服务		
		文化创意服务	设计服务		6%
			知识产权服务		
			广告服务		
			会议展览服务		
			航空服务	航空地面服务	
				通用航空服务	
			港口码头服务		
			货运客运场站服务		

续表

纳税人	应税行为和范围				增值税税率
营改增一般纳税人	销售服务	广播影视服务	广播影视节目(作品)制作服务		
			广播影视节目(作品)发行服务		6%
			广播影视节目(作品)播映服务		
		商务辅助服务	企业管理服务		
			经济代理服务	货物运输代理服务	
				代理报关服务	6%
			人力资源服务		
			安全保护服务		
		其他现代服务	其他现代服务		6%
		生活服务	文化教育服务	文化服务	
				体育服务	
			教育医疗服务	教育服务	
				医疗服务	
			旅游娱乐服务	旅游服务	6%
				娱乐服务	
			餐饮住宿服务	餐饮服务	
				住宿服务	
			居民日常服务		
			其他生活服务		
	销售无形资产	技术	专利技术		
			非专利技术		
		商标			
		著作权			
		商誉			6%
		其他权益性无形资产			
		自然资源使用权	海域使用权、探矿权、采矿权、取水权、其他自然资源使用权		
			土地使用权		11%

1. 基本税率

基本税率,又称标准税率,适用于大多数征税对象,体现了增值税税负的轻重。基本税率的高低与各国的经济状况、税收政策、收入水平以及历史形成的税负水平相关联。

我国增值税的基本税率为17%。

(1)纳税人销售或者进口货物,除税法另有规定外,税率为17%;

(2)纳税人提供加工、修理修配劳务,税率为17%;

(3)油气田企业提供的生产性劳务,税率为17%。

2. 低税率(13%)

低税率，又称轻税率，适用于税法列举的体现一定税收优惠政策的项目。设置低税率的根本目的是鼓励消费，或者说是保证消费者对基本生活必需品的消费。

我国增值税的低税率为13％。根据《增值税暂行条例》及相关规定，13％的低税率适用于纳税人销售或进口下列货物：

(1)粮食、食用植物油。

粮食包括稻谷，大米，大豆，小麦，杂粮，鲜山芋、山芋干、山芋粉以及经过加工的面粉(各种花式面粉除外)。

淀粉不属于农产品的范围，应按照17％征收增值税。

(2)自来水、暖气、冷气、热水、煤气、石油液化气、天然气、沼气、居民用煤炭制品。

粉煤灰(渣)是煤炭燃烧后的残留物，可以用作部分建材产品的生产原料，属于废渣产品，不属于建材产品。对纳税人生产销售的粉煤灰(渣)应当按照增值税适用税率征收增值税，不得免征增值税，也不得按照简易办法征收增值税。

(3)图书、报纸、杂志。

(4)饲料、化肥、农药、农机、农膜。

①自2007年2月1日起，硝酸铵适用的增值税税率统一调整为17％，不再享受化肥产品免征增值税政策；同时，纳税人出口的硝酸铵统一执行13％的退税率，此前已出口的硝酸铵，按17％计算征税的，按13％办理退税；按13％计算征税的，按11％办理退税。

②对饲料级磷酸二氢钙产品可按照现行"单一大宗饲料"的增值税政策规定，免征增值税。纳税人销售饲料级磷酸二氢钙产品，不得开具增值税专用发票；凡开具专用发票的，不得享受免征增值税政策，应全额缴纳增值税。

(5)农产品。

农产品，是指种植业、养殖业、林业、牧业、水产业生产的各种植物、动物的初级产品。

①植物类包括粮食、蔬菜、烟叶、茶叶、园艺植物、药用植物、油料植物、纤维植物、糖料植物、林业产品以及其他植物等。

②动物类包括水产品、畜牧产品、蛋类产品、鲜奶、动物皮张、动物毛绒以及其他动物组织。

对鲜奶以及按照《食品营养强化剂使用卫生标准》(GB14880－94)在鲜奶中添加微量元素生产的鲜奶，按13％的低税率征收增值税。

对于农副产品及相关货物适用的进口环节增值税税率，大部分产品适用13％的低税率，包括以下类别的所有农副产品：①活动物；②肉及食用杂碎；③鱼、甲壳动物、软体动物及其他水生无脊椎动物；④活树及其他活植物，鳞茎、根及类似品，插花及装饰用簇叶；⑤食用蔬菜、根及块茎；⑥谷物；⑦编结用的植物材料，其他植物产品。其他类别的部分农副产品适用13％的税率。

(6)音像制品。

自2007年1月1日起，音像制品的增值税税率由17％下调至13％。

音像制品，是指正式出版的录有内容的录音带、录像带、唱片、激光唱盘和激光视盘。

(7)电子出版物。

自2007年1月1日起，电子出版物的增值税税率由17％下调至13％。

电子出版物，是指以数字代码方式，使用计算机应用程序，将图文声像等内容信息编辑加工后存储在具有确定的物理形态的磁、光、电等介质上，通过内嵌在计算机、手机、电子阅读设备、电子显示设备、数字音/视频播放设备、电子游戏机、导航仪以及其他具有类似功能的设备上读取使用，具有交互功能，用以表达思想、普及知识和积累文化的大众传播媒体。载体形态和格式主要包括只读光盘、一次写入式光盘、可擦写光盘、软磁盘、硬磁盘、集成电路卡和各种存储芯片。

(8)二甲醚。

自2008年7月1日起，二甲醚增值税税率由17％下调至13％。

二甲醚，是指化学分子式为CH_3OCH_3，常温常压下为具有轻微醚香味，易燃、无毒、无腐蚀性的气体。

(9)食用盐。

盐，是指主体化学成分为氯化钠的工业盐和食用盐，包括海盐、井矿盐和湖盐。

自2007年9月1日起，盐适用增值税税率由17％统一调整为13％。

自2009年1月1日起，工业盐的增值税税率由13％恢复到17％①，食用盐继续沿用13％的低税率。

食用盐的范围包括符合《食用盐》(GB5461－2000)和《食用盐卫生标准》(GB2721－2003)两项国家标准的食用盐。

【例2－3】 下列货物适用13％税率征收增值税的有(　　)。

A. 食用蔬菜　　B. 速冻饺子

C. 饲料　　D. 鱼虾等水产品

［答案］ ACD

［解析］ 蔬菜、饲料、水产品等适用13％的税率征收增值税，速冻饺子按照17％的税率征税。

【例2－4】 根据增值税规定，下列产品适用13％低税率的是(　　)。

A. 酸奶　　B. 鱼罐头　　C. 茶饮料　　D. 玉米胚芽

［答案］ D

［解析］ 玉米胚芽属于初级农产品，适用13％的增值税税率。酸奶、鱼罐头、茶饮料都适用17％的增值税税率。

【例2－5】 下列货物中，适用13％增值税税率的有(　　)。

A. 利用工业余热生产的热水　　B. 石油液化气

C. 饲料添加剂　　D. 蚊香、驱蚊剂

E. 食用盐

［答案］ ABE

［解析］ 选项C、D适用17％的税率。

3. 零税率

零税率，即税率为零。仅适用于法律不限制或不禁止的报关出口的货物，以及输往海关管理的保税工厂、保税仓库和保税区的货物。国务院另有规定的某些货物，不适用零税率。目前，不适用零税率的出口货物包括原油、柴油、援外货物、天然牛黄、麝香、铜及铜基合金、白银、糖、新闻纸等。

(1)境内单位和个人提供的国际运输服务、向境外单位提供的研发服务、设计服务。

【解析1】 国际运输服务是指：在境内载运旅客或者货物出境；在境外载运旅客或者货物

① 同时，金属矿采选产品、非金属矿采选产品增值税税率由13％恢复到17％。

入境;在境外载运旅客或者货物。

【解析 2】 航天运输服务参照国际运输服务。

【解析 3】 设计服务不包括对境内不动产提供的设计服务。

(2)境内的单位和个人提供的往返港澳台的交通运输服务以及在港澳台提供的交通运输服务,适用零税率。

(3)境内单位和个人提供承租服务,租赁的交通工具用于国际运输和港澳台运输服务,适用零税率。

零税率不等于免税,免税只是规定某一纳税环节的应纳税额等于零。实行零税率不但不必缴税,而且还可以退还以前纳税环节所纳的税;也就是说,零税率意味着退税。

4. 增值税征收率:3%。

(1)小规模纳税人征收率:3%

①销售货物、提供加工修理修配、提供应税服务:3%。

征收率的调整,由国务院决定。

②小规模纳税人销售自己使用过的固定资产:减按2%征收率征收增值税。

③销售自己使用过的除固定资产以外的物品:3%。

(2)一般纳税人采用简易办法征收增值税。

《关于简并增值税征收率有关问题的公告》(国家税务总局公告2014年第36号),自2014年7月1日起:简并和统一增值税征收率,将6%和4%的增值税征收率统一调整为3%。

属于增值税一般纳税人的药品经营企业销售生物制品可选择按简易办法依3%缴纳增值税,36个月内不得变更计税方法。

八、增值税的应纳税额

增值税的应纳税额的计算较为复杂,需要分为三种情况:一般纳税人销售货物或提供应税劳务、小规模纳税人销售货物或提供应税劳务以及一般纳税人、小规模纳税人进口货物。

(一)一般纳税人应纳税额的计算

一般纳税人销售货物或提供应税劳务,其应纳税额运用扣税法计算。

计算公式为:

应纳税额=当期销项税额-当期进项税额

“当期”是一个重要的时间限定,是指税务机关依照税法规定对纳税人确定的纳税期限。只有在纳税期限内实际发生的销项税额、进项税额,才是法定的当期销项税额、进项税额。

当期应纳税额的计算示意如图2-2所示。

1. 当期销项税额的确定一般规定

当期销项税额,是指纳税人销售货物或者提供应税劳务,按照销售额或应税劳务收入和规定的税率计算并向购买方收取的增值税税额。其计算公式为:

当期销项税额=销售额×税率

或:

当期销项税额=组成计税价格×税率

当期销售额的确定是应纳税额计算的关键,对此,税法的具体规定如下:

(1)销售额是指纳税人销售货物或者提供应税劳务向购买方(承受应税劳务也视为购买方)收取的全部价款和价外费用,但是不包括收取的销项税额。所谓价外费用,包括价外向购

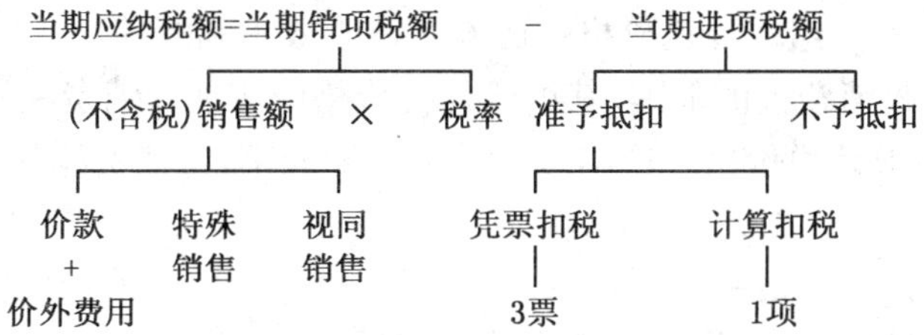

图 2—2　当期应纳税额的计算示意

买方收取的手续费、补贴、基金、集资费、返还利润、奖励费、违约金、滞纳金、延期付款利息、赔偿金、代收款项、代垫款项、包装费、包装物租金、储备费、优质费、运输装卸费以及其他各种性质的价外费用。但下列项目不包括在内：

①向购买方收取的销项税额。

②受委托加工应征消费税的消费品所代收代缴的消费税。

③同时符合以下条件的代垫运费：承运者的运费发票开具给购货方的；纳税人将该项发票转交给购货方的。

凡随同销售货物或提供应税劳务向购买方收取的价外费用，无论其会计制度如何核算，均应并入销售额计算应纳税额。

税法规定各种性质的价外收费都要并入销售额计算征税，目的是防止以各种名目的收费减少销售额逃避纳税的现象。但是应当注意，根据国家税务总局规定：对增值税一般纳税人(包括纳税人自己或代其他部门)向购买方收取的价外费用和逾期包装物押金，应视为含税收入，在征税时换算成不含税收入再并入销售额。按会计制度规定，由于对价外收费一般都不在“产品销售收入”或“商品销售收入”科目中核算，而在“其他应付款”“其他业务收入”“营业外收入”等科目中核算。这样，企业在实务中时常出现对价外收费虽在相应科目中做会计核算，但却未核算销项税额；有的企业则既不按会计核算要求进行收入核算，又不按规定核算销项税额，而是将发生的价外收费直接冲减有关费用科目。这些做法都是逃避纳税的错误行为，是要受到税法处罚的。因此，纳税人对价外收费按税法规定并入销项税额计税必须予以高度重视，严格核查各项价外收费，保证做到正确计税和会计核算。

(2)如果销售收入中包含了销项税额，则应将含税销售额换算成不含税销售额。这是因为增值税是价外税，在计税的销售额中不能含有增值税税款，否则就会违背其“中性”特点，构成重复征税。属于含税销售收入的有普通发票的价款、零售价格、价外收入、非应税劳务征收增值税。

不含税销售额的计算公式为：

$$不含税销售额=含税销售额\div(1+增值税税率)$$

(3)混合销售行为依法应当缴纳增值税的，其销售额为货物的销售额与非应税劳务营业额的合计。

(4)纳税人有价格明显偏低并无正当理由或者有视同销售货物行为而无销售额者，按下列顺序确定销售额：

①按纳税人最近时期同类货物的平均销售价格确定。

②按其他纳税人最近时期同类货物的平均销售价格确定。

③按组成计税价格确定。其计算公式为：

组成计税价格＝成本×(1＋成本利润率)

如该货物属于征收消费税的范围，其组成计税价格中应加计消费税税额。其计算公式为：

组成计税价格＝成本×(1＋成本利润率)＋消费税税额

或：

组成计税价格＝成本×(1＋成本利润率)÷(1－消费税税率)

“成本”分为两种情况：①销售自产货物的为实际生产成本；②销售外购货物的为实际采购成本。“成本利润率”根据规定统一为10%，但属于从价定率征收消费税的货物，其组成计税价格公式中的成本利润率为《消费税若干具体问题的规定》中规定的成本利润率。

(5)纳税人为销售货物而出租、出借包装物收取的押金，单独记账核算的，且时间在1年以内，又未过期的，不并入销售额，税法另有规定的除外。属于应并入销售额征税的押金，在将包装物押金并入销售额征税时，需要先将该押金换算为不含税价，再并入销售额征税。包装物押金不应混同于包装物租金，包装物租金在销货时，应作为价外费用并入销售额计算销项税额。

(6)以折扣方式销售货物。纳税人以折扣方式销售货物分为两种：

①商业折扣，又称价格折扣，是指销货方为鼓励购买者多买而给予的价格折让。商业折扣一般都从销售价格中直接折算，即购买方所付的价款和销售方所收的货款，都是按打折后的实际售价来计算的。

②现金折扣，是指销货方为鼓励买方在一定期限内早日付款，而给予的一种折让优惠。对现金折扣，应作如下处理：销售额和折扣额在同一张发票上分别注明的，可按冲减折扣额后的销售额征收增值税；将折扣额另开发票的，不论财务会计上如何处理，在征收增值税时，折扣额不得冲减销售额。

(7)纳税人采取以旧换新方式销售货物，应按新货物的同期销售价格确定销售额。以旧换新销售，是指纳税人在销售过程中，折价收回同类旧货物，并以折价款部分冲减货物价款的一种销售方式。但税法规定，对金银首饰以旧换新业务，可以按照销售方实际收取的不含增值税的全部价款征收增值税。

(8)采取以物易物方式销售货物。以物易物，是指购销双方不是以货币结算，而是以同等价款的货物相互结算，实现货物购销的一种方式。以物易物双方都应作购销处理，以各自发出的货物核算销售额并计算销项税额，以各自收到的货物按规定核算购货额并计算进项税额。应注意的是，在以物易物活动中，应分别开具合法的票据，如收到的货物不能取得相应的增值税专用发票或其他合法票据的，不能抵扣进项税额。

(9)油气田企业跨省、自治区、直辖市提供生产性劳务，应当在劳务发生地按3%预征率计算缴纳增值税。在劳务发生地预缴的税款可以从其应纳增值税中抵减。

【例2－6】 A公司和B公司均是增值税一般纳税人，A公司2009年6月有关增值税计税资料如下：向B公司出售一套机器设备，同时提供技术支持服务。其中，设备价款(不含税)1 200万元，生产该设备所用原材料、零部件的购入价(不含税)600万元，专有技术服务收费468万元。计算A公司当月应缴纳的增值税税额。

［解析］ 当月应纳增值税税额＝[1 200＋468÷(1＋17%)]×17%－600×17%

＝170(万元)

【例2－7】 某白酒生产企业为增值税一般纳税人，2009年6月销售收入为321.7万元(含税)，当月发出包装物收取押金5.9万元，当期逾期未归还包装物押金为15.82万元。计算该企业当月销项税额。

［解析］　除黄酒、啤酒包装物押金在逾期未归还时，计入销售额计征增值税，其他酒的包装物押金应在销售时并入销售额计征增值税。

当月销项税额＝(321.7＋5.9)÷(1＋17％)×17％＝47.6(万元)

【例2－8】　某企业以“买二赠一”的方式销售货物，2009年6月销售甲商品80件，每件售价(含税)4 095元，同时赠送乙商品40件(乙商品不含税单价为1 800元/件)。甲、乙商品适用税率均为17％。计算该企业当月销项税额。

［解析］　当月销项税额＝[4 095÷(1＋17％)×80×17％]＋1 800×40×17％

＝47 600＋12 240＝5.984(万元)

【例2－9】　某企业是增值税一般纳税人，2009年6月有关生产经营业务如下：

(1)销售机器一批，开出增值税专用发票中注明销售额为10 000元，税额为1 700元，另开出一张普通发票，收取包装费234元。

(2)销售三批同一规格、质量的货物，每批各2 000件，不含增值税销售价格分别为每件200元、180元和60元。经税务机关认定，第三批销售价格每件60元明显偏低且无正当理由。

(3)将自产的一批新产品3A牌外套300件作为福利发给本企业的职工。已知3A牌外套尚未投放市场，没有同类外套销售价格；每件外套成本600元。

计算该企业当月的增值税销项税额。

［解析］　(1)销售机器增值税销项税额＝1 700＋234÷(1＋17％)×17％＝0.173 4(万元)

(2)销售货物增值税销项税额＝[200＋180＋(200＋180)÷2]×2 000×17％

＝19.38(万元)

(3)3A牌外套增值税销项税额＝300×600×(1＋10％)×17％＝3.366(万元)

(4)当月的增值税销项税额＝0.173 4＋19.38＋3.366＝22.919 4(万元)

2. 含税销售额的换算

(1)价税合计金额。

(2)商业企业零售价。

(3)普通发票上注明的销售额。

(4)价外费用视为含税收入。

(5)逾期包装物押金。

换算公式：

不含税销售额＝含税销售额÷(1＋税率)

3. 主管税务机关核定销售额

在两种情况下使用：

(1)视同销售中无价款结算的。

(2)售价明显偏低且无正当理由或无销售额的。

在上述两种情况下，确定顺序及方法如下：

(1)按纳税人最近时期同类货物的平均销售价格确定。

(2)按其他纳税人最近时期销售同类货物的平均销售价格确定。

(3)用以上两种方法均不能确定其销售额的情况下，可按组成计税价格确定销售额。

公式为：

组成计税价格＝成本×(1＋成本利润率)

属于应征消费税的货物，其组成计税价格中应加入消费税税额。

计算公式为：组成计税价格＝成本×(1＋成本利润率)＋消费税税额

【例 2－10】 某企业(一般纳税人)研制一种新型食品，为了进行市场推广和宣传，无偿赠送 200 件给消费者品尝，该食品无同类产品市场价，生产成本 600 元/件，成本利润率为 10%。计算该企业的销项税额。

[解析] 销项税额＝200×600×(1＋10%)×17% ＝22 440(元)

4. 特殊销售

(1)以折扣方式销售货物。

①折扣销售(会计称之为商业折扣)：同一张发票上“金额”栏分别注明的，可以按折扣后的销售额征收增值税(仅在发票“备注”栏注明折扣额，折扣额不得扣除)。

如果将折扣额另开发票，不论其财务上如何处理，均不得从销售额中减除折扣额。

【例 2－11】 甲服装厂为增值税一般纳税人，9 月销售给乙企业 300 套服装，不含税价格为 700 元/套。由于乙企业购买数量较多，甲服装厂给予乙企业 7 折的优惠，并按原价开具了增值税专用发票，折扣额在同一张发票的“备注”栏注明。甲服装厂当月的销项税额为(　　)元。

A. 24 990　　B. 35 700　　C. 36 890　　D. 47 600

[答案] B

[解析] 纳税人采取折扣方式销售货物，如果销售额和折扣额在同一张发票的“金额”栏分别注明，可以按折扣后的销售额征收增值税；未在同一张发票“金额”栏注明折扣额，而仅在发票的“备注”栏注明折扣额的，折扣额不得从销售额中减除。

甲服装厂当月的销项税额＝300×700×17%＝35 700(元)

②销售折扣(会计称之为现金折扣)：销售折扣不能从销售额中扣除。

③销售折让：销售折让可以通过开具红字专用发票从销售额中扣除。

【例 2－12】 甲企业本月销售给某专卖商店 A 牌商品一批，由于货款回笼及时，根据合同规定，给予专卖商店 2%折扣，甲企业实际取得不含税销售额 245 万元，计算计税销售额。

[答案] 计税销售额＝245÷98%＝250(万元)

销项税额＝250×17%＝42.5(万元)

(2)以旧换新销售货物。

以旧换新销售，是指纳税人在销售过程中，折价收回同类旧货物，并以折价款部分冲减货物价款的一种销售方式。

特殊规定：纳税人采取以旧换新方式销售货物的(金银首饰除外)，应按新货物的同期销售价格确定销售额。

【例 2－13】 某商业零售企业为增值税一般纳税人，以旧换新方式销售玉石首饰，旧玉石首饰作价 78 万元，实际收取新旧首饰差价款共计 90 万元；采取以旧换新方式销售原价为 3 500元的金项链 200 件，每件收取差价款1 500元。

[答案] 销项税额＝(78＋90＋200×1 500÷10 000)÷(1＋17%)×17%＝28.77(万元)

(3)还本销售。

税法规定：不得从销售额中减除还本支出。

(4)以物易物。

税法规定：双方都应作购销处理。以各自发出的货物核算销售额并计算销项税额，以各自收到的货物核算购货额并计算进项税额。

【注意】 如果是双方均未开具增值税专用发票，此业务只有销项税额。

(5)直销企业增值税销售额确定。

①直销企业—直销员—消费者：

销售额为向直销员收取的全部价款和价外费用。

②直销企业(直销员)—消费者：

销售额为向消费者收取的全部价款和价外费用。

(二)小规模纳税人应纳税额的计算

小规模纳税人销售货物或提供应税劳务，其应纳税额的计算不适用扣税法，而是实行按照销售额和征收率计算应纳税额的简易办法，不得抵扣进项税额。其计算公式为：

应纳税额＝销售额×征收率

销售额，不包括收取的增值税销项税额，即为不含税销售额。

对销售货物或提供应税劳务采取销售额和增值税销项税额合并定价方法的，要分离出不含税销售额，其计算公式为：

销售额＝含税销售额÷(1＋征收率)

小规模纳税人销售自己使用过的固定资产和旧货，按下列公式确定销售额和应纳税额：

销售额＝含税销售额÷(1＋3%)

应纳税额＝销售额×3%

【例 2－14】 某商场是增值税小规模纳税人，2009 年 6 月，该商场取得零售收入总额 18.54 万元，还销售了旧货一批，开具普通发票，取得含税销售额 5.2 万元，原值 4 万元，计算该商场当月的应纳增值税税额。

[解析] (1)零售收入应纳增值税税额＝18.54÷(1＋3%)×3%＝0.54(万元)

(2)销售旧货收入应纳增值税税额＝5.2÷(1＋4%)×4%×50%＝0.1(万元)

(3)当月应纳增值税税额＝0.54＋0.1＝0.64(万元)

【例 2－15】 某小型工业企业是增值税小规模纳税人。2009 年 3 月取得销售收入 12.36 万元(含增值税)；购进材料一批，支付货款 3.09 万元(含增值税)。计算该企业当月的应纳增值税税额。

[解析] 当月的应纳增值税税额＝12.36÷(1＋3%)×3%＝0.36(万元)

【例 2－16】 某商店为增值税小规模纳税人，2009 年 5 月，购进童装 280 套，“六一”儿童节之前以每套 128 元的含税价格全部零售出去，计算该商店当月销售这批童装应纳增值税税额。

[解析] 当月的应纳增值税税额＝128×280 ÷(1＋3%)×3%＝1 043.88(元)

(三)进口货物应纳税额的计算

进口货物的纳税人，无论是一般纳税人还是小规模纳税人，均应按照组成计税价格和规定的税率计算应纳税额，不得抵扣进项税额。其计算公式为：

应纳税额＝组成计税价格×税率

如果进口的货物不征消费税，则上述公式中的组成计税价格的计算公式为：

组成计税价格＝关税完税价格＋关税税额

如果进口的货物应征消费税，则上述公式中的组成计税价格的计算公式为：

组成计税价格＝关税完税价格＋关税税额＋消费税税额

【例 2－17】 某企业是增值税一般纳税人。2009 年 3 月从国外进口一批原材料，海关审定的完税价格为 100 万元，该批原材料分别按 10％和 17％的税率向海关缴纳了关税和进口环节增值税，并取得了相关完税凭证。该批原材料当月加工成产品后全部在国内销售，取得销售收入 200 万元（不含增值税），同时支付运输费 8 万元（取得运费发票）。已知该企业适用的增值税税率为 17％。计算该企业当月应缴纳的增值税税额。

［解析］ （1）进口原材料的应纳增值税税额＝（100＋100×10％）×17％＝18.7（万元）

（2）允许抵扣的增值税进项税额＝18.7＋8×7％＝19.26（万元）

（3）应纳增值税税额＝200×17％－19.26＝14.74（万元）

【例 2－18】 某商场是增值税一般纳税人，2009 年 6 月，该企业进口生产办公家具用的木材一批，该批木材在国外的买价为 20 万元（人民币，下同），运抵我国海关前发生的包装费、运输费、保险费等共计 10 万元。货物报关后，商场按规定缴纳了进口环节的增值税并取得了海关开具的完税凭证。假定该批进口货物在国内全部销售，取得不含税销售额 50 万元。

计算该批货物进口环节、国内销售环节分别应缴纳的增值税税额（货物进口关税税率 12％，增值税税率 17％）。

［解析］ （1）关税的完税价格＝20＋10＝30（万元）

（2）应缴纳进口关税税额＝30×12％＝3.6（万元）

（3）进口环节应纳增值税的组成计税价格：30＋3.6＝33.6（万元）

（4）进口环节应纳增值税税额：33.6×17％＝5.712（万元）

（5）国内销售环节的销项税额：50×17％＝8.5（万元）

（6）国内销售环节应纳增值税税额：8.5－5.712＝2.788（万元）

九、当期进项税额的确定

当期进项税额是指纳税人当期购进货物或者应税劳务已缴纳的增值税税额。它主要体现在从销售方取得的增值税专用发票上或海关进口增值税专用缴款书上。

与生产型增值税不允许将外购固定资产的价款（包括年度折旧）从商品和劳务的销售额中抵扣不同，消费型增值税允许纳税人在计算增值税税额时，从商品和劳务销售额中扣除当前购进的生产经营用固定资产总额。

1. 准予从销项税额中抵扣进项税额的情形

准予从销项税额中抵扣进项税额的情形，主要包括以下几类：

（1）从销售方取得的增值税专用发票上注明的增值税税额。

（2）从海关取得的海关进口增值税专用缴款书上注明的增值税税额。即一般纳税人销售进口货物时，可以从销项税额中抵扣的进项税额，为从海关取得的海关进口增值税专用缴款书上注明的增值税税额。

纳税人进口货物取得的海关进口增值税专用缴款书，是计算增值税进项税额的唯一依据。纳税人进口货物报关后，境外供货商向国内进口方退还或返还的资金，或进口货物向境外实际支付的货款低于进口报关价格的差额，不作进项税额转出处理。

（3）购进农产品，除取得增值税专用发票或者海关进口增值税专用缴款书外，按照农产品收购发票或者销售发票上注明的农产品买价和 13％的扣除率计算的进项税额。其计算公式为：

进项税额＝买价×扣除率

在购进农产品的情况下，由于农民等销售者无法提供增值税专用发票，因此，采取用买价乘以13%的扣除率的方法来计算进项税额。买价，包括纳税人购进农产品在农产品收购发票或者销售发票上注明的价款和按规定缴纳的烟叶税。

因此，增值税抵税凭证，包括增值税专用发票、海关进口增值税专用缴款书、农产品收购发票和农产品销售发票。

准予抵扣的项目和扣除率的调整，由国务院决定。

2. 不得从销项税额中抵扣的进项税额

下列项目的进项税额不得从销项税额中抵扣：

(1)用于非增值税应税项目、免征增值税项目、集体福利或者个人消费的购进货物或者应税劳务。

购进货物，不包括既用于增值税应税项目(不含免征增值税项目)也用于非增值税应税项目、免征增值税(以下简称免税)项目、集体福利或者个人消费的固定资产。固定资产，是指使用期限超过12个月的机器、机械、运输工具以及其他与生产经营有关的设备、工具、器具等。

个人消费包括纳税人的交际应酬消费。

(2)非正常损失的购进货物及相关的应税劳务。

非正常损失，是指因管理不善造成被盗、丢失、霉烂变质的损失。

(3)非正常损失的在产品、产成品所耗用的购进货物或者应税劳务。

(4)国务院财政、税务主管部门规定的纳税人自用消费品。

(5)前4项规定的货物的运输费用和销售免税货物的运输费用。

已抵扣进项税额的购进货物或者应税劳务，发生前述5种情形的(免税项目、非应税劳务除外)，应将该项购进货物或者应税劳务的进项税额从当期发生的进项税额中扣减。无法确定该项进项税额的，按当期实际成本计算应扣减的进项税额。

(6)小规模纳税人不得抵扣进项税额。但是，一般纳税人取得由税务所为小规模纳税人代开的增值税专用发票，可以将专用发票上填写的税额作为进项税额计算抵扣。

(7)进口货物，在海关计算缴纳进口环节增值税税额(海关进口增值税专用缴款书上注明的增值税税额时)，不得抵扣发生在中国境外的各种税金(包括销项税额)。

(8)因进货退出或折让而收回的进项税额，应从发生进货退出或折让当期的进项税额中扣减。

(9)按简易办法征收增值税的优惠政策，不得抵扣进项税额。

【例2—19】 下列支付的运费中，不允许计算扣除进项税额的是(　　)。

A. 销售原材料支付的运输费用

B. 外购设备支付的运输费用

C. 外购非增值税应税项目的运输费用

D. 向小规模纳税人购买农业产品的运输费用

[答案]　C

[解析]　根据规定，外购非增值税应税项目不能抵扣进项税额，所以其支付的运输费用也不能抵扣。

一般纳税人兼营免税项目或者非增值税应税劳务而无法划分不得抵扣的进项税额的，按下列公式计算不得抵扣的进项税额：

不得抵扣的进项税额＝当月无法划分的全部进项税额×当月免税项目销售额、非增值税应税劳务营业额合计÷当月全部销售额、营业额

合计购进货物或者应税劳务，取得的增值税扣税凭证不符合法律、行政法规或者国务院税务主管部门有关规定的，其进项税额不得从销项税额中抵扣。

【例 2—20】 某企业是增值税一般纳税人，适用一般税率 17%，2009 年 6 月有关生产经营业务如下：

(1)月初外购货物一批，支付增值税进项税额 24 万元，中下旬因管理不善，造成该批货物一部分发生霉烂变质，经核实造成 1/4 损失；

(2)外购的动力燃料支付的增值税进项税额 20 万元，一部分用于应税项目，另一部分用于免税项目，无法分开核算；

(3)销售应税货物取得不含增值税销售额 700 万元，销售免税货物取得销售额 300 万元。

计算该企业当月可以抵扣的进项税额。

[解析] (1)外购货物可以抵扣的进项税额：24－24÷4＝24－6＝18(万元)

(2)销售货物可以抵扣的进项税额：20－20×300÷(700＋300)＝14(万元)

(3)当月可以抵扣的进项税额：18＋14＝32(万元)

【例 2—21】 某企业是增值税一般纳税人，适用一般税率 17%，2015 年 6 月有关生产经营业务如下：

(1)销售甲产品给某大商场，开具增值税专用发票，取得不含税销售额 160 万元；另外，开具普通发票，取得销售甲产品的送货运输费收入 11.7 万元。

(2)销售乙产品，开具普通发票，取得含税销售额 58.5 万元。

(3)将试制的一批应税新产品用于该企业的基建工程，成本价为 40 万元，成本利润率为 10%，该新产品无同类产品市场销售价格。

(4)销售使用过的进口摩托车 5 辆，开具普通发票，每辆取得含税销售额 1.04 万元；摩托车的原值每辆 0.9 万元。

(5)购进货物取得增值税专用发票，注明支付的货款 120 万元、进项税额 20.4 万元，货物验收入库；另外，支付购货的运输费用 6 万元，取得运输公司开具的普通发票。

(6)向农业生产者购进免税农产品一批，支付收购价 60 万元，支付给运输单位的运费 10 万元，取得相关的合法票据，农产品验收入库。本月下旬将购进的农产品的 20%用于本企业职工福利。

计算该企业 2015 年 6 月应纳增值税税额。

[解析] (1)销售甲产品的销项税额＝160×17%＋11.7÷(1＋17%)×17%
＝28.9(万元)

(2)销售乙产品的销项税额＝58.5÷(1＋17%)×17%＝8.5(万元)

(3)自用新产品的销项税额＝40×(1＋10%)×17%＝7.48(万元)

(4)销售使用过的摩托车的销项税额＝1.04÷(1＋4%)×4%×50%×5＝0.1(万元)

(5)外购货物应抵扣的进项税额＝20.4＋6×7%＝20.82(万元)

(6)外购免税农产品应抵扣的进项税额＝(60×13%＋10×7%)×(1－20%)＝6.8(万元)

(7)应纳增值税税额＝28.9＋8.5＋7.48＋0.1－20.82－6.8＝17.36(万元)

【例 2—22】 某商场是增值税一般纳税人，2009 年 6 月发生下列购销业务：

(1)零售 A 型热水器 300 台，每台 3 000 元，商场派人负责安装，每台收取安装费 200 元。

(2)采取有奖销售方式销售电视机 100 台，每台 2 800 元；奖品为电子石英手表，市场零售单价 200 元，共计送出 50 只电子石英手表。

(3)收取客户购买 20 台 A 型热水器的预付款 40 000 元，均已开具普通发票，每台 3 000 元，因供货商的原因当期未能向客户交货。

(4)将本商场自用 2 年的小汽车一辆，账面原价 160 000 元，已提折旧 30 000 元，以每辆 140 000 元的价格售出。

(5)销售给某单位热水器 10 台，已开具的增值税专用发票记账联注明价款 26 000 元(增值税专用发票发票联注明价款 27 000 元)。

(6)购进 B 型热水器 100 台，取得增值税专用发票注明价款 200 000 元，双方正在协商以商业汇票方式进行结算。

(7)购进电视机 150 台，取得增值税专用发票注明价款 300 000 元，但商场因资金周转困难只支付了 70%的货款，余款在下月初支付；因质量原因，退回某电视机厂上期购进电视机 20 台，每台单价 2 000 元，并取得厂家开具的红字发票。

(8)购进 A 型热水器 20 台，取得增值税专用发票注明价款 420 000 元，货款已付。

(9)为某服装厂代销服装一批，合同规定：每件服务零售价 117 元，共计 1 000 件，双方约定手续费按合同金额的 5%(按不含税价计算)；该商场每件服装实际零售价 150 元，本月实际销售 800 件并将代销清单返给光明服装厂，取得服装厂开具的增值税专用发票。

计算该商场当月应纳增值税税额。

[解析]　(1)收取的安装费，应并入销售金额计算应纳增值税税额。

当月销项税额＝(3 000＋200)×300÷(1＋17%)×17%＝139 487.18(元)

(2)实物折扣不得从销售额中减除，且应按视同销售货物处理，应缴纳增值税。

当月销项税额＝(2 800×100＋200×50)÷(1＋17%)×17%＝42 136.75(元)

(3)收取预付款，且已开具普通发票，虽供货商当期未能向客户交货，但销售应予确认。

当月销项税额＝3 000×20÷(1＋17%)×17%＝8 717.95(元)

(4)商场自用 2 年的小汽车售出，销售价格未超过账面净值，不缴纳增值税。

(5)销售给最终使用单位的商品，不得开具增值税专用发票，发票应全部联次一次填开，上下联的内容和金额一致。

当月销项税额＝27 000×17%＝4 590(元)

(6)购进 B 型热水器抵扣进项税额。

当月进项税额＝200 000×17%＝34 000(元)

(7)因质量原因，发生退货并取得厂家开具的红字发票，即应冲减当期进项税额。

当月进项税额＝300 000×17%－20×2 000×17%＝44 200(元)

(8)购进 A 型热水器抵扣进项税额。

当月进项税额＝420 000×17%＝71 400(元)

(9)代销服装一批应抵扣进项税额，实际零售服装一批应缴纳销项税额。

当月进项税额＝117÷(1＋17%)×800×17%＝13 600(元)

当月销项税额＝150÷(1＋17%)×800×17%＝17 435.9(元)

该商场当月应缴纳的增值税税额＝当月销项税额－当月进项税额

＝139 487.18＋42 136.75＋8 717.95＋4 590＋17 435.9

－44 200－34 000－71 400－13 600＝49 167.78(元)

3. 增值税进项税额抵扣时限

除农产品收购发票、销售发票外，其他增值税抵扣凭证进行认证、申报抵扣的时限的规定如下：

(1)增值税一般纳税人申请抵扣的防伪税控系统开具的增值税专用发票，应当自该专用发票开具之日起180天内到税务机关认证，否则不予抵扣进项税额。

增值税一般纳税人认证通过的防伪税控系统开具的增值税专用发票，应当在认证通过的当月按照增值税有关规定核算当期进项税额并申报抵扣，否则不予抵扣进项税额。

(2)增值税一般纳税人取得的海关进口增值税专用缴款书，应当在该专用缴款书开具之日起180天后的第一个纳税申报期结束以前向主管税务机关申报抵扣，逾期不得抵扣进项税额。

(3)外贸企业一般纳税人购进出口的货物取得的增值税防伪税控专用发票，应当自该专用发票开具之日起30日内办理认证手续。

(4)增值税一般纳税人取得的税务机关通过防伪税控系统代开的增值税专用发票，其认证、申报抵扣期限的有关规定参照第(1)项的规定执行。

4. 按简易办法征收增值税的计算

一般纳税人销售自产的货物，选择按照简易办法依照3%征收率计算缴纳增值税的，不抵扣进项税额，按下列公式确定销售额和应纳税额：

$$销售额=含税销售额\div(1+3\%)$$

$$应纳税额=销售额\times 3\%$$

十、增值税的税收优惠

增值税的减税、免税类型：

- 税基式：起征点
- 税额式：免税、即征即退(100%、80%、50%)、先征后退
- 税率式：规定法定征收率(3%)

1. 法定减免

(1)销售自产农产品：指农业生产者销售的自产农产品免征增值税。

包括：制种、"公司+农户"经营模式的畜禽饲养。

(2)避孕药品和用具。

(3)古旧图书。

(4)直接用于科学研究、科学试验和教学的进口仪器、设备。

(5)外国政府、国际组织无偿援助的进口物资和设备。

(6)由残疾人的组织直接进口供残疾人专用的物品。

(7)销售自己使用过的物品：指其他个人自己使用过的物品。

2. 粮食和食用植物油

(1)对承担粮食收储任务的国有粮食购销企业销售的粮食免征增值税。

除经营军队用粮、救灾救济粮、水库移民口粮之外，其他粮食企业经营粮食一律征收增值税。

(2)享受免税优惠的国有粮食购销企业可继续使用增值税专用发票。

3. 农业生产资料

(1)饲料：销售饲料免征增值税，属于直接减免。

注意：宠物饲料不属于免税范围。

（2）其他农业生产资料：例如农膜；批发和零售的种子、种苗、化肥、农药、农机；有机肥；滴灌带和滴灌管产品、硝基复合肥。

提示：硝酸铵不属于免税范围。

4. 宣传文化

2013 年 1 月 1 日至 2017 年 12 月 31 日，对指定出版物在出版环节增值税先征后退 100%、50%；免征图书批发、零售增值税。

5. 资源综合利用产品及其他产品增值税政策

（1）下列自产免征增值税货物：①再生水；②以废旧轮胎为全部生产原料生产的胶粉；③翻新轮胎；④生产原料中掺兑废渣比例不低于 30%的特定建材产品。

（2）下列免征增值税劳务：①污水处理；②垃圾处理；③污泥处置处理。

（3）即征即退 100%：

①全部用工业生产过程中产生的余热、余压生产的电力或热力。

②以餐厨垃圾、畜禽粪便、稻壳、花生壳、玉米芯、油茶壳、棉籽壳、三剩物、次小薪材、含油污水、有机废水、污水处理后产生的污泥、油田采油过程中产生的油污泥（浮渣），包括利用上述资源发酵产生的沼气为原料生产的电力、热力、燃料。但生产原料中上述资源的比重不得低于 80%，其中利用油田采油过程中产生的油污泥（浮渣）生产燃料的资源比重不得低于 60%。同时，上述涉及的生物质发电项目必须符合国家发展和改革委员会《可再生能源发电有关管理规定》（发改能源[2006]13 号）要求，并且生产排放达到《火电厂大气污染物排放标准》（GB 13223－2003）第 1 时段标准或者《生活垃圾焚烧污染控制标准》（GB18485－2001）的有关规定。利用油田采油过程中产生的油污泥（浮渣）的生产企业必须取得《危险废物综合经营许可证》。

③以比重不低于 90%的污水处理后产生的污泥为原料生产的干化污泥、燃料。

④以比重不低于 90%的废弃的动物油、植物油为原料生产的并且达到《饲料级混合油》（NY/T913－2004）规定的技术要求的饲料级混合油。

⑤取得《危险废物综合经营许可证》的企业以比重不低于 90%的回收废矿物油为原料生产的润滑油基础油、汽油、柴油等工业油料。

⑥取得《危险废物综合经营许可证》的企业以比重不低于 70%油田采油过程中产生的油污泥（浮渣）为原料生产的乳化油调和剂及防水卷材辅料产品。

⑦以不低于 90%的人发为原料生产的档发。

（4）即征即退 80%：

对以三剩物、次小薪材和农作物秸秆 3 类农林剩余物为原料生产的木（竹、秸秆）纤维板、木（竹、秸秆）刨花板，细木工板、活性炭、栲胶、水解酒精、炭棒；以沙柳为原料生产的箱板纸实行增值税即征即退 80%的优惠政策。

（5）即征即退 50%：

对销售下列自产货物实行增值税即征即退 50%的优惠政策：

①以比重不低于 70%的蔗渣为原料生产的蔗渣浆、蔗渣刨花板及各类纸制品。

②以比重不低于 25%的粉煤灰、煤矸石为原料生产的氧化铝、活性硅酸钙。

③以比重不低于 90%的污泥为原料生产的污泥微生物蛋白。

④以比重不低于 30%的煤矸石为原料生产的瓷绝缘子、比重不低于 90%的煤矸石为原料

生产的煅烧高岭土。

⑤以比重不低于90%的废旧电池、废感光材料、废彩色显影液、废催化剂、废灯泡(管)、电解废弃物、电镀废弃物、废线路板、树脂废弃物、烟尘灰、湿法泥、熔炼渣、河底淤泥、废旧电机、报废汽车为原料生产的金、银、钯、铑、铜、铅、汞、锡、铋、碲、铟、硒、铂族金属,其中综合利用危险废弃物的企业还必须取得《危险废物综合经营许可证》。

⑥通过ISO9000、ISO14000认证的综合利用生产企业以比重不低于70%的废塑料、废旧聚氯乙烯(PVC)制品、废橡胶制品及废铝塑复合纸包装材料为原料生产的汽油、柴油、废塑料(橡胶)油、石油焦、碳黑、再生纸浆、铝粉、汽车用改性再生专用料、摩托车用改性再生专用料、家电用改性再生专用料、管材用改性再生专用料、化纤用再生聚酯专用料(杂质含量低于0.5mg/g、水分含量低于1%)、瓶用再生聚对苯二甲酸乙二醇酯(PET)树脂(乙醛质量分数小于等于1ug/g)及再生塑料制品。

⑦以比重不低于90%的废弃天然纤维、化学纤维及其制品为原料生产的纤维纱及织布、无纺布、毡、粘合剂及再生聚酯产品。

⑧以比重不低于90%的废旧石墨为原料生产的石墨异形件、石墨块、石墨粉和石墨增碳剂。

6. 医疗卫生

(1)医疗卫生机构。

①对非营利性医疗机构自产自用的制剂,免征增值税。

②对营利性医疗机构的药房分离为独立的药品零售企业,应按规定征收各项税收。

(2)血站:供应给医疗机构的临床用血免征增值税。

7. 修理修配

(1)飞机修理:实际税负超过6%的部分即征即退。

(2)铁路货车修理:铁路单位为本系统修理货车免增值税。

8. 煤层气抽采

先征后退。

9. 软件产品

一般纳税人销售其自行开发生产的软件产品,按17%的法定税率征收增值税后,对其增值税实际税负超过3%的部分实行即征即退政策。

即征即退税额=当期软件产品增值税应纳税额-当期软件产品销售额×3%

【例2-23】 某软件开发企业为增值税一般纳税人,2011年10月销售自行开发生产的软件产品,取得不含税销售额68 000元,从国外进口软件进行本地化改造后对外销售,取得不含税销售额200 000元。本月购进一批电脑用于软件设计,取得的增值税专用发票注明金额100 000元。该企业上述业务应退增值税( )元。

A. 6 920　　B. 8 040　　C. 20 520　　D. 2 856 022

[答案] C

[解析] 当期软件产品增值税应纳税额=68 000×17%+200 000×17%-100 000×17%=28 560(元),税负=28 560/(68 000+200 000)×100%= 10.66%,即征即退税额=28 560-(68 000+200 000)×3%= 20 520(元)。

10. 供热企业

向居民个人收取的采暖收入免征增值税。

11. 促进节能服务产业发展的增值税政策

对符合条件的节能服务公司实施合同能源管理项目，将项目中的增值税应税货物转让给用能企业，暂免征收增值税。

12. 促进残疾人就业税收优惠政策(按营改增)

对安置残疾人的单位和个体工商户(以下称纳税人)，实行由税务机关按纳税人安置残疾人的人数，限额即征即退增值税的办法。

安置的每位残疾人每月可退还的增值税具体限额，由县级以上税务机关根据纳税人所在区县(含县级市、旗，下同)适用的经省(含自治区、直辖市、计划单列市，下同)人民政府批准的月最低工资标准的4倍确定。

13. 蔬菜流通环节增值税优惠政策

自2012年1月1日起，对从事蔬菜批发、零售的纳税人销售的蔬菜免征增值税。

各种蔬菜罐头不属于免税的范围。

14. 粕类产品免征增值税政策

除豆粕以外的其他粕类饲料产品，均免征增值税。

15. 制种行业增值税政策

符合条件的，属于销售自产农产品，免征增值税。

16. 营改增相关增值税优惠

(1)下列项目免征增值税：

①个人转让著作权。

②残疾人个人提供应税服务。

③航空公司提供飞机播洒农药服务。

④试点纳税人提供技术转让、技术开发和与之相关的技术咨询、技术服务。

(2)下列实际税负超过3%的部分实行增值税即征即退。

①营改增一般纳税人提供管道运输服务。

②经中国人民银行、银监会或者商务部批准从事融资租赁业务的试点纳税人中的一般纳税人，提供有形动产融资租赁服务。

(3)境内的单位和个人提供的下列应税服务免征增值税，但财政部和国家税务总局规定适用零税率的除外：

①工程、矿产资源在境外的工程勘察勘探服务。

②会议展览地点在境外的会议展览服务。

③存储地点在境外的仓储服务。

④标的物在境外使用的有形动产租赁服务。

⑤为出口货物提供的邮政业服务和收派服务。

⑥在境外提供的广播影视服务。

⑦向境外单位提供的其他应税服务。

【提示】　免税的购进货物或应税服务不得抵扣：

不得抵扣的进项税额＝当期无法划分的全部进项税额×(当期简易计税方法计税项目销售额＋非增值税应税劳务营业额＋免征增值税项目销售额－为出口货物提供收派服务支付给境外合作方的费用)÷(当期全部销售额＋当期全部营业额)

【提示】　关于国际货物运输和船舶代理业务免征增值税的规定。

从 2014 年 9 月 1 日起，试点纳税人通过其他代理人，间接为委托人办理货物的国际运输、从事国际运输的运输工具进出港口、联系安排引航、靠泊、装卸等货物和船舶代理相关业务手续，免征增值税。

17. 增值税的起征点

(1)起征点由财政部、国家税务总局规定。起征点的调整由财政部和国家税务总局规定。省、自治区、直辖市财政厅(局)和国家税务局应当在规定的幅度内，根据实际情况确定本地区适用的起征点，并报财政部和国家税务总局备案。

(2)2014 年 10 月 1 日起，对增值税小规模纳税人中月销售额不超过 3 万元(含 3 万元，按季度纳税为 9 万元)，免征收增值税。

(3)增值税起征点仅适用于财税[2016]36 号文的附件 1《营业税改征增值税试点实施办法》第一条规定的个人，包括：个体工商户和其他个人，但不适用于登记为一般纳税人的个体工商户。即增值税起征点仅适用于个体工商户小规模纳税人和其他个人。

①按期纳税的，为月销售额 5 000～20 000 元(含本数)。

②按次纳税的，为每次(日)销售额 300～500 元(含本数)。

对增值税小规模纳税人中月销售额未达到 2 万元的企业或非企业性单位，免征增值税。2017 年 12 月 31 日前，对月销售额 2 万元(含本数)至 3 万元的增值税小规模纳税人，免征增值税。

十一、增值税的征收管理

增值税由税务机关征收，进口货物的增值税由海关代征。个人携带或者邮寄进境自用物品的增值税，连同关税一并计征。具体办法由国务院关税税则委员会会同有关部门制定。

有关增值税的纳税地点、纳税义务的发生时间和纳税期限、计税货币以及关于增值税简易征收政策的管理等的规定如下：

(一)纳税地点

1. 固定业户的纳税地点

固定业户应当向其机构所在地的主管税务机关申报纳税。总机构和分支机构不在同一县(市)的，应当分别向各自所在地的主管税务机关申报纳税；经国务院财政、税务主管部门或者其授权的财政、税务机关批准，可以由总机构汇总向总机构所在地的主管税务机关申报纳税。

固定业户到外县(市)销售货物或者应税劳务，应当向其机构所在地的主管税务机关申请开具外出经营活动税收管理证明，并向其机构所在地的主管税务机关申报纳税；未开具证明的，应当向销售地或者劳务发生地的主管税务机关申报纳税；未向销售地或者劳务发生地的主管税务机关申报纳税的，由其机构所在地的主管税务机关补征税款。

2. 非固定业户的纳税地点

非固定业户销售货物或者应税劳务，应当向销售地或者劳务发生地的主管税务机关申报纳税；未向销售地或者劳务发生地的主管税务机关申报纳税的，由其机构所在地或者居住地的主管税务机关补征税款。

3. 进口货物的纳税地点

进口货物应纳的增值税，应当向报关地海关申报纳税。

扣缴义务人应当向其机构所在地或者居住地的主管税务机关申报缴纳其扣缴的税款。

(二)纳税义务的发生时间和纳税期限

纳税义务的发生时间直接影响纳税义务的成立和履行。

有关增值税纳税义务的发生时间，具体规定如下：

1. 销售货物或提供应税劳务的

销售货物或提供应税劳务的，其纳税义务发生的时间为收讫销售款或者取得销售款凭据的当天。先开具发票的，为开具发票的当天。

收讫销售款项或者取得索取销售款项凭据的当天，按销售结算方式的不同，具体为：

(1)采取直接收款方式销售货物，不论货物是否发出，均为收到销售款或者取得索取销售款凭据的当天。

(2)采取托收承付和委托银行收款方式销售货物，为发出货物并办妥托收手续的当天。

(3)采取赊销和分期收款方式销售货物，为书面合同约定的收款日期的当天，无书面合同的或者书面合同没有约定收款日期的，为货物发出的当天。

(4)采取预收货款方式销售货物，为货物发出的当天，但生产销售生产工期超过12个月的大型机械设备、船舶、飞机等货物，为收到预收款或者书面合同约定的收款日期的当天。

(5)委托其他纳税人代销货物，为收到代销单位的代销清单或者收到全部或者部分货款的当天。未收到代销清单及货款的，为发出代销货物满180天的当天。

(6)销售应税劳务，为提供劳务同时收讫销售款或者取得索取销售款的凭据的当天。

(7)纳税人发生下列视同销售货物行为(委托他人代销、销售代销货物除外)，为货物移送的当天：

①设有两个以上机构并实行统一核算的纳税人，将货物从一个机构移送其他机构用于销售，但相关机构设在同一县(市)的除外。

②将自产或者委托加工的货物用于非增值税应税项目。

③将自产、委托加工的货物用于集体福利或者个人消费。

④将自产、委托加工或者购进的货物作为投资，提供给其他单位或者个体工商户。

⑤将自产、委托加工或者购进的货物分配给股东或者投资者。

⑥将自产、委托加工或者购进的货物无偿赠送其他单位或者个人。

2. 进口货物的

进口货物的，其纳税义务的发生时间为报关进口的当天。

增值税扣缴义务人发生时间为纳税人增值税纳税义务发生的当天。

在纳税期限方面，增值税的税款计算期分别为1日、3日、5日、10日、15日、1个月或者1个季度。纳税人的具体纳税期限，由主管税务机关根据纳税人应纳税额的大小分别核定；不能按固定期限纳税的，可以按次纳税。

以1个季度为纳税期限的规定仅适用于小规模纳税人。小规模纳税人的具体纳税期限，由主管税务机关根据其应纳税额的大小分别核定。

纳税人以1个月或者1个季度为1个纳税期的，自期满之日起15日内申报纳税；以1日、3日、5日、10日或者15日为1个纳税期的，自期满之日起5日内预缴税款，于次月1日起15日内申报纳税并结清上月应纳税款。

纳税人进口货物，应当自海关填发海关进口增值税专用缴款书之日起15日内缴纳税款。纳税人出口货物，应当按月向税务机关申报办理该项出口货物退税。

【例2-24】 纳税人委托其他纳税人代销货物的，其增值税纳税义务的发生时间为发出

代销货物的当天。(　　)

[答案] ×

[解析] 根据规定,纳税人委托其他纳税人代销货物的,其增值税纳税义务的发生时间为收讫销售款或者取得销售款凭据的当天。先开具发票的,为开具发票的当天。

【例 2-25】 纳税人进口货物,应当自海关填发海关进口增值税专用缴款书之日起(　　)内缴纳税款。

A. 3 日　　B. 7 日　　C. 10 日　　D. 15 日

[答案] D.

[解析] 根据规定,纳税人进口货物,应当自海关填发海关进口增值税专用缴款书之日起15 日内缴纳税款。

(三)计税货币

增值税额销售额按人民币计算。纳税人以人民币以外的外币结算销售额的,应当按外汇市场价格折合成人民币计算。在计税依据所用本位币方面,我国税法规定以人民币为本位币。纳税人按人民币以外的货币结算销售额的,其销售额的人民币折合率可以选择销售额发生的当天或者当月 1 日的人民币汇率中间价。纳税人应在事先确定采用何种折合率,确定后 1 年内不得变更。

(四)关于增值税简易征收政策的管理

(1)一般纳税人销售自己使用过的固定资产,适用按简易办法依 3%征收率减按 2%征收增值税政策的,应开具普通发票,不得开具增值税专用发票。

(2)小规模纳税人销售自己使用过的固定资产,应开具普通发票,不得由税务机关代开增值税专用发票。

(3)纳税人销售旧货,应开具普通发票,不得自行开具或者由税务机关代开增值税专用发票。

(4)对属于一般纳税人的自来水公司销售自来水按简易办法依照 6%征收率征收增值税,不得抵扣其购进自来水取得增值税扣税凭证上注明的增值税税款。

(5)一般纳税人销售货物适用下列规定的,可自行开具增值税专用发票:

①一般纳税人销售自产货物,可选择按照简易办法依照 3%征收率计算缴纳增值税。

②一般纳税人销售货物,暂按简易办法依照 3%征收率计算缴纳增值税。

③属于一般纳税人的自来水公司销售自来水按简易办法依照 6%征收率征收增值税的。

十二、增值税专用发票

增值税专用发票的使用和管理,直接关系到整个增值税制度能否正常有效运作,关系到增值税的原理能否实现。

(一)增值税专用发票概述

增值税专用发票不仅是纳税人从事经济活动的重要凭证,而且也是记载销货方的销项税额和购货方的进项税额的凭证。在专用发票上注明的税额既是销货方的销项税额,又是购货方的进项税额,是购货方进行税款抵扣的依据和凭证。

纳税人销售货物或者应税劳务,应当向索取增值税专用发票的购买方开具增值税专用发票,并在增值税专用发票上分别注明销售额和销项税额。属于下列情形之一的,不得开具增值税专用发票:

(1)向消费者个人销售货物或者应税劳务的；

(2)销售货物或者应税劳务适用免税规定的；

(3)小规模纳税人销售货物或者应税劳务的。

小规模纳税人以外的纳税人(即一般纳税人)因销售货物退回或者折让而退还给购买方的增值税额，应从发生销售货物退回或者折让当期的销项税额中扣减；因购进货物退出或者折让而收回的增值税额，应从发生购进货物退出或者折让当期的进项税额中扣减。

一般纳税人销售货物或者应税劳务，开具增值税专用发票后，发生销售货物退回或者折让、开票有误等情形，应按国家税务总局的规定开具红字增值税专用发票。未按规定开具红字增值税专用发票的，增值税额不得从销项税额中扣减。

【例 2—26】 一般纳税人的下列销售行为中，应开具增值税专用发票的是(　　)。

A. 向消费者个人销售货物　　B. 向小规模纳税人转让专利权

C. 向一般纳税人销售房地产　　D. 向一般纳税人提供修理修配劳务

[答案]　D

[解析]　根据规定，一般纳税人向消费者个人销售货物、向小规模纳税人转让专利权以及向一般纳税人销售房地产，应开具普通发票。

(二)增值税专用发票的使用

为加强增值税征收管理，规范增值税专用发票(以下简称专用发票)使用行为，国家税务总局修订《增值税专用发票使用规定》(国税发[2006]156 号)，自 2007 年 1 月 1 日起施行。

专用发票，是指一般纳税人销售货物或者提供应税劳务开具的发票，是购买方支付增值税额并可按照增值税有关规定据以抵扣增值税进项税额的凭证。

一般纳税人应通过增值税防伪税控系统(以下简称防伪税控系统)使用专用发票。使用，包括领购、开具、撤销、认证纸质专用发票及其相应的数据电文。

专用发票由基本联次或者基本联次附加其他联次构成，基本联次为 3 联：

(1)发票联，作为购买方核算采购成本和增值税进项税额的记账凭证；

(2)抵扣联，作为购买方报送主管税务机关认证和留存备查的凭证；

(3)记账联，作为销售方核算销售收入和增值税销项税额的记账凭证。

其他联次的用途，由一般纳税人自行确定。

专用发票实行最高开票限额管理。最高开票限额，是指单份专用发票开具的销售额合计数不得达到的上限额度。一般纳税人申请最高开票限额时，须填报最高开票限额申请表。最高开票限额由一般纳税人申请，县级税务机关依法审批。

一般纳税人领购专用设备后，凭最高开票限额申请表、发票领购簿到主管税务机关办理初始发行。一般纳税人凭发票领购簿、IC 卡和经办人身份证明领购专用发票。

一般纳税人有下列情形之一的，不得领购开具专用发票：

(1)会计核算不健全，不能向税务机关准确提供增值税销项税额、进项税额、应纳税额数据及其他有关增值税税务资料的。

(2)有《税收征管法》规定的税收违法行为，拒不接受税务机关处理的。

(3)有下列行为之一的，经税务机关责令限期改正而仍未改正的：虚开增值税专用发票；私自印制专用发票；向税务机关以外的单位和个人买取专用发票；借用他人专用发票；未按该规定第十一条开具专用发票；未按规定保管专用发票和专用设备；未按规定申请办理防伪税控系统变更发行；未按规定接受税务机关检查。有上列情形的，如已领购专用发票，主管税务机关应暂扣其结存的专用发票和IC卡。

商业企业一般纳税人零售的烟、酒、食品、服装、鞋帽、化妆品等消费品不得开具专用发票。增值税小规模纳税人和非增值税纳税人不得领购使用专用发票。增值税小规模纳税人需开具专用发票的，可向当地主管税务机关申请代开。

专用发票应按下列要求开具：

【提示】 (1)项目齐全，与实际交易相符。

(2)字迹清楚，不得压线、错格。

(3)发票联和抵扣联加盖财务专用章或者发票专用章。

(4)按照增值税纳税义务的发生时间开具。

对不符合上列要求的专用发票，购买方有权拒收。

(三)增值税专用发票方面的刑事责任

《中华人民共和国刑法》[1997]第三章第六节“危害税收征管罪”，主要规定了如下罪名：(1)骗取出口退税罪；(2)虚开增值税专用发票、用于骗取出口退税、抵扣税款发票罪；(3)伪造、出售伪造的增值税专用发票罪；(4)非法出售增值税专用发票罪；(5)非法购买增值税专用发票，购买伪造的增值税专用发票罪；(6)非法制造、出售非法制造的用于骗取出口退税、抵扣税款发票罪；(7)非法出售用于骗取出口退税、抵扣税款发票罪；(8)逃避缴纳税款罪；(9)抗税罪；(10)逃避追缴欠税罪；(11)非法制造、出售非法制造的发票罪；(12)非法出售发票罪；等等。与增值税密切相关的主要是前七种，均与增值税专用发票有关。鉴于增值税专用发票对于增值税的征管具有重要作用，刑法对涉及增值税专用发票的犯罪规定了非常严厉的刑事责任。其中，“危害税收征管罪”规定了法定最高刑为死刑的是：“虚开增值税专用发票、用于骗取出口退税、抵扣税款发票罪”和“伪造、出售伪造的增值税专用发票罪”。

第二节 消费税法律制度

一、消费税概述

消费税是对我国境内从事生产、委托加工和进口应税消费品的单位和个人就其销售额或销售数量，在特定环节征收的一种税。

(一)消费税的特点

(1)征税项目选择性。

(2)征税环节单一性。

(3)征收方法多样性。

(4)税收调节特殊性。

(5)消费税转嫁性。

(二)消费税的作用

(1)调节产品结构。

(2)引导消费方向。

(3)保证国家财政收入。

（三）消费税与增值税异同比较

1. 相同

（1）消费税与增值税同属流转税，都是全额征税的税种，不得从销售额中减除任何费用。

（2）消费税与增值税通常是同一计税依据。

2. 区别

（1）征税的范围不同。消费税是特定征收，增值税是普遍征收。消费税征税范围现在是14种应税消费品，而增值税是所有的有形动产和应税劳务。应税消费品在特定环节既要缴增值税也要缴消费税，当两个税同时征收时，两个税的计税依据（销售额）在从价定率征收的情况下一般是相同的。

（2）征税环节不同。消费税征税环节是一次性的（单一的）；增值税在货物每一个流转环节都要缴纳。

（3）计税方法不同。消费税是从价征收、从量征收和从价从量征收，是根据应税消费品选择某一种计税方法；增值税是根据纳税人选择计税的方法。

（4）消费税是价内税（计税依据中含消费税税额），与所得税有直接关系，增值税是价外税（计税依据中不含增值税税额），对所得税没有直接影响。

【例2—27】（2009年）根据消费税现行规定，下列表述中正确的有（　　）。

A. 消费税税收负担具有转嫁性

B. 消费税的税率呈现单一税率形式

C. 消费品生产企业没有对外销售的应税消费品均不征消费税

D. 消费税税目列举的消费品都属消费税的征税范围

E. 消费税实行多环节课征制度

[答案]　AD

[解析]　消费税税率有两种形式：一种是比例税率；一种是定额税率。一般情况下，对一种消费品只选择一种税率形式，但是为了更有效地保全消费税税基，对一些应税消费品采取了定额税率和比例税率双重征收形式，如卷烟、白酒；纳税人自产应税消费品，不是用于连续生产应税消费品，而是用于其他方面的，于移送使用时纳税，如用于生产非应税消费品和在建工程、管理部门、非生产机构，提供劳务以及用于馈赠、赞助等；消费税征税环节具有单一性。

二、纳税义务人与纳税环节

（一）纳税义务人

在中华人民共和国境内生产、委托加工和进口规定的应税消费品的单位和个人。（金银首饰由生产销售环节征税改为零售环节征税，卷烟批发环节也纳税）

（1）在我国境内生产、委托加工和进口应税消费品的单位和个人——我国现行消费税属于特别消费税，对15类消费品征收消费税；

（2）国务院确定的销售应税消费品的其他单位和个人——卷烟的批发企业、金银首饰、钻石及钻石饰品的零售企业。

（二）纳税环节

消费税的纳税环节如表2—3所示。

表 2—3 消费税纳税环节

应税消费品	征税环节
1. 金银首饰、钻石及钻石饰品	零售环节缴纳，其他环节不缴纳
2. 卷烟	生产、委托加工、进口＋批发环节缴纳
3. 其他应税消费品	生产、委托加工、进口缴纳，其他环节不缴纳

（三）征税范围

消费税的征税范围分布于以下五个环节：生产应税消费品、委托加工应税消费品、进口应税消费品、批发卷烟、零售应税消费品。

(1)生产应税消费品。生产应税消费品的征税范围如表 2—4 所示。

表 2—4 生产应税消费品

<table>
<tr><th colspan="2">情　形</th><th>税务处理</th></tr>
<tr><td colspan="2">对外销售</td><td>纳消费税</td></tr>
<tr><td rowspan="2">自用</td><td>自用于连续生产应税消费品</td><td>不纳消费税</td></tr>
<tr><td>用于其他方面</td><td>纳消费税</td></tr>
<tr><td>视为应税消费品的生产行为</td><td>工业企业以外的单位和个人的下列行为：
(1)将外购的消费税非应税产品以消费税应税产品对外销售的
(2)将外购的消费税低税率应税产品以高税率应税产品对外销售的</td><td>纳消费税</td></tr>
</table>

(2)委托加工应税消费品。委托加工应税消费品是指委托方提供原料和主要材料，受托方只收取加工费和代垫部分辅助材料加工的应税消费品。

委托加工中消费税与增值税的关系如表 2—5 所示。

表 2—5 消费税与增值税关系

<table>
<tr><th></th><th>委托方</th><th>受托方</th></tr>
<tr><td>增值税</td><td>委托方是增值税的负税人</td><td>受托方是增值税纳税人(提供加工劳务)</td></tr>
<tr><td rowspan="2">消费税</td><td>委托方是消费税的纳税人</td><td>除个人(含个体工商户)外，受托方代收代缴消费税</td></tr>
<tr><td colspan="2">如果受托方是个人(含个体工商户)，委托方须在收回加工应税消费品后向所在地主管税务机关缴纳消费税</td></tr>
</table>

(3)进口应税消费品。进口应税消费品的消费税由海关代征。

(4)批发卷烟。

(5)零售应税消费品的征税范围为金银首饰、钻石及钻石饰品。金银首饰仅限于金基、银基合金首饰以及金、银合金基、银基合金的镶嵌首饰。

税率为 5%。对既销售金银首饰，又销售非金银首饰的生产、经营单位，应将两类商品划分清楚，分别核算销售额。凡划分不清楚或不能分别核算的，在生产环节销售的，一律从高适用税率征收消费税(10%)；在零售环节销售的，一律按金银首饰征收消费税。

零售应税消费品的计税依据为不含增值税的销售额如表 2—6 所示。

表 2—6　　计税依据

情　形	计税依据
金银首饰与其他产品组成成套消费品销售	销售额全额
金银首饰连同包装物销售	包装物应并入金银首饰的销售额，计征消费税
带料加工的金银首饰	按受托方销售同类金银首饰的销售价格确定计税依据征收消费税
没有同类金银首饰销售价格的	按组成计税价格计算纳税
以旧换新（含翻新改制）销售金银首饰	实际收取的不含增值税的全部价款

【例 2—28】 根据消费税规定，成品油纳税环节是（　　）。

A. 批发环节　　B. 加油站加油环节

C. 生产销售环节　　D. 消费者购买环节

［答案］ C

［解析］ 成品油的纳税环节是生产销售环节。

【例 2—29】 下列单位中属于消费税纳税人的有（　　）。

A. 受托加工化妆品的企业　　B. 销售金银首饰的商场

C. 进口化妆品的外贸公司　　D. 委托加工卷烟的企业

［答案］ BCD

［解析］ 受托加工化妆品的企业代收代缴消费，不是消费税的纳税人。

三、消费税税目

消费税共有 15 个税目：烟，酒，化妆品，贵重首饰及珠宝玉石，鞭炮焰火，成品油，小汽车，摩托车，高尔夫球及球具，高档手表，游艇，木制一次性筷子，实木地板、电池、涂料（变化：取消酒精、汽车轮胎消费税；将电池、涂料纳入消费税征税范围）。

（一）烟

（1）包括卷烟、雪茄烟和烟丝 3 个子目。

（2）卷烟的分类见表 2—7。

表 2—7　　卷烟分类

类　别	标　准	税　率
甲类卷烟	每标准条（200 支）调拨价格（不含增值税）≥70 元	56%+0.003 元/支
乙类卷烟	每标准条调拨价格（不含增值税）<70 元	36%+0.003 元/支

（3）自 2009 年 5 月 1 日起，批发环节加征 5%从价税。

①纳税人应将卷烟销售额与其他商品销售额分开核算，未分开核算的，一并征收消费税；

②纳税人销售给纳税人以外的单位和个人的卷烟于销售时纳税，纳税人之间销售的卷烟不缴纳消费税；

③卷烟批发企业的机构所在地，总机构与分支机构不在同一地区的，由总机构申报纳税；

④批发企业在计算纳税时不得扣除已含的生产环节的消费税税款。

(二)酒

(1)包括粮食白酒、薯类白酒、黄酒、啤酒、果啤和其他酒。

(2)自 2014 年 12 月 1 日起,取消酒精消费税。

(3)对饮食业、商业、娱乐业举办的啤酒屋(啤酒坊)利用啤酒生产设备生产的啤酒应当征收消费税;果啤属于啤酒,按啤酒征收消费税。

(4)啤酒的分类见表 2—8。

表 2—8　　啤酒分类

甲类啤酒 税额:250 元/吨	每吨不含增值税出厂价格(含包装物及包装物押金)≥3 000 元
乙类啤酒 税额:220 元/吨	每吨不含增值税出厂价格(含包装物及包装物押金)<3 000 元
包装物押金不包括重复使用的塑料周转箱的押金	

(5)配制酒的税务处理见表 2—9。

表 2—9　　配制酒的税率

以蒸馏酒或食用酒精为酒基,具有国家相关部门批准的国食健字或卫食健字文号并且酒精度≤38°的配制酒	按"其他酒"10%适用税率征收消费税
以发酵酒为酒基,酒精度≤20°的配制酒	
其他配制酒	按"白酒"适用税率征收消费税

(三)化妆品

包括:各类美容、修饰类化妆品,高档护肤类化妆品和成套化妆品。

不包括:舞台、戏剧、影视演员化妆用的上妆油、卸装油、油彩。

(四)贵重首饰及珠宝玉石

出国人员免税商店销售的金银首饰征收消费税。

(五)鞭炮、焰火

不包括:体育上用的发令纸、鞭炮药引线。

(六)成品油

包括汽油、柴油、石脑油、溶剂油、航空煤油、润滑油、燃料油 7 个子目。

航空煤油暂缓征收。

(1)汽油统一按照无铅汽油税率征收消费税。

(2)橡胶填充油、溶剂油原料属于溶剂油征收范围。

(3)润滑油包括矿物性润滑油、植物性润滑油、动物性润滑油和化工原料合成润滑油。

(4)润滑脂应当征收消费税,变压器油、导热类油等绝缘油类产品不征收消费税。

(七)小汽车

包括:乘用车、中轻型商用客车。要求:含驾驶员座位在内的座位数≤23 座。

不包括:

(1)电动汽车。

(2)车身长度≥7 米并且座位 10～23 座(含)以下的商用客车。

(3)沙滩车、雪地车、卡丁车、高尔夫车。

(八)摩托车

包括轻便摩托车和摩托车两种。

最大设计车速不超过 50 千米/小时,发动机气缸总工作容量不超过 50 毫升的三轮摩托车不征收消费税。

自 2014 年 12 月 1 日起,取消气缸容量 250 毫升(不含)以下的小排量摩托车消费税。

(九)高尔夫球及球具

包括高尔夫球、高尔夫球杆及高尔夫球包(袋)等。高尔夫球杆的杆头、杆身和握把属于本税目的征收范围。

(十)高档手表

每只不含增值税销售价格≥10 000 元。

(十一)游艇

8 米≤长度≤90 米。

(十二)木制一次性筷子

含未经打磨、倒角的木制一次性筷子。

(十三)实木地板:以木材为原料

包括各类规格的实木地板、实木指接地板、实木复合地板及用于装饰墙壁、天棚的侧端面为榫、槽的实木装饰板。未经涂饰的素板也属于本税目征税范围。

(十四)电池

自 2015 年 2 月 1 日起对电池(铅蓄电池除外)征收消费税。

对无汞原电池、金属氢化物镍蓄电池(又称“氢镍蓄电池”或“镍氢蓄电池”)、锂原电池、锂离子蓄电池、太阳能电池、燃料电池和全钒液流电池免征消费税。

2015 年 12 月 31 日前对铅蓄电池缓征消费税;自 2016 年 1 月 1 日起,对铅蓄电池按 4%税率征收消费税。

(十五)涂料

自 2015 年 2 月 1 日起对涂料征收消费税;对施工状态下挥发性有机物(VOC)含量低于 420 克/升(含)的涂料免征消费税。

【例 2—30】 (2010 年)下列各项中,属于消费税征收范围的是(　　)。

A. 电动汽车　　B. 卡丁车　　C. 高尔夫车　　D. 小轿车

[答案] D

[解析] 电动汽车、卡丁车、高尔夫车不属于消费税的征税范围。

【例 2—31】 下列属于消费税征税范围有(　　)。

A. 电池　　B. 涂料　　C. 汽车轮胎　　D. 酒精

[答案] AB

[解析] 按最新税法规定,汽车轮胎和酒精不再征收消费税。

【例 2—32】 下列各项中,应同时征收增值税和消费税的是(　　)。

A. 批发环节销售的卷烟　　B. 零售环节销售的金基合金首饰

C. 生产环节销售的普通护肤护发品　　D. 进口环节取得外国政府捐赠的小汽车

[答案] AB

[解析] 选项 C,征收增值税不征收消费税;选项 D,外国政府、国际组织无偿援助的进口物资和设备属于增值税免税项目,因此选项 D 免征增值税。

四、税率

消费税有两种税率形式、三种征税方式，见表 2—10。

表 2—10 消费税税率形式

消费品	形 式
啤酒、黄酒、成品油	定额税率
卷烟(除批发环节外)、白酒	复合征税
其他应税消费品(包括批发环节的卷烟)	比例税率

烟的税率如表 2—11 所示。

表 2—11 烟的税率

情 形	税 率
甲类卷烟	生产环节(含进口)的税率:56%+0.003 元/支
乙类卷烟	生产环节(含进口)的税率:36%+0.003 元/支
卷烟批发环节	从价税:5%
备注:纳税人之间销售的卷烟不缴纳消费税。批发企业在计算纳税时不得扣除已含的生产环节的消费税税款	
雪茄烟	生产环节(含进口)的税率调整为 36%
烟丝	30%

啤酒的税率如表 2—12 所示。

表 2—12 啤酒的税率

类 型	税 率
甲类啤酒、娱乐业和饮食业自制的	250 元/吨
乙类啤酒	220 元/吨

【例 2—33】 实行从量定额和从价定率相结合计算应纳消费税的消费品有(　　)。

A. 啤酒　　B. 黄酒　　C. 白酒　　D. 卷烟

[答案] CD

[解析] 只有白酒和卷烟是复合计征消费税的。

五、计税依据

(一)从价计征——销售额

1. 基本规定

全部价款和价外费用，含消费税税款，但不含增值税税款；价外费用的内容与增值税规定相同。

下列项目不包括在内：

(1)同时符合两项条件的代垫运输费用。

(2)同时符合三项条件代为收取的政府性基金或者行政事业性收费。

其他价外费用,无论是否属于纳税人的收入,均应并入销售额计算征税。

2. 含增值税销售额的换算

应税消费品的销售额=含增值税的销售额÷(1+增值税税率或征收率)

(1)销售方为一般纳税人,转换时用增值税税率;

(2)销售方为小规模纳税人,转换时用征收率。

3. 包装物

(1)应税消费品连同包装销售的,并入应税消费品的销售额中征收消费税。

(2)包装物不作价随同产品销售,而是收取押金,且单独核算的,其押金税务处理如表 2-13所示。

表 2-13　　包装物押金税务处理

<table>
<tr><th colspan="2">产品</th><th>时点</th><th>增值税</th><th>消费税</th><th>企业所得税</th></tr>
<tr><td colspan="2" rowspan="2">一般产品</td><td>收取时</td><td>不纳</td><td>不纳</td><td>不纳</td></tr>
<tr><td>逾期时</td><td>按不含税销售额纳税</td><td>纳(成品油除外)</td><td>纳</td></tr>
<tr><td rowspan="4">酒类产品</td><td rowspan="2">黄酒、啤酒</td><td>收取时</td><td>不纳</td><td>不纳</td><td>不纳</td></tr>
<tr><td>逾期时</td><td>按不含税销售额纳税</td><td>不纳(定额税率)</td><td>纳</td></tr>
<tr><td rowspan="2">其他酒类产品</td><td>收取时</td><td>纳税</td><td>纳税</td><td>不纳</td></tr>
<tr><td>逾期时</td><td>不纳</td><td>不纳</td><td>纳</td></tr>
</table>

(3)包装物既作价随同产品销售,又收取押金,凡逾期未归还的,均并入销售额中。

(二)从量计征

销售数量的确定如下:

(1)销售应税消费品的,为应税消费品的销售数量。

(2)自产自用应税消费品的,为应税消费品的移送使用数量。

(3)委托加工应税消费品的,为纳税人收回的应税消费品数量。

(4)进口的应税消费品,为海关核定的应税消费品的进口数量。

【例 2-34】 (2011 年)下列各项关于从量计征消费税计税依据确定方法的表述中,正确的有(　　)。

A. 销售应税消费品的,为应税消费品的销售数量

B. 进口应消费品的,为海关核定的应税消费品数量

C. 以应税消费品投资入股的,为应税消费品移送使用数量

D. 委托加工应税消费品的,为加工完成的应税消费品数量

[答案]　ABC

[解析]　选项 D,委托加工应税消费品的,应该是纳税人收回的应税消费品数量。

(三)计税依据的特殊规定

(1)纳税人通过自设非独立核算门市部销售的自产应税消费品,应当按照门市部对外销售额或销售数量征收消费税。

(2)纳税人用于换取生产资料和消费资料、投资入股和抵偿债务等方面的应税消费品,应当以纳税人同类应税消费品的最高销售价格为依据计算消费税。

注:增值税平均售价,消费税按最高售价。

【例 2－35】 (2008 年)某首饰商城为增值税一般纳税人,2008 年 5 月发生以下业务:用 300 条银基项链抵偿债务,该批项链账面成本为 39 万元,零售价 70.2 万元。计算该业务应纳的消费税。

[答案] 用银基项链抵偿债务应缴纳的消费税＝70.2÷(1＋17%)×5%＝3(万元)

【例 2－36】 某化妆品厂为增值税一般纳税人,2015 年 1 月发生以下业务:8 日销售化妆品 400 箱,每箱不含税价 600 元;15 日销售同类化妆品 500 箱,每箱不含税价 650 元。当月以 200 箱同类化妆品与某公司换取精油。该厂当月应纳消费税(　　)元。

A. 169 500　　B. 205 500　　C. 207 000　　D. 208 500

[答案] D

[解析] 应纳消费税＝(600×400＋650×500＋650×200)×30%＝208 500(元)

(3)白酒生产企业向商业销售单位收取的"品牌使用费"应并入白酒的销售额中缴纳消费税。

(4)兼营不同税率应税消费品的税务处理:

①纳税人兼营不同税率应税消费品,未分别核算各自销售额的,从高适用税率;

②纳税人将不同税率应税消费品组成成套消费品销售的,从高适用税率(即使分别核算也从高适用税率)。

【例 2－37】 (2010 年)企业生产销售白酒取得的下列款项中,应并入销售额计征消费税的有(　　)。

A. 优质费　　B. 包装物租金　　C. 品牌使用费　　D. 包装物押金

[答案] ABCD

[解析] 销售额包括向购买方收取的全部价款和价外费用,白酒包装物押金在收取时就要计入销售额计算征收消费税。

【例 2－38】 纳税人销售应税消费品收取的下列款项,应计入消费税计税依据的有(　　)。

A. 集资款　　B. 增值税销项税额

C. 未逾期的啤酒包装物押金　　D. 白酒品牌使用费

[答案] AD

[解析] 集资款、白酒品牌使用费属于价外费用,要并入计税依据计算消费税。增值税销项税额不需要并入消费税的计税依据。啤酒从量计征消费税,包装物押金不计算消费税。

六、应纳税额的计算

(一)生产销售环节应纳消费税的计算

生产销售环节应纳消费税的计算见表 2－14。

表 2－14　　生产销售环节消费税的计算

计税方法	适用范围	计税依据	计税公式
从量定额	啤酒、黄酒、成品油	销售数量	销售数量×单位税额
复合计税	白酒、卷烟	销售额、销售数量	销售额×比例税率＋销售数量×单位税额
从价定率	其他应税消费品	销售额	销售额×比例税率

【例 2－39】 某化妆品生产企业为增值税一般纳税人。2014 年 3 月 5 日向某大型商场销售化妆品一批，开具增值税专用发票，取得不含增值税销售额 30 万元，增值税额 5.1 万元；3 月20 日向某单位销售化妆品一批，开具普通发票，取得含增值税销售额 4.68 万元。计算该化妆品生产企业上述业务应缴纳的消费税额。

[答案]

(1)化妆品的应税销售额＝30＋4.68÷(1＋17％)＝34(万元)

(2)应缴纳的消费税额＝34×30％＝10.2(万元)

【例 2－40】 某白酒生产企业为增值税一般纳税人，2015 年 4 月份销售粮食白酒 50 吨，取得不含增值税的销售额 150 万元。计算白酒企业 4 月应缴纳的消费税额。

[答案]

应纳税额＝50×2 000×0.5＋1 500 000×20％＝350 000(元)

1. 自产自用应纳消费税的计算

(1)用于本企业连续生产应税消费品，不缴纳消费税。

(2)用于其他方面，于移送使用时纳税。

①生产非应税消费品和在建工程；

②管理部门、非生产机构；

③提供劳务；

④馈赠、赞助、集资、广告、样品、职工福利、奖励等方面。

【例 2－41】 某汽车制造厂生产的小汽车应按自产自用缴纳消费税的有(　　)。

A. 用于本厂研究所作碰撞试验

B. 赠送给贫困地区

C. 移送改装分厂改装加长型豪华小轿车

D. 为了检测其性能，将其转为自用

[答案]　BD

[解析]　将小轿车用于碰撞试验既不缴纳消费税，也不缴纳增值税。

【例 2－42】 (2008 年)下列各项中，应当征收消费税的有(　　)。

A. 化妆品厂作为样品赠送给客户的香水

B. 用于产品质量检验耗费的高尔夫球杆

C. 白酒生产企业向百货公司销售的试制药酒

D. 轮胎厂移送非独立核算门市部待销售的汽车轮胎

[答案]　AC

[解析]　用于产品质量检验耗费的高尔夫球杆属于必要的生产经营过程，不征收消费税。从 2014 年 12 月 1 日起，取消汽车轮胎消费税。

2. 组成计税价格及税额计算

(1)按纳税人生产的同类消费品的售价计税；

(2)无同类消费品售价的，按组成计税价格计税。

组成计税价格＝成本＋利润＋消费税税额

组成计税价格见表 2－15。

表 2—15 组成计税价格

征税方式	消费税	增值税	成本利润率
从价定率	(成本+利润)÷(1—消费税比例税率)		按消费税中应税消费品的成本利润率
从量定额(啤酒、黄酒、成品油)	按销售数量征消费税	成本+利润+消费税税额	10%
复合计税(卷烟、白酒)	(成本+利润+自产自用数量×消费税定额税率)÷(1—消费税比例税率)		按消费税中应税消费品的成本利润率

【提示】 组成计税价格推导过程:

组成计税价格=成本+利润+消费税税额

=成本+利润+自产自用数量×消费税定额税率+组成计税价格×消费税比例税率

组成计税价格×(1—消费税比例税率)=成本+利润+自产自用数量×消费税定额税率

组成计税价格=(成本+利润+自产自用数量×消费税定额税率)÷(1—消费税比例税率)

【例 2—43】 某化妆品公司将一批自产的化妆品用作职工福利,化妆品的生产成本8 000元。

(1)如果同类产品售价为 15 000 元,计算该批化妆品应缴纳的消费税税额和增值税销项税额。

(2)如果该化妆品无同类产品市场销售价格,已知其成本利润率为 5%,计算该批化妆品应缴纳的消费税税额和增值税销项税额。

【提示】 消费税税率为 30%。

[答案]

(1)同类产品售价 15 000 元

应纳消费税税额=15 000×30%=4 500(元)

增值税销项税额=15 000×17%=2 550(元)

(2)无同类产品售价

组成计税价格=成本×(1+成本利润率)÷(1—消费税税率)

=8 000×(1+5%)÷(1—30%)

=12 000(元)

应纳消费税税额=12 000×30%=3 600(元)

增值税销项税额=12 000×17%=2 040(元)

【例 2—44】 (2008 年修改)某市卷烟生产企业为增值税一般纳税人,2015 年 4 月有关经营业务如下:16 日销售 A 牌卷烟 300 标准箱,每箱不含税售价 1.35 万元,款项收讫;将 10 标准箱 A 牌卷烟作为福利发给本企业职工。计算该业务应纳消费税。

[答案]

A 卷烟单价=13 500÷250=54(元/条),适用比例税率 36%。

企业应缴纳的消费税

=(300+10)×1.35×36%+(300+10)×0.015

=155.31(万元)(单位一定要一致)

(二)委托加工环节应纳消费税的计算

1. 委托加工应税消费品的确定

委托加工应税消费品,是指委托方提供原料和主要材料,受托方只收取加工费和代垫部分辅助材料加工的应税消费品。

以下项目不属于委托加工应税消费品:

(1)由受托方提供原材料生产的应税消费品。

(2)受托方先将原材料卖给委托方,再接受加工的应税消费品。

(3)由受托方以委托方名义购进原材料生产的应税消费品。

2. 代收代缴税款的规定

代收代缴税款的规定见表2—16。

表2—16　代收代缴税款的规定

	委托方	受托方
增值税	增值税的负税人	受托方是纳税人
消费税	委托方是消费税的纳税人	除个人(含个体工商户)外,代收代缴消费税
	如果受托方是个人(含个体工商户),委托方须在收回加工应税消费品后向所在地主管税务机关缴纳消费税 如果受托方没有代收代缴消费税,委托方应补缴税款	

3. 委托方补交税款的计税依据

委托方补交税款的计税依据如下:

(1)已直接销售的,按销售额计税。

(2)未销售或不能直接销售的,按组成计税价格计税(委托加工业务的组成计税价格)。

委托加工的应税消费品,由受托方向委托方交货时代收代缴消费税。受托方未履行代收代缴税款的,对受托方处以应代收代缴税款50%以上3倍以下的罚款。委托个人加工的应税消费品,委托方收回后缴纳消费税。

4. 委托方将收回的应税消费品销售的税务处理

(1)以不高于受托方的计税价格出售的,为直接出售,不再缴纳消费税。

(2)委托方以高于受托方的计税价格出售的,不属于直接出售,按规定缴纳消费税,在计税时准予扣除受托方已代收代缴的消费税。

5. 组成计税价格及应纳税额计算

纳税人自产自用应税消费品用于连续生产不缴税;用于其他方面的,应按纳税人生产的同类消费品的销售价格计算纳税,没有同类品的,按组成计税价格纳税。见表2—17。

表2—17　消费税组成计税价格及应纳税额计算

第一顺序	第二顺序	
受托方同类应税消费品的售价	从价定率	(材料成本+加工费)÷(1—消费税比例税率)
	复合计税	(材料成本+加工费+委托加工数量×消费税定额税率)÷(1—消费税比例税率)

解释：

(1)材料成本：不含增值税的材料成本。

(2)加工费：包括代垫辅助材料的成本，但是不包括随加工费收取的增值税和代收代缴的消费税。

【例 2—45】 某鞭炮企业 2014 年 4 月受托为某单位加工一批鞭炮，委托单位提供的原材料金额为 30 万元，收取委托单位不含增值税的加工费 4 万元，鞭炮企业无加工鞭炮的同类产品市场价格。计算鞭炮企业应代收代缴的消费税。鞭炮的适用税率为 15%。

[答案]

(1)组成计税价格＝(30＋4)÷(1－15%)＝40(万元)

(2)应代收代缴消费税＝40×15%＝6(万元)

【例 2—46】 (2014 年)甲企业为增值税一般纳税人，2014 年 1 月外购一批木材，取得的增值税专用发票注明价款 50 万元、税额 8.5 万元；将该批木材运往乙企业委托其加工木制一次性筷子，取得税务局代开的小规模纳税人运输业专用发票注明运费 1 万元、税额 0.03 万元，支付不含税委托加工费 5 万元。假定乙企业无同类产品对外销售，木制一次性筷子消费税税率为 5%。乙企业当月应代收代缴的消费税为( )万元。

A. 2.62 B. 2.67 C. 2.89 D. 2.95

[答案] D

[解析] (1)甲企业支付的运费 1 万元应计入材料成本中。

(2)乙企业当月应代收代缴的消费税＝(50＋1＋5)÷(1－5%)×5%＝2.95(万元)。

【例 2—47】 甲厂将一批原材料送交乙厂进行委托加工，该批原材料不含税价格 10 万元，受托方代垫辅料收费 1 万元(含税)，另收取加工费 3 万元(含税)，假定该消费品消费税税率为 5%，则该项委托加工组成计税价格为( )万元。

A. 13.68 B. 14.13 C. 14.74 D. 15

[答案] B

[解析] 组成计税价格＝[10＋(1＋3)÷1.17]÷(1－5%)＝14.13(万元)

【例 2—48】 某烟花厂受托加工一批烟花，委托方提供原材料成本30 000元，该厂收取加工费10 000元、代垫辅助材料款5 000元，没有同类烟花销售价格。该厂应代收代缴消费税( )元。(以上款项均不含增值税，消费税率 15%)

A. 6 000.00 B. 6 750.00 C. 7 941.18 D. 20 250.00

[答案] C

[解析] 该厂应代收代缴消费税＝(30 000＋10 000＋5 000)÷(1－15%)×15%
＝7 941.18(元)

(三)进口环节应纳消费税的计算

进口环节应纳消费税的计算见表 2—18。

表 2—18 进口环节应纳消费税的计算

征税方式	消费税	增值税
从价定率	(关税完税价格＋关税)÷(1－消费税比例税率)	
从量定额 (啤酒、黄酒、成品油)	按海关核定的进口数量征消费税	关税完税价格＋关税＋消费税税额

续表

征税方式	消费税	增值税
复合计税（卷烟、白酒）	（关税完税价格＋关税＋进口数量×消费税定额税率）÷（1－消费税比例税率）	

【例 2－49】 某商贸公司 2014 年 4 月从国外进口一批应税消费品，已知该批应税消费品的关税完税价格为 90 万元，按规定应缴纳关税 18 万元，假定进口的应税消费品的消费税税率为 10％。请计算该批消费品进口环节应缴纳的消费税税额。

[答案]　(1)组成计税价格＝(90＋18)÷(1－10％)＝120(万元)

(2)应纳消费税＝120×10％＝12(万元)

【例 2－50】 (2010 年)某市烟草集团公司属增值税一般纳税人，持有烟草批发许可证，2010 年 3 月购进已税烟丝 800 万元(不含增值税)，委托 M 企业加工甲类卷烟 500 箱(250 条/箱，200 支/条)，M 企业每箱收取 0.1 万元加工费(不含税)，当月 M 企业按正常进度投料加工生产卷烟 200 箱交由集团公司收回，集团公司将其中 20 箱销售给烟草批发商 N 企业，取得含税销售收入 86.58 万元；80 箱销售给烟草零售商 Y 专卖店，取得不含税销售收入 320 万元；100 箱作为股本与 F 企业合资成立一家烟草零售经销商 Z 公司。

(说明：烟丝消费税率为 30％，甲类卷烟生产环节消费税为 56％加 0.003 元/支。)

要求：根据以上资料，按以下顺序回答问题，每问需计算出合计数。

问题(1)：计算 M 企业当月应当代收代缴的消费税。

[答案]　M 企业当月应代收代缴的消费税

＝(材料成本 8 000 000/500×200＋加工费 1 000×200＋定额税 200×250×200×0.003)÷(1－56％)×56％＋200×250×200×0.003(定额税)

＝4 395 454.5(元)

＝439.55(万元)

问题(2)：计算集团公司向 N 企业销售卷烟应缴纳的消费税。

[答案]　应纳消费税为零。

提示：在卷烟批发环节，纳税人销售给纳税人以外的单位和个人的卷烟于销售时纳税。纳税人之间销售的卷烟不缴纳消费税。

问题(3)：计算集团公司向 Y 专卖店销售卷烟应缴纳的消费税。

[答案]　应纳消费税＝320×5％＝16(万元)

问题(4)：计算集团公司向 Z 公司投资应缴纳的消费税。

[答案]　应纳消费税＝100×320÷80×5％＝20(万元)

(四)消费税出口退税的计算

消费税出口退税的计算见表 2－19。

表 2—19　　消费税出口退税的计算

情　形	税务处理
有出口经营权的外贸企业购进应税消费品直接出口，以及外贸企业受其他外贸企业委托代理出口应税消费品	出口免税并退税
有出口经营权的生产性企业自营出口或生产企业委托外贸企业代理出口自产的应税消费品	出口免税但不退税
除生产企业、外贸企业外的其他企业（具体是指一般商贸企业），委托外贸企业代理出口应税消费品	出口不免税也不退税

【例 2—51】 （2013 年）企业出口的下列应税消费品中，属于消费税出口免税并退税范围的有（　　）。

A. 生产企业委托外贸企业代理出口的应税消费品

B. 有出口经营权的生产企业自营出口的应税消费品

C. 有出口经营权的外贸企业购进用于直接出口的应税消费品

D. 有出口经营权的外贸企业受其他外贸企业委托代理出口的应税消费品

[答案]　CD

[解析]　选项 AB 属于出口免税但不退税的范围。

七、消费税的纳税义务发生时间、纳税期限

1. 与增值税基本相同。注意委托加工的应税消费品，纳税义务发生时间为纳税人提货的当天。

2. 纳税地点——消费税主要是核算地纳税，见表 2—20。

表 2—20　　消费税纳税地点

情　形	纳税地点
纳税人销售的应税消费品，以及自产自用的应税消费品	除国务院财政、税务主管部门另有规定外，应当向纳税人机构所在地或者居住地的主管税务机关申报纳税
委托加工的应税消费品	除委托个人加工外，由受托方向所在地主管税务机关代收代缴消费税税款
进口的应税消费品	由进口人或者其代理人向报关地海关申报纳税
纳税人到外县（市）销售或委托外县（市）代销自产应税消费品的	于应税消费品销售后，向纳税人机构所在地或居住地主管税务机关申报纳税
纳税人的总机构与分支机构不在同一县（市）的	应当分别向各自机构所在地的主管税务机关申报纳税，经批准，可以由总机构汇总向总机构所在地的主管税务机关申报纳税

注意：

纳税人销售的应税消费品，如因质量等原因由购买者退回时，经所在地主管税务机关审核批准后，可退还已征收的消费税，但不能自行直接抵减应纳税款。

【例 2—52】 （2008 年）下列各项中，符合消费税纳税地点规定的有（　　）。

A. 进口应税消费品的，由进口人或其代理人向报关地海关申报纳税

B. 纳税人总机构与分支机构不在同一县的，分支机构应向总机构申报纳税

C. 委托加工应税消费品的，由委托方向受托方所在地主管税务机关申报纳税

D. 纳税人到外县销售自产应税消费品的，应向纳税人机构所在地或居住地申报纳税

［答案］　AD

［解析］　选项B，纳税人总机构与分支机构不在同一县的，应当分别向各自机构所在地的主管税务机关申报纳税，经批准，可以由总机构汇总向总机构所在地的主管税务机关申报纳税；选项C，委托加工应税消费品的，除委托个人加工外，由受托方向所在地主管税务机关代收代缴消费税税款。

【例 2－53】　(2009 年)下列有关消费税的表述中，正确的是(　　)。

A. 纳税人将生产的应税消费品偿还债务的，应当照章缴纳消费税

B. 随啤酒销售取得的包装物押金，无论是否返还，都应征收消费税

C. 纳税人进口的应税消费品，其纳税义务的发生时间为货物到岸的当天

D. 纳税人将自产的应税消费品用于连续生产应税消费品的，在使用时缴纳消费税

［答案］　A

［解析］　选项B，啤酒从量计征消费税，无论是否返还均不征收消费税；选项C，纳税人进口的应税消费品，其纳税义务的发生时间为货物报关进口的当天；选项D，用于连续生产应税消费品的，不征收消费税。

【例 2－54】　(2014 年)甲市某汽车企业为增值税一般纳税人，2014 年 5 月在甲市销售自产小汽车 300 辆，不含税售价 18 万元/辆，另收取优质费 2 万元/辆；将 200 辆小汽车发往乙市一经贸公司代销，取得的代销清单显示当月销售 120 辆、不含税售价 18.5 万元/辆。小汽车消费税税率为 5%，则该汽车企业当月应向甲市税务机关申报缴纳的消费税为(　　)万元。

A. 295.64　　B. 300　　C. 406.64　　D. 411

［答案］　C

［解析］　(1)纳税人到外县(市)销售或者委托外县(市)代销自产应税消费品的，于应税消费品销售后，向机构所在地或者居住地主管税务机关申报纳税，本题委托代销的应在甲市税务机关申报缴纳消费税。

(2)价外费用需要换算为不含税价格。

向甲市税务机关缴纳消费税＝[300×(18＋2÷1.17)＋120×18.5]×5%

＝406.64(万元)

第三节　关税法律制度

一、征税对象

关税的征税对象是指准许进出境的货物和物品。所谓“境”，是指关境，又称“海关境域”“海关领域”，是国家《海关法》全面实施的领域。

货物是指贸易性商品；物品包括入境旅客随身携带的行李和物品、个人邮递物品、各种运输工具上的服务人员携带进口的自用物品、馈赠物品以及其他方式进入国境的个人物品。

二、纳税义务人

进口货物的收货人、出口货物的发货人、进出境物品的所有人，具体界定：

(1)进口货物的收货人、出口货物的发货人是依法取得对外贸易经营权并进口或出口货物的法人或其他社会团体。

(2)进出境物品的所有人包括:

①一般情况下,对于携带进境的物品,推定其携带人为所有人;

②对分离运输的行李,推定相应的进出境旅客为所有人;

③对以邮递方式进境的物品,推定其收件人为所有人;

④对以邮递或其他运输方式出境的物品,推定其寄件人或托运人为所有人。

关税的纳税义务人如表2-21所示。

表2-21　　关税的纳税义务人

具体情况	纳税人
进口货物	收货人
出口货物	发货人
进出境物品	所有人和推定所有人(持有人、收件人等)

三、进出口税则

(一)概况

进出口税则是一国政府根据国家关税政策和经济政策,通过一定立法程序制定公布实施的进出口货物和物品应税的关税税率表。税则以税率表为主体,包括税则商品分类目录和税率栏两大部分。税号及所对应的货品名称以海关合作理事会制定的国际通用的协调编码(H.S.编码)为基础。

(二)税则归类——查找税目

"对号入座",步骤如下:

(1)了解需要归类的进出口商品的构成、材料属性、成分组成、特性、用途和功能。

(2)查找有关商品在税则中拟归的类、章及税号。对于原材料性质的货品,应首先考虑按其属性归类;对于制成品,应首先考虑按其用途归类。

(3)将考虑采用的有关类、章及税号进行比较,筛选出最为适合的税号。

(4)通过上述方法难以确定的税则归类商品,可运用税则总归类的有关条款来确定其税号。进口地海关无法解决的归类问题,应报海关总署明确。

【例2-55】 在进行关税税则归类时,对于制成品,应首先考虑按(　　)归类。

A. 用途　　B. 属性　　C. 主要材质　　D. 销售对象

[答案]　A

【例2-56】 进口地海关无法解决的归类问题,应报(　　)明确。

A. 当地外经贸部门　B. 海关总署　　C. 国务院　　D. 财政部

[答案]　B

(三)进口关税税率

(1)税率设置:自2002年1月1日起,税则设最惠国税率、协定税率、特惠税率、普通税率、关税配额税率等税率。

(2)目前,我国的关税总水平为12%。

(3)计征办法:基本上是从价税。

从 1997 年 7 月 1 日起,我国对部分产品实行从量税、复合税和滑准税。

A. 从量税:从量税是以进口商品的重量、长度、容量、面积等计量单位为计税依据。从量税是每一种进口商品的单位应税额固定,不受该商品进口价格的影响,因此,这种计税方法的特点是税额计算简便,通关手续快捷,并能起到抑制质次价廉商品或故意低瞒价格商品的进口。

B. 复合税:复合税是对某种进口商品同时使用从价和从量计征的一种计征关税的方法,复合税既可发挥从量税抑制低价商品进口的特点,又可发挥从价税税负合理、稳定的特点。

C. 滑准税:税率随进口商品价格由高到低而由低至高计征关税的方法,可以使进口商品的价格越高,其进口关税税率越低,进口商品的价格越低,其进口关税税率越高。新闻纸实行滑准税。

【例 2—57】 关税税率随进口商品价格由高到低而由低到高设置,这种计征关税的方法称为(　　)。(2009 年原制度)

A. 从价税　　B. 从量税　　C. 复合税　　D. 滑准税

[答案] D

【例 2—58】 对一种进口商品同时定有从价税和从量税两种税率,但征税时选择其税额较高的一种征税。这种税率称为(　　)。

A. 复合税　　B. 滑准税　　C. 配额税　　D. 选择税

[答案] D

四、出口税率

出口税率:只有一栏,即出口税率(20%～40%)。

我国现行税则对 100 余种商品征收出口关税。在一定期限内可实行暂定税率(200 余种)。征收出口关税的货物采用的都是从价定率征税的方法。

五、特别关税

特别关税包括:(1)报复性关税;(2)反倾销关税、反补贴关税;(3)保障性关税——进口附加税。

为保护我国产业,进口产品经初裁确定倾销或者补贴成立,并由此对国内产业造成损害的,可以采取临时反倾销或反补贴措施,实施期限为自决定公告规定实施之日起,不超过 4 个月。采取临时反补贴措施在特殊情形下,可以延长至 9 个月。经终裁确定倾销或者补贴成立,并由此对国内产业造成损害的,可以征收反倾销税和反补贴税,征收期限一般不超过 5 年。

六、原产地规定

我国原产地规定基本上采用了“全部产地生产标准”“实质性加工标准”两种国际上通用的原产地标准。

全部产地生产标准是指进口货物“完全在一个国家内生产或制造”,生产或制造国即为该货物的原产国。

实质性加工标准是适用于确定有两个或两个以上国家参与生产的产品的原产国的标准,其基本含义是:经过几个国家加工、制造的进口货物,以最后一个对货物进行经济上可以视为实质性加工的国家作为有关货物的原产国。“实质性加工”是指产品加工后，在进出口税则中四位数税号一级的税则归类已经有了改变，或者加工增值部分所占新产品总值的比例已超过30%及以上的。

七、关税税率的运用

(1)进出口货物，应按纳税人申报进口或者出口之日实施的税率征税。

(2)进口货物到达之前，经海关核准先行申报的，应该按照装载此货物的运输工具申报进境之日实施的税率征税。

(3)进出口货物的补税和退税，应按该进出口货物原申报进口或出口之日所实施的税率。但有特例，如表2—22所示。

表2—22　　进出口货物补税和退税税率特例

具体情况	适用税率
减免税货物转让或改变成不免税用途的	海关接受纳税人再次填写报关单申报办理纳税手续之日实施的税率
加工贸易进口保税料、件转为内销的	经批准的，为向海关申报转为内销之日的税率
	未经批准擅自转为内销的，为海关查获之日的税率
暂时进口货物转为正式进口的	申报正式进口之日实施的税率
分期支付租金的租赁进口货物分期付税时	海关接受纳税人再次填写报关单申报办理纳税手续之日实施的税率
溢卸、误卸货物事后需补税的	其原运输工具申报进境之日实施的税率
	进口日期无法查明的，按确定补税当天的税率
税则归类改变、完税价格审定、其他工作差错而需补税的	原征税日期实施的税率
缓税进口以后缴税的	原进口之日实施的税率
走私补税	查获之日的税率

【例2—59】 2014年12月1日，某企业经海关审批免税进口一批货物，12月8日该货物报关入境；后来该企业因经营范围改变，于2015年2月12日经海关批准转让该货物，2月20日海关接受了企业再次填写的报关单，当日办理相关补税手续。该批货物补征关税时使用的税率为(　　)。

A. 2014年12月1日的税率　　B. 2014年12月8日的税率

C. 2015年2月12日的税率　　D. 2015年2月20日的税率

[答案] D

【例2—60】 (2010年)下列关于关税税率的表述中，正确的有(　　)。

A. 查获的走私进口货物需补税的，应按查获日期实施的税率征税

B. 对由于税则归类的改变而需补税的，应按原征税日期实施的税率征税

C. 对经批准缓税进口的货物交税时，应按货物原进口之日实施的税率征税

D. 暂时进口货物转为正式进口需补税时，应按其暂时进口之日实施的税率征税

[答案] ABC

税收筹划案例

“积分换礼品”和“积分换取折扣券”是一样的吗?

“积分换礼品”赠送的礼品不是无偿赠送行为没有明确的法律条文规定,为了规避赠送的商品被税务局判断为视同销售而缴纳增值税,应进行如下税收筹划:万利商场修改营销宣传内容,即把“积分换礼品”的宣传内容修改为“积分换取折扣券”,折扣券上要注明:顾客使用折扣券购物后,如需要开具发票,在发票上分行写明“货物原价、折扣金额和实收金额”。当消费者拿着折扣券来消费时,商家要销售的商品和折扣额同时开在一张发票上,注明折扣额。

目前万利商场的会员积分回馈方案如下:

①会员累计积满 99 分,可换价值 20 元的精美礼品一份;

②会员累计积满 199 分,可换价值 30 元的精美礼品一份;

③会员累计积满 299 分,可换价值 40 元的精美礼品一份;

④会员累计积满 399 分,可换价值 50 元的精美礼品一份;

⑤会员累计积满 499 分以上,奖励价值 60 元的精美礼品一份。

由于该商场的积分返利规则中没有明确返利的性质是否为“销售折扣”,而是表述为“积分赠送商品”,因而有可能被国税部门解释为“无偿赠送商品”,按增值税条例细则和所得税条例细则的规定必须视同销售,缴纳增值税和作为企业收入缴纳企业所得税,也即该积分折扣不能扣减商品标价的增值税销项,多纳增值税,也不能在所得税前列支,造成多纳企业所得税,甚至还有可能要代扣代缴顾客个人所得税;由于该企业会员手册中没有规定如何开票,也就无从说明“折扣和销售是在同一张发票列明的”,因而在增值税与所得税方面都难以获得税务检查人员的认可。

为了规避税务检查风险,可以把会员积分回馈方案进行修改如下:

①会员累计积满 99 分,可换价值 20 元的折扣券;

②会员累计积满 199 分,可换价值 30 元的折扣券;

③会员累计积满 299 分,可换价值 40 元的折扣券;

④会员累计积满 399 分,可换价值 50 元的折扣券;

⑤会员累计积满 499 分以上,奖励价值 60 元的折扣券。

并注明:顾客使用折扣券购物后,如需要开具发票,在发票上分行写明“货物原价、折扣金额和实收金额”。

根据《增值税若干具体问题的规定》(国税发[1993]154 号)的规定:“纳税人采取折扣方式销售货物,如果销售额和折扣额在同一张发票上分别注明的,可按折扣后的销售额征收增值税;如果将折扣额另开发票,不论财务上如何处理,均不得从销售额中减除折扣额。”可以认为税务局限定的折扣从税基中扣减的条件是:销售额和折扣额在一张发票上且分别注明。据此,建议在折扣券的使用范围与原有提货单条件一样,但会员积分的回馈返利性质上却明确属于“折扣销售”,既符合增值税和所得税条例,也符合国税总局的内部规范性文件规定,因此可以扣减应税销售收入以减少相应的增值税额和所得税额。

本章练习题

一、单项选择题

1. 下列各项中属于视同销售行为应当计算销项税额的是(　　)。

A. 将自产的货物用于非应税项目　　B. 将购买的货物用于在建工程

C. 将自产货物用于换取生产资料　　D. 将购买的货物奖励给内部员工

2. 下列各项中,不属于增值税混合销售行为的是(　　)。

A. 商场销售空调并负责安装　　B. 饭店提供餐饮服务并销售酒水

C. 电梯销售商销售电梯并负责安装电梯　　D. 建材城销售建材并实行有偿送货上门

3. 某电脑股份有限公司(一般纳税人)销售给某商场100台电脑,不含税单价为4 300元/台,已开具税控专用发票,双方议定送货上门,商场支付运费1 500元(开具普通发票),当月该企业可以抵扣的进项税额为3 400元。该电脑股份公司应纳增值税为(　　)元。

A. 69 955　　B. 69 700　　C. 69 917.95　　D. 73 317.95

4. 某建材商店为小规模纳税人,2009年3月销售给大型建材城公司建材一批,共取得收入为131 200元;当月货物购进时取得增值税专用发票上注明价款为16 000元,则该建材商店本月应纳增值税税额为(　　)元。

A. 1 101.36　　B. 5 046.15　　C. 7 426.42　　D. 3 821.36

5. 某制药企业为增值税一般纳税人,2009年5月外购原材料取得防伪税控系统开具的增值税专用发票,注明进项税额130万元,并通过主管税务机关认证,购货过程中支付运费5万元、建设基金0.5万元、杂费0.5万元,原购进原材料由于管理不善发生霉烂,账面成本为20万元,其中运费金额为0.5万元,当月销售自产应税药品取得不含税销售额1 150万元。该制药企业5月应纳增值税为(　　)万元。

A. 68.47　　B. 100.9　　C. 119.6　　D. 137.7

6. 下列行为不得开具增值税专用发票的是(　　)。

A. 向某个人销售锅炉

B. 某国有粮食购销企业销售粮食给一般纳税人企业

C. 将外购货物用于对外捐赠

D. 军工厂销售军用产品给某商业企业

7. 某面粉加工厂(增值税一般纳税人)2009年8月从某农场收购大豆100吨,农场开具的普通发票上注明金额30万元,此项业务可抵扣的增值税进项税额为(　　)万元。

A. 0　　B. 2.6　　C. 2.8　　D. 3.9

8. 某增值税一般纳税人购进玉米一批,支付给某农业开发基地收购价格为10 000元,取得普通发票,并支付运费3 000元,装卸费500元,取得货运企业开具的运费发票;验收入库后,因管理人员保管不善损失1/4,则该项业务准予抵扣的进项税额为(　　)元。

A. 1 132.5　　B. 1 158.75　　C. 1 510　　D. 1 525

9. 某外贸进出口公司进口一批小汽车,到岸价格为1 500万元,关税税额为1 000万元,消费税税率为5%,则该公司应纳增值税为(　　)万元。

A. 425　　B. 375.79　　C. 395.79　　D. 447.37

10. 根据消费税的有关规定,下列行为中不应缴纳消费税的是(　　)。

A. 进口游艇　　B. 生产销售小汽车

C. 零售化妆品　　D. 批发卷烟

二、多项选择题

1. 按现行增值税制度规定，下列行为应按“提供加工和修理修配劳务”征收增值税的有(　　)。

A. 电梯制造厂为客户安装电梯　　B. 企业受托为另一企业加工服装

C. 企业为另一企业修理机器设备　　D. 为客户修缮房屋

E. 汽车修理厂为本厂修理汽车

2. 纳税人的下列行为中，不征收增值税的有(　　)。

A. 邮局销售报刊

B. 邮政部门销售集邮商品

C. 国家体育总局发行体育彩票

D. 某运输公司销售货物并负责运输所售货物

E. 转让企业全部产权涉及的应税货物的转让

3. 按照增值税的有关规定，下列货物销售，适用13%增值税的税率的有(　　)。

A. 生产销售渔业的捕捞机械　　B. 食品店加工方便面销售

C. 粮食加工厂加工玉米面销售　　D. 食品厂加工速冻水饺销售

E. 食品加工厂生产的蔬菜罐头

4. 下列关于增值税的纳税义务发生时间的陈述中，正确的有(　　)。

A. 采取直接收款方式销售货物，不论货物是否发出，均为收到销售额或取得索取销售额的凭据的当天

B. 采取托收承付和委托银行收款方式销售货物，为发出货物并办妥托收手续的当天

C. 采取预收货款方式销售货物，为收到货款的当天

D. 委托其他纳税人代销货物，为收到代销单位销售的代销清单或者收到全部或者部分货款的当天

E. 纳税人发生视同销售货物行为，为收讫销售款或者取得索取销售款的凭据的当天

5. 下列表述中不符合税法有关规定的有(　　)。

A. 自产货物用于实物折扣的，应视同销售货物，该实物款额不得从货物销售额中扣除

B. 纳税人销售啤酒收取的包装物押金，应于包装物押金逾期时，并入销售额中征税

C. 纳税人采取以旧换新方式销售货物的，应按照新货物的同期销售价格确定销售额

D. 采取以物易物方式销售货物的，双方都不得抵扣换进货物的进项税

E. 纳税人采取还本销售货物的，不得从销售额中减除还本支出

6. 下列关于增值税减免税的说法中，表述正确的有(　　)。

A. 外购政府、国际组织无偿援助的进口物资和设备免征增值税

B. 对血站供应给医疗机构的临床用血免征增值税

C. 对非营利性医疗机构按照国家规定的价格取得的医疗服务收入，免征各种税收

D. 经国务院或国务院授权机关批准的免税商店零售免税货物，免征增值税

E. 利用风力生产的电力免征增值税

7. 下列关于消费税纳税义务发生时间的表述中，正确的有(　　)。

A. 纳税人采取托收承付和委托银行收款方式的，为发出应税消费品并办妥托收手续的

当天

B. 纳税人自产自用应税消费品的，为移送使用的当天

C. 纳税人委托加工应税消费品的，为纳税人提货的当天

D. 纳税人进口应税消费品的，为报关进口的当天

8. 根据消费税法律制度的有关规定，纳税人外购和委托加工的特定应税消费品，用于继续生产应税消费品的，已缴纳的消费税税款准予从应纳消费税税额中抵扣，下列各项中，可以抵扣已缴纳的消费税的有(　　)。

A. 外购的已税化妆品用于生产化妆品　　B. 委托加工收回的烟丝用于生产卷烟

C. 外购的已税汽车用于改装成小货车　　D. 外购的已税润滑油用于生产润滑油

9. 下列消费品中，征收消费税的有(　　)。

A. 实木复合地板　　B. 电动汽车

C. 高尔夫球杆　　D. 农用拖拉机专用轮胎

10. 根据营改增的规定，下列项目中免征增值税的有(　　)。

A. 个人转让著作权

B. 残疾人个人提供应税服务

C. 航空公司提供飞机播洒农药服务

D. 纳税人提供技术转让、技术开发和与之相关的技术咨询、技术服务

11. 下列各项中，属于关税纳税义务人的有(　　)。

A. 进口货物的发货人　　B. 进口货物的收货人

C. 出口货物的发货人　　D. 出口货物的收货人

12. 下列项目中，应计入进口货物完税价格的有(　　)。

A. 进口关税

B. 由买方负担的与该货物视为一体的容器费用

C. 由买方负担的包装材料费用

D. 卖方直接或间接从买方对该货物进口后转售、处置或使用所得中获得的收益

13. 根据关税的有关规定，下列各项中，应当计入出口货物的关税完税价格中的有(　　)。

A. 货物运至我国境内输出地点装载前的保险费

B. 出口关税税额

C. 出口货物的成交价格

D. 单独列明的支付给境外的佣金

14. 下列进口货物中，免征进口关税的有(　　)。

A. 无商业价值的广告品

B. 外国企业无偿赠送的设备

C. 国际组织无偿赠送的物资

D. 关税税额在人民币500元以下的一票货物 (50元)

三、计算题

1. 某制药厂(一般纳税人)生产各类应税和免税药品，2009年8月至9月发生如下经济业务：

(1)8月份批发抗生素药品，开具专用发票，注明销售额100 000元，由本厂运输部门运输，

收到购货方支付的运费3 400元。

(2)8 月份销售其他应税药品，收到含税货款20 000元；销售免税药品一批，取得不含税50 000元。

(3)8 月份当月购入生产用原材料一批，取得经税务机关认证的防伪税控系统增值税专用发票上注明税款68 000元，用于生产应税与免税药品，但无法划分耗料情况，同时支付运费1 200元(有运输发票)，其中建设基金 100 元，装卸费 200 元，运费 900 元。

(4)9 月份销售免税药品一批，取得价款150 000元，动用以前外购原料成本28 000元，其中含购货运费 930 元(有运输发票)。另支付运输公司运输免费药品的运费 700 元(有运输发票)。

(5)9 月份销售应税药品取得不含税收入300 000元。

(6)9 月份外购应税产品包装物，取得经税务机关认证的防伪税控系统增值税专用发票上注明税款5 000元，支付产品说明书加工费2 000元，取得专用发票上注明税款 340 元。

要求：根据以上业务，回答下列问题：

(1)8 月份的销项税为(　　)元。

A. 26 532　　B. 20 400　　C. 21 100　　D. 31 029

(2)本月不得抵扣的进项税为(　　)元。

A. 20 020. 59　　B. 14 770. 40　　C. 8 728. 25　　D. 14 771. 25

(3)8 月份的应纳增值税为(　　)元。

A. 74 060　　B. 675 940　　C. −225 852　　D. −27 649. 41

(4)9 月应纳增值税为(　　)元。

A. 24 060　　B. 25 940　　C. 22 682. 49　　D. 27 649. 41

2. 某大型百货商场为增值税一般纳税人，2009 年 9 月发生如下业务：

(1)首饰柜台以旧换新销售金首饰，实际收到零售收入 12 万元，旧金首饰扣减了零售收入 2 万元。

(2)商场超市销售杂粮、面粉、玉米面等取得含税收入 5 万元，销售速冻食品、方便面、副食品等取得含税销售收入 10 万元，销售其他食品取得含税销售收入 50 万元。

(3)商场家电部以分期收款方式批发销售一批进口家电，合同规定不含税销售额 300 万元，约定本月 15 日收回货款的 70%，剩余款项 10 月 15 日收回，商场本月 15 日收到约定款项后，按全额开具了防伪税控系统增值税专用发票。

(4)商场品牌区受托代销(符合税法规定条件)服装，按本月代销零售收入的 3%向委托方收取手续费 1.8 万元。

(5)从一般纳税人处购进商品，取得认证的专用发票上注明销售额为 360 万元；从小规模生产企业处购买商品，取得税务机关代开的专用发票和普通发票上注明的销售额分别为 160 万元、30 万元；商场超市外购免税农产品，收购凭证上注明收购价格 6 万元。

(6)国庆节前将经销的小家电发给员工每人一件，购进成本共计 12 万元，零售价共计 15 万元；又向某孤儿院赠送童装一批，购进成本 1 万元，零售价 1.5 万元。

(7)有 10 台上月售出的彩电，因质量问题顾客要求退货(原零售价每台 0.3 万元)，商场已将彩电退回厂家(原购进的含税价格每台 0.25 万元)，并已取得厂家开出的红字专用发票。

要求：根据上述资料，按下列序号计算回答问题，每问需计算出合计数：

(1)计算该企业当月销项税额(不包括退货业务)(　　)万元。

A. 45.9　　B. 70.98　　C. 52.15　　D. 88.76

(2)计算该企业第(6)业务不予抵扣的进项税额(　　)万元。

A. 2.04　　B. 2.15　　C. 6.8.14　　D. 8.76

(3)计算当月可抵扣的进项税额总和(不包括退货业务)(　　)万元。

A. 68.14　　B. 42.15　　C. 64.74　　D. 78.76

(4)计算该企业当月应纳增值税额(　　)万元。

A. 9.02　　B. 12.05　　C. 12.15　　D. 6.16

3. 某企业将生产的成套化妆品作为年终奖励发给本厂职工，查知无同类产品销售价格，其生产成本为15 000元。国家税务总局核定的该产品的成本利润率为5%，化妆品适用税率为30%，计算应纳消费税税额。

4. 上海某进出口公司从美国进口货物一批，货物以离岸价格成交，成交价折合人民币为1 410万元(包括单独计价并经海关审查属实的向境外采购代理人支付的买方佣金10万元，但不包括使用该货物而向境外支付的软件费50万元、向卖方支付的佣金15万元)，另支付货物运抵我国上海港的运费、保险费等35万元。假设该货物适用关税税率为20%、增值税税率为17%、消费税税率为10%。要求：请分别计算该公司应纳关税、消费税和增值税。

第三章 所得税法律制度

【本章知识点简介】

本章介绍了企业所得税、个人所得税法律制度。所得税属直接税，是以纳税义务人(以下简称纳税人)的所得额为征税对象所征收的税收。

【本章主要内容】

一是企业所得税法律制度。企业所得税纳税人是在中华人民共和国境内的企业和其他取得收入的组织。企业分为居民企业和非居民企业。个人独资企业和合伙企业不是企业所得税的纳税人。企业所得税的征税范围包括在我国境内的企业和组织取得的生产经营所得和其他所得。企业所得税税率为25%。此外，为了重点扶持和鼓励发展特定的产业和项目，规定了两档优惠税率:20%和15%。

企业所得税的计税依据为应纳税所得额。应纳税所得额是纳税人每一纳税年度的收入总额减去不征税收入、免税收入、各项扣除项目和允许弥补的以前年度亏损后的余额。其中确定收入总额时涉及包括准予扣除的项目、不得扣除项目、亏损弥补等内容。企业所得税应纳税额等于纳税人应纳税所得额乘以适用税率减去减免和抵免税额后的余额。企业所得税的税收优惠主要包括免税所得、减税所得、加计扣除、减计收入等。企业所得税的纳税申报与缴纳介绍了企业所得税的征收方式、纳税地点等。

二是个人所得税法律制度。个人所得税以所得人为纳税人，以支付所得的单位或者个人为扣缴义务人，居民纳税人以来源于中国境内和境外的全部所得为征税对象，非居民纳税人则以来源于中国境内所得为征税对象。个人所得税的税目分为3类，共11个应税项目。个人所得税的税率按照不同的税目规定了不同的税率。个人所得税的计税依据为个人取得的各项所得减去按规定标准扣除费用后的余额。个人所得税的应纳税额为应纳税所得额乘以适用税率，同时根据不同的税目规定了扣除标准。此外，还介绍了个人所得税的税收优惠和纳税申报与缴纳。

第一节 企业所得税法律制度

所得税是以所得为征税对象，并由获取所得的主体缴纳的一类税的总称。根据纳税人不同，所得税可以分为个人所得税和企业所得税。

作为所得税征税对象的所得，主要包括经营所得、劳务所得、投资所得和资本利得等几类。所得税的计税依据是纳税人的应纳税所得额，即从总所得额中减去各种法定扣除项目后的余额，由于对法定扣除项目的规定较为复杂，因而其计税依据的确定也较为复杂。所得税强调保障税收公平，以量能课税为基本原则，主要适用的是累进税率与比例税率的税率结构，是一种典型的直接税。所得税的税负由纳税人直接承担，通常不容易转嫁给他人。也就是说，所得税的实际负税人与纳税人基本是一致的。所得税在税款缴纳方式上实行“总分结合”模式：即分月分季预缴，到年终再统一汇算清缴，以及时满足国家财政收入的需要。

一、企业所得税法律制度概述

征收企业所得税的法律依据是2007年3月16日第十届全国人民代表大会第5次会议通过、自2008年1月1日起施行的《中华人民共和国企业所得税法》(以下简称《企业所得税法》)。据此，国务院于2007年11月28日通过的《中华人民共和国企业所得税法实施条例》(以下简称《实施条例》)，明确了《企业所得税法》的重要概念、税收政策以及征管问题。鉴于与企业的生产经营密切相关的企业所得税的计征复杂，国务院财政、税务主管部门制定了一系列部门规章和规范性文件。由法律法规、部门规章及规范性文件构成的体系完备的企业所得税法律制度逐步建立。

企业所得税，是企业的生产经营所得和其他所得为计税依据而征收的一种所得税。企业所得税是现代市场经济国家普遍开征的重要税种，是市场经济国家参与企业利润分配、正确处理国家与企业分配关系的一个重要税种。由于各国对个人独资企业和合伙企业一般征收个人所得税，仅对公司征收企业所得税，因此，在许多国家，企业所得税又称为公司所得税或法人所得税。迄今，已有160多个国家或地区开征了企业所得税(或公司所得税、法人所得税等)。不同国家对这一税种的名称的确定，受到各国法律术语习惯和法律制度规范的影响，理论上说，名称的不同意味着征收范围的差异。尽管我国选择的是“企业所得税”的概念，但是，企业所得税中的“企业”的概念与企业法所指的“企业”的范畴并不一致。我国《企业所得税法》有关纳税人的规定构成了其所使用的“企业”的概念的内涵，实质上属于“法人”的范畴。由于“企业”的概念比“法人”的概念更容易为公众所接受、更符合我国税制传统，因而立法最终确立的是“企业所得税”，实际上规定的却是“法人所得税”的纳税人的范围：我国企业所得税的纳税人是企业和其他取得收入的组织，个人独资企业、合伙企业除外。

所得税以纳税人一定期间内的纯收益额或纯所得额为计税依据。所得税制度的确立，与军费的筹集和战争的发生密切相关。由英国首相皮特(Pitt)于1789年创设的“三部合成捐”，并于1799年改为“所得税”。战争结束后，所得税几经废立，直到1874年时，才成为英国的一个经常性税种。在美国，同样是为了满足南北战争对军费的需要，国会于1862年开征所得税，其后亦历经多次废立的波折，直到1913年，才通过美国的第一部联邦所得税法，使所得税的地位得到了正式的确立。

二、企业所得税的纳税人

企业所得税的纳税人，是依据企业所得税法负有纳税义务的企业和其他取得收入的组织。考虑到实践中从事生产经营经济主体的组织形式多样，为充分体现税收公平、中性的原则，《企业所得税法》改变了过去内资企业所得税以独立核算的条件来判定纳税人标准的做法，将企业和取得收入的其他组织确定为企业所得税纳税人，与大多数国家的做法保持一致。在中国境内，企业和其他取得收入的组织（统称企业）为企业所得税纳税人，依照《企业所得税法》的规定缴纳企业所得税。同时，考虑到个人独资企业、合伙企业属于自然人性质企业，没有法人资格，股东承担无限责任，《企业所得税法》及其《实施条例》规定：依照中国法律、行政法规成立的个人独资企业、合伙企业，不适用《企业所得税法》。企业所得税纳税人包括各类企业、事业单位、社会团体、民办非企业单位和从事经营活动的其他组织。

【例 3－1】 依据企业所得税法的规定，下列各项中，属于企业所得税纳税人的有（　　）。

A. 合伙企业　　B. 个人独资企业　　C. 有限责任公司　　D. 股份有限公司

［答案］ CD

［解析］ 根据规定，企业和其他取得收入的组织为企业所得税纳税人，个人独资企业、合伙企业除外。

为了有效行使我国税收管辖权，最大限度维护我国的税收利益，《企业所得税法》选择了来源地税收管辖权和居民税收管辖权相结合的混合管辖权，具体为登记注册地标准和实际管理机构标准，把企业分为居民企业和非居民企业，分别确定不同的纳税义务。居民企业承担无限纳税义务，就来源于中国境内、境外的全部所得纳税；非居民企业承担有限纳税义务，一般只就来源于我国境内的所得纳税。尽管登记注册地标准便于识别居民企业，但考虑到很多企业为规避一国税负和转移税收负担，往往在低税率地区或避税地登记注册，设立基地公司，人为选择注册地以规避税负，因此，同时采用实际管理机构标准，规定在外国（地区）注册的企业、但实际管理机构在我国境内的，也认定为居民企业。

（一）居民企业

《企业所得税法》规定："居民企业，是指依法在中国境内成立，或者依照外国（地区）法律成立但实际管理机构在中国境内的企业。""居民企业应当就其来源于中国境内、境外的所得缴纳企业所得税。"

在香港特别行政区、澳门特别行政区和台湾地区成立的企业，参照适用上述规定。

（二）非居民企业

《企业所得税法》规定："非居民企业，是指依照外国（地区）法律成立且实际管理机构不在中国境内，但在中国境内设立机构、场所的，或者在中国境内未设立机构、场所，但有来源于中国境内所得的企业。""非居民企业在中国境内设立机构、场所的，应当就其所设机构、场所取得的来源于中国境内的所得，以及发生在中国境外但与其所设机构、场所有实际联系的所得，缴纳企业所得税。""非居民企业在中国境内未设立机构、场所的，或者虽设立机构、场所但取得的所得与其所设机构、场所没有实际联系的，应当就其来源于中国境内的所得缴纳企业所得税。"

三、企业所得税的征收范围

企业所得税的征收范围，是符合《企业所得税法》规定的纳税人所取得的应纳税所得。

所得，包括销售货物所得、提供劳务所得、转让财产所得、股息红利等权益性投资所得、利息所得、租金所得、特许权使用费所得、接受捐赠所得和其他所得。

(一)所得的类型

根据不同的标准,所得可以分为不同的类型:

1. 生产经营所得和其他所得

(1)生产、经营所得,是指从事物质生产、交通运输、商品流通、劳务服务以及经国家主管部门确认的其他营利事业取得的合法所得,还包括卫生、物资、供销、城市公用和其他行业的企业,以及一些社会团体、事业单位、民办非企业单位开展多种经营和有偿服务活动,取得的合法经营所得;

(2)其他所得,是指股息、利息、租金、特许权使用费和营业外收益等所得以及企业解散或破产后的清算所得。

2. 在业经营所得和清算所得

(1)在业经营所得,是指纳税人在开业经营时账册上所记载的生产、经营所得和其他所得;

(2)清算所得,是指企业的全部资产可变现价值或交易价格减除资产净值、清算费用以及相关税费等后的余额。

投资方企业从被清算企业分得的剩余财产,其中相当于从被清算企业累计未分配利润和累计盈余公积中应当分得的部分,应当确认为股息所得;剩余资产减除上述股息所得后的余额,超过或者低于投资成本的部分,应当确认为投资资产转让所得或者损失。

(二)所得来源的确定

所得,包括我国居民企业来源于境内和境外的各项所得,以及非居民企业来源于境内的应税所得。行使收入来源地税收管辖权,不但要对在我国境内从事经济活动和来源于我国境内的所得行使征税权,而且还要对本国居民来源于各国的全部所得行使征税权。内资企业是中国企业,国家对其行使居民税收管辖权。因此,内资企业应就其来源于境内和境外的所得扣除为取得这些所得而发生的成本费用支出后的余额,作为应纳税所得额。为避免重复征税,对本国企业在境外缴纳的所得税税款,准予在总机构汇总纳税时,从其应纳税额中予以抵免。

来源于中国境内、境外的所得,按照以下原则确定:

(1)销售货物所得,按照交易活动发生地确定;

(2)提供劳务所得,按照劳务发生地确定;

(3)转让财产所得,不动产转让所得按照不动产所在地确定,动产转让所得按照转让动产的企业或者机构、场所所在地确定,权益性投资资产转让所得按照被投资企业所在地确定;

(4)股息、红利等权益性投资所得,按照分配所得的企业所在地确定;

(5)利息所得、租金所得、特许权使用费所得,按照负担、支付所得的企业或者机构、场所所在地确定,或者按照负担、支付所得的个人的住所地确定;

(6)其他所得,由国务院财政、税务主管部门确定。

【例 3—2】 依据企业所得税法的规定,下列各项中,按照负担、支付所得的企业或者机构、场所所在地确定所得来源地的是(　　)。

A. 销售货物所得　　B. 权益性投资所得

C. 动产转让所得　　D. 特许权使用费所得

[答案] D

[解析] 根据规定,销售货物所得,按照交易活动发生地确定;权益性投资所得,按照分配所得的企业所在地确定;动产转让所得按照转让动产的企业或者机构、场所所在地确定;特许

权使用费所得按照负担、支付所得的企业或者机构、场所所在地确定。

企业在汇总计算缴纳企业所得税时，其境外营业机构的亏损不得抵减境内营业机构的盈利。

企业纳税年度发生的亏损，准予向以后年度结转，用以后年度的所得弥补，但结转年限最长不得超过5年。5年内不论是盈利或亏损，都作为实际弥补期限计算。这里所指亏损，是指企业财务报表中的亏损额经主管税务机关按税法规定核实调整后的金额。亏损弥补期限是自亏损年度报告的下一个年度起连续5年不间断地计算。

【例3－3】 某居民企业2008年度发生的亏损，根据《企业所得税法》的规定，该亏损额可以用以后纳税年度的所得逐年弥补，但延续弥补的期限最长不得超过（　　）年。

A. 2000　　B. 2011　　C. 2012　　D. 2013

［答案］ D

［解析］ 根据规定，企业纳税年度发生的亏损，准予向以后年度结转，用以后年度的所得弥补，但结转年限最长不得超过5年。2008年度发生的亏损，延续弥补的期限最长不得超过2013年。

四、企业所得税的税率

企业所得税的税率如表3－1所示。

表3－1　企业所得税税率

税　率	适用范围
25％	居民企业
	在中国境内设有机构、场所且所得与机构、场所有关联的非居民企业
20％（实际10％）	中国境内未设立机构、场所的，有来自于中国境内的所得
	虽设立机构、场所但取得的所得与其所设构、场所没有实际联系的非居民企业
20％	小型微利企业
15％	高新技术企业

（一）标准税率

居民企业以及在中国境内设立机构、场所且取得的所得与其所设机构、场所有实际联系的非居民企业，应当就其来源于中国境内、境外的所得缴纳企业所得税，适用税率为25％。

非居民企业在中国境内未设立机构、场所的，或者虽设立机构、场所但取得的所得与其所设机构、场所没有实际联系的，应当就其来源于中国境内的所得缴纳企业所得税，适用税率为20％。

（二）优惠税率

对于居民企业和在中国境内设立机构、场所且取得的所得与其所设机构、场所有实际联系的非居民企业，《企业所得税法》规定了20％和15％两档优惠税率；对于在中国境内未设立机构、场所的，或者虽设立机构、场所但取得的所得与其所设机构、场所没有实际联系的非居民企业，《企业所得税法》规定了10％的优惠税率。

1. 20％的优惠税率

符合条件的小型微利企业，减按20％的税率征收企业所得税。

符合条件的小型微利企业，是指从事国家非限制和禁止行业，并符合下列条件的企业：

(1)工业企业,年度应纳税所得额不超过 30 万元,从业人数不超过 100 人,资产总额不超过 3 000 万元;

(2)其他企业,年度应纳税所得额不超过 30 万元,从业人数不超过 80 人,资产总额不超过 1 000 万元。

从业人数,是指与企业建立劳动关系的职工人数和企业接受的劳务派遣用工人数之和;从业人数和资产总额指标,按企业全年月平均值确定,具体计算公式如下:

月平均值=(月初值+月末值)÷2

全年月平均值=全年各月平均值之和÷12

年度中间开业或者终止经营活动的,以其实际经营期作为一个纳税年度。

小型微利企业是指企业的全部生产经营活动产生的所得均负有我国企业所得税纳税义务的企业。因此,仅就来源于中国的所得负有我国企业所得税纳税义务的非居民企业,不适用企业所得税法规定的对符合条件的小型微利企业减按 20%税率征收企业所得税的政策。

企业在当年首次预缴企业所得税时,必须向主管税务机关提供企业上年度符合小型微利企业条件的相关证明材料。纳税年度终了后,主管税务机关要根据企业当年有关指标,核实企业当年是否符合小型微利企业条件。小型微利企业的待遇,应适用于具备建账核算自身应纳税所得额条件的企业,按照《企业所得税核定征收办法》(国税发[2008]30 号)缴纳企业所得税的企业,在不具备准确核算应纳税所得额条件前,暂不适用小型微利企业适用税率。

【例 3-4】 某小型微利企业经主管税务机关核定,2008 年度亏损 20 万元,2009 年度盈利 35 万元。该企业 2009 年度应缴纳的企业所得税税额为(　　)万元。

A. 1.5　　B. 2.25　　C. 3　　D. 3.75

[答案] C

[解析] 根据规定,企业如果上一年度发生亏损,可用当年应纳税所得额进行弥补,一年弥补不完的,可连续弥补 5 年,并按弥补亏损后的应纳税所得额和适用税率计算应纳税额;符合条件的小型微利企业企业所得税税率减按 20%。

2009 年应纳企业所得税税额=(35-20)×20%=3(万元)

2. 15%的优惠税率

国家需要重点扶持的高新技术企业,减按 15%的税率征收企业所得税。

国家需要重点扶持的高新技术企业,是指拥有核心自主知识产权,并同时符合下列条件的企业:

(1)产品(服务)属于《国家重点支持的高新技术领域》(2009)规定的范围。

(2)研究开发费用占销售收入的比例不低于规定比例。

(3)高新技术产品(服务)收入占企业总收入的比例不低于规定比例。

(4)科技人员占企业职工总数的比例不低于规定比例。

(5)高新技术企业认定管理办法规定的其他条件。

《国家重点支持的高新技术领域》和高新技术企业认定管理办法由国务院科技、财政、税务主管部门同国务院有关部门制定,报国务院批准后公布施行。

《企业所得税法》调整了对于高新技术企业的税收优惠政策:扩大了高新技术企业的生产经营范围,明确了高新技术企业的具体认定标准,强调了核心自主知识产权问题。

3. 10%的优惠税率

(1)在中国境内未设立机构、场所的,或者虽设立机构、场所但取得的与其所设机构、场所没有实际联系的，应当就其来源于中国境内的所得，减按10%的税率征收企业所得税。

(2)中国居民企业向境外H股非居民企业股东派发2008年及以后年度股息时，统一按10%的税率代扣代缴企业所得税。

非居民企业股东在获得股息之后，可以自行或通过委托代理人或代扣代缴义务人，向主管税务机关提出享受税收协定(安排)待遇的申请，提供证明自己为符合税收协定(安排)规定的实际收益所有人的资料。主管税务机关审核无误后，应就已征税款和根据税收协定(安排)规定税率计算的应纳税款的差额予以退税。

(3)合格境外机构投资者(以下简称QFII)取得来源于中国境内的股息、红利和利息收入，应当按照企业所得税法规定缴纳10%的企业所得税。

如果是股息、红利，则由派发股息、红利的居民企业代扣代缴；如果是利息，则由居民企业在支付或到期应支付时代扣代缴。QFII取得股息、红利和利息收入，需要享受税收协定(安排)待遇的，可向主管税务机关提出申请，主管税务机关审核无误后按照税收协定的规定执行；涉及退税的，应及时予以办理。

除此，中华人民共和国政府同外国政府订立的有关税收的协定与《企业所得税法》有不同规定的，依照协定的规定办理。

第二节　企业所得税的应纳税所得额

《企业所得税法》规定，企业所得税的计税依据是应纳税所得额，即指企业每一纳税年度的收入总额，减除不征税收入、免税收入、各项扣除以及允许弥补的以前年度亏损后的余额。

企业依照《企业所得税法》及其《实施条例》的规定，将每一纳税年度的收入总额减除不征收收入、免税收入和各项扣除后小于零的数额，为亏损。企业纳税年度发生的亏损，准予向以后年度结转，用以后年度的所得弥补，但结转年限最长不得超过5年。

企业应纳税所得额的计算，以权责发生制为原则，属于当期的收入和费用，不论款项是否收付，均作为当期的收入和费用；不属于当期的收入和费用，即使款项已经在当期收付，均不作为当期的收入和费用，但《实施条例》和国务院财政、税务主管部门另有规定的除外。在计算应纳税所得额时，企业财务、会计处理办法与税收法律法规的规定不一致的，应当依照税收法律法规的规定计算。要正确计算企业所得税的应纳税额，必须首先确定应纳税所得额。计算公式：

直接法：应纳税所得额＝收入总额－不征税收入－免税收入－各项扣除－以前年度亏损

间接法：应纳税所得额＝会计利润总额±纳税调整项目金额

一、收入总额

(一)收入总额概述

企业以货币形式和非货币形式从各种来源取得的收入，为收入总额。包括：销售货物收入，提供劳务收入，转让财产收入，股息、红利等权益性投资收益，利息收入，租金收入，特许权使用费收入，接受捐赠收入以及其他收入。

(1)企业取得收入的货币形式，包括现金、存款、应收账款、应收票据、准备持有至到期的债券以及债务的豁免等。

(2)企业取得收入的非货币形式，包括固定资产、生物资产、无形资产、股权投资、存货、不准备持有至到期的债券投资、劳务以及有关权益等。

由于取得收入的货币形式的金额是确定的，而取得收入的非货币形式的金额不确定，企业在计算非货币形式收入时，必须按一定标准折算为确定的金额。企业以非货币形式取得的收入，应当按照公允价值确定收入额。公允价值，是指按照市场价格确定的价值。

权责发生制从企业经济权利和经济义务是否发生作为计算应纳税所得额的依据，注重强调企业收入与费用的时间配比，要求企业收入费用的确认时间不得提前或滞后。《企业会计准则——基本准则》(2006)也规定了企业要以权责发生制为原则确认当期收入或费用。

企业的下列生产经营业务可以分期确认收入的实现：

(1)以分期收款方式销售货物的，按照合同约定的收款日期确认收入的实现。

(2)企业委托加工制造大型机械设备、船舶、飞机，以及从事建筑、安装、装配工程业务或者提供其他劳务等，持续时间超过12个月的，按照纳税年度内完工进度或者完成的工作量确认收入的实现。

采取产品分成方式取得收入的，按照企业分得产品的日期确认收入的实现，其收入额按照产品的公允价值确定。企业发生非货币性资产交换，以及将货物、财产、劳务用于捐赠、偿债、赞助、集资、广告、样品、职工福利或者利润分配等用途的，应当视同销售货物、转让财产或者提供劳务，但国务院财政、税务主管部门另有规定的除外。

(二)销售货物收入

销售货物收入，是指企业销售商品、产品、原材料、包装物、低值易耗品以及其他存货取得的收入。

除法律法规另有规定外，企业销售货物收入的确认，必须遵循权责发生制原则和实质重于形式原则。

(1)企业销售商品同时满足下列条件的，应确认收入的实现：

①商品销售合同已经签订，企业已将商品所有权相关的主要风险和报酬转移给购货方。

②企业已对售出的商品既没有保留通常与所有权相联系的继续管理权，也没有实施有效控制。

③收入的金额能够可靠地计量。

④已发生或将发生的销售方的成本能够可靠地核算。

(2)符合上述收入确认条件，采取下列商品销售方式的，应按以下规定确认收入实现时间：

①销售商品采用托收承付方式的，在办妥托收手续时确认收入。

②销售商品采用预收款方式的，在发出商品时确认收入。

③销售商品需要安装和检验的，在购买方接受商品以及安装和检验完毕时确认收入。如果安装程序比较简单，可在发出商品时确认收入。

④销售商品采用支付手续费方式委托代销的，在收到代销清单时确认收入。

(3)采用售后回购方式销售商品的，销售的商品按售价确认收入，回购的商品作为购进商品处理。有证据表明不符合销售收入确认条件的，如以销售商品方式进行融资，收到的款项应确认为负债，回购价格大于原售价的，差额应在回购期间确认为利息费用。

(4)销售商品以旧换新的，销售商品应当按照销售商品收入确认条件确认收入，回收的商品作为购进商品处理。

(5)企业为促进商品销售而在商品价格上给予的价格扣除属于商业折扣，商品销售涉及商业折扣的，应当按照扣除商业折扣后的金额确定销售商品收入金额。

债权人为鼓励债务人在规定的期限内付款而向债务人提供的债务扣除属于现金折扣，销售商品涉及现金折扣的，应当按扣除现金折扣前的金额确定销售商品收入金额，现金折扣在实际发生时作为财务费用扣除。

企业因售出商品的质量不合格等原因而在售价上给的减让属于销售折让；企业因售出商品质量、品种不符合要求等原因而发生的退货属于销售退回。企业已经确认销售收入的售出商品发生销售折让和销售退回，应当在发生当期冲减当期销售商品收入。

（三）提供劳务收入

提供劳务收入，是指企业从事建筑安装、修理修配、交通运输、仓储租赁、金融保险、邮电通信、咨询经纪、文化体育、科学研究、技术服务、教育培训、餐饮住宿、中介代理、卫生保健、社区服务、旅游、娱乐、加工以及其他劳务服务活动取得的收入。

企业在各个纳税期末，提供劳务交易的结果能够可靠估计的，应采用完工进度（百分比）法确认提供劳务收入。

完工进度法（完工百分比法）：

当期劳务收入＝合同或协议价款×完工进度－以前年度累计已确认劳务收入

当期劳务成本＝劳务估计总成本×完工进度－以前年度累计已确认劳务成本

（1）提供劳务交易的结果能够可靠估计，是指同时满足下列条件：

①收入的金额能够可靠地计量。

②交易的完工进度能够可靠地确定。

③交易中已发生和将发生的成本能够可靠地核算。

（2）企业提供劳务完工进度的确定，可选用下列方法：

①已完工作的测量。

②已提供劳务占劳务总量的比例。

③发生成本占总成本的比例。

（3）企业应按照从接受劳务方已收或应收的合同或协议价款确定劳务收入总额，根据纳税期末提供劳务收入总额乘以完工进度扣除以前纳税年度累计已确认提供劳务收入后的金额，确认为当期劳务收入；同时，按照提供劳务估计总成本乘以完工进度扣除以前纳税期间累计已确认劳务成本后的金额，结转为当期劳务成本。

（4）下列提供劳务满足收入确认条件的，应按规定确认收入：

①安装费。应根据安装完工进度确认收入。安装工作是商品销售附带条件的，安装费在确认商品销售实现时确认收入。

②宣传媒介的收费。应在相关的广告或商业行为出现于公众面前时确认收入。广告的制作费，应根据制作广告的完工进度确认收入。

③软件费。为特定客户开发软件的收费，应根据开发的完工进度确认收入。

④服务费。包含在商品售价内可区分的服务费，在提供服务的期间分期确认收入。

⑤艺术表演、招待宴会和其他特殊活动的收费。在相关活动发生时确认收入。收费涉及几项活动的，预收的款项应合理分配给每项活动，分别确认收入。

⑥会员费。申请入会或加入会员，只允许取得会籍，所有其他服务或商品都要另行收费的，在取得该会员费时确认收入。申请入会或加入会员后，会员在会员期内不再付费就可得到各种服务或商品，或者以低于非会员的价格销售商品或提供服务的，该会员费应在整个受益期

内分期确认收入。

⑦特许权费。属于提供设备和其他有形资产的特许权费，在交付资产或转移资产所有权时确认收入；属于提供初始及后续服务的特许权费，在提供服务时确认收入。

⑧劳务费。长期为客户提供重复的劳务收取的劳务费，在相关劳务活动发生时确认收入。

（四）其他收入

1. 转让财产收入

转让财产收入，是指企业转让固定资产、生物资产、无形资产、股权、债权等财产取得的收入。

2. 股息、红利等权益性投资收益

股息、红利等权益性投资收益，是指企业因权益性投资从被投资方取得的收入。股息、红利等权益性投资收益，除国务院财政、税务主管部门另有规定外，按照被投资方做出利润分配决定的日期确认收入的实现。

3. 利息收入

利息收入，是指企业将资金提供他人使用但不构成权益性投资，或者因他人占用本企业资金取得的收入，包括存款利息、贷款利息、债券利息、欠款利息等收入。利息收入，按照合同约定的债务人应付利息的日期确认收入的实现。

4. 租金收入

租金收入，是指企业提供固定资产、包装物或者其他有形资产的使用权取得的收入。租金收入，按照合同约定的承租人应付租金的日期确认收入的实现。

5. 特许权使用费收入

特许权使用费收入，是指企业提供专利权、非专利技术、商标权、著作权以及其他特许权的使用权取得的收入。特许权使用费收入，按照合同约定的特许权使用人应付特许权使用费的日期确认收入的实现。

6. 接受捐赠收入

接受捐赠收入，是指企业接受的来自其他企业、组织或者个人无偿给予的货币性资产、非货币性资产。接受捐赠收入，按照实际收到捐赠资产的日期确认收入的实现。

企业以买一赠一等方式组合销售本企业商品的，不属于捐赠，应将总的销售金额按各项商品的公允价值的比例来分摊确认各项的销售收入。

【例3－5】 纳税人的营业额计算缴纳营业税后因发生退款减除营业额的，应当退还已缴纳营业税税款或者从纳税人以后的应缴纳营业税税额中减除。（　　）

［答案］ √

［解析］ 纳税人的营业额计算缴纳营业税后因发生退款减除营业额的，应当退还已缴纳营业税税款或者从纳税人以后的应缴纳营业税税额中减除。

7. 其他收入

其他收入，是指企业取得《企业所得税法》具体列举的收入外的其他收入，包括企业资产溢余收入、逾期未退包装物押金收入、确实无法偿付的应付款项、已作坏账损失处理后又收回的应收款项、债务重组收入、补贴收入、违约金收入、汇兑收益等。

【例3－6】 根据企业所得税法的规定，下列收入的确认不正确的是（　　）。

A. 特许权使用费收入，按照合同约定的特许权使用人应付特许权使用费的日期确认收入的实现

B. 股息、红利等权益性投资收益，按照被投资方做出利润分配决定的日期确认收入的实现

C. 租金收入，按照合同约定的承租人应付租金的日期确认收入的实现

D. 接受捐赠收入，按照接受捐赠资产的入账日期确认收入的实现

［答案］ D

［解析］ 根据规定，接受捐赠收入，按照实际收到捐赠资产的日期确认收入的实现。

二、不征税收入

不征税收入，是指从性质和根源上不属于企业营利性活动带来的经济利益、不负有纳税义务并不作为应纳税所得额组成部分的收入。考虑到我国企业所得税的纳税人的组织形式多种多样，除了企业外，有的以事业单位形式存在，有的以社会团体形式存在，还有的以公益慈善组织形式存在等。这些组织中有些主要承担行政性或公共事务职能，不从事或很少从事营利性活动，收入来源主要靠财政拨款、行政事业性收费等，纳入预算管理，对这些收入征税没有意义。因此，《企业所得税法》引入了不征税收入的概念，其主要目的是对部分非经营活动或非营利性活动所带来的经济收益从应税收入总额中排除。

不征税收入不同于免税收入，从根源和性质来说，不征税收入不属于营利性活动带来的经济收益，是专门从事特定目的的收入，理论上不应列为征收范围的收入范畴；免税收入是纳税人的应税收入总额的组成部分，只是国家为了实现某些经济和社会目标，在特定时期或者对特定项目取得的经济利益给予的税收优惠，而在一定时期又有可能恢复征税的收入范围。收入总额中的下列收入为不征税收入。

（一）财政拨款

财政拨款，是指各级人民政府对纳入预算管理的事业单位、社会团体等组织拨付的财政资金，但国务院和国务院财政、税务主管部门另有规定的除外。

财政性资金不仅仅是指财政部门拨付的资金，还包含政府及其他部门拨付的有关资金；财政性资金也不限于财政拨款。财政性资金，是指企业取得的来源于政府及其有关部门的财政补助、补贴、贷款贴息，以及其他各类财政专项资金，包括直接减免的增值税和即征即退、先征后退、先征后返的各种税收，但不包括企业按规定取得的出口退税款。国家投资，是指国家以投资者身份投入企业，并按有关规定相应增加企业实收资本（股本）的直接投资。企业的不征税收入用于支出所形成的费用，不得在计算应纳税所得额时扣除；企业的不征税收入用于支出所形成的资产，其计算的折旧、摊销不得在计算应纳税所得额时扣除。

（二）依法收取并纳入财政管理的行政事业性收费、政府性基金

行政事业性收费，是指依照法律法规等有关规定，按照国务院规定程序批准，在实施社会公共管理，以及在向公民、法人或者其他组织提供特定公共服务过程中，向特定对象收取并纳入财政管理的费用。政府性基金，是指企业依照法律、行政法规等有关规定，代政府收取的具有专项用途的财政资金。

（1）企业按照规定缴纳的、由国务院或财政部批准设立的政府性基金以及由国务院和省、自治区、直辖市人民政府及其财政、价格主管部门批准设立的行政事业性收费，准予在计算应纳税所得额时扣除。企业缴纳的不符合前述审批管理权限设立的基金、收费，不得在计算应纳税所得额时扣除。

（2）企业收取的各种基金、收费，应计入企业当年收入总额。

(3)对企业依照法律、法规及国务院有关规定收取并上缴财政的政府性基金和行政事业性收费,准予作为不征税收入,于上缴财政的当年在计算应纳税所得额时从收入总额中减除;未上缴财政的部分,不得从收入总额中减除。

【例3—7】 根据企业所得税法律制度的规定,下列各项中,不应计入应纳税所得额的是(　　)。

A. 股权转让收入

B. 因债权人缘故确实无法支付的应付款项

C. 依法收取并纳入财政管理的行政事业性收费

D. 接受捐赠收入

[答案] C

[解析] 根据规定,依法收取并纳入财政管理的行政事业性收费属于不征税收入,不应计入应纳税所得额。

(三)国务院规定的其他不征税收入

国务院规定的其他不征税收入,是指企业取得的,由国务院财政、税务主管部门规定专项用途并经国务院批准的财政性资金。

(1)企业取得的各类财政性资金,除属于国家投资和资金使用后要求归还本金的以外,均应计入企业当年收入总额。

(2)对企业取得的由国务院财政、税务主管部门规定专项用途并经国务院批准的财政性资金,准予作为不征税收入,在计算应纳税所得额时从收入总额中减除。

(3)纳入预算管理的事业单位、社会团体等组织按照核定的预算和经费报领关系收到的由财政部门或上级单位拨入的财政补助收入,准予作为不征税收入,在计算应纳税所得额时从收入总额中减除,但国务院和国务院财政、税务主管部门另有规定的除外。

根据《财政部、国家税务总局关于专项用途财政性资金有关企业所得税处理问题的通知》(财税[2009]87号)规定,对企业在2008年1月1日至2010年12月31日期间从县级以上各级人民政府财政部门及其他部门取得的应计入收入总额的财政性资金,凡同时符合以下条件的,可以作为不征税收入,在计算应纳税所得额时从收入总额中减除:(1)企业能够提供资金拨付文件,且文件中规定该资金的专项用途;(2)财政部门或其他拨付资金的政府部门对该资金有专门的资金管理办法或具体管理要求;(3)企业对该资金以及该资金发生的支出单独进行核算。根据《实施条例》,"企业的不征税收入用于支出所形成的费用或者财产,不得扣除或者计算对应的折旧、摊销扣除",上述不征税收入用于支出所形成的费用,不得在计算应纳税所得额时扣除;用于支出所形成的资产,其计算的折旧、摊销不得在计算应纳税所得额时扣除。企业将符合上述条件的财政性资金作不征税收入处理后,在5年(60个月)内未发生支出且未缴回财政或其他比附资金的政府部门的部分,应重新计入取得该资金第6年的收入总额;重新计入收入总额的财政性资金发生的支出,允许在计算应纳税所得额时扣除。

(四)特殊收入的确认

(1)分期收款方式销售货物的,按照合同约定的收款日期确认收入的实现。

(2)企业受托加工制造大型机械设备、船舶、飞机,以及从事建筑、安装、装配工程业务或者提供其他劳务等,持续时间超过12个月的,按照纳税年度内完工进度或者完成的工作量确认收入的实现。

(3)采取产品分成方式取得收入的,按照企业分得产品的日期确认收入的实现,其收入额按产品的公允价值确定。

（4）企业发生非货币性资产交换，以及将货物、财产、劳务用于捐赠、偿债、赞助、集资、广告、样品、职工福利或者利润分配等用途的，应当视同销售货物、转让财产或者提供劳务。

三、税前扣除项目

《企业所得税法》规定了对企业实际发生的与取得收入有关的、合理的支出允许税前扣除的一般扣除项目，同时明确不得税前扣除的禁止扣除项目，又规定了允许税前扣除的特殊扣除项目。

相关性和合理性是企业所得税税前扣除的基本要求和重要条件：（1）相关性是指与取得收入直接相关的支出。对相关性的判断一般从支出发生的根源和性质进行分析，而不是看费用支出的结果。相关性要求为限制取得的不征税收入所形成的支出不得扣除提供了依据。（2）合理性是指符合生产经营活动常规，应当计入当期损益或者有关资产成本的必要和正常的支出。对合理性的判断主要是发生的支出的计算和分配方法是否符合一般经营常规。

（一）一般扣除项目

一般扣除项目，是指企业实际发生的与取得收入有关的、合理的支出，包括成本、费用、税金、损失和其他支出，准予在计算应纳税所得额时扣除。上述支出，必须与取得收入直接相关，同时，又必须是符合生产经营活动常规，应当计入当期损益或者有关资产成本的必要和正常的支出。现对各类一般扣除项目分别介绍如下：

1. 成本

成本是指企业在生产经营活动中发生的销售成本、销货成本、业务支出以及其他耗费。

2. 费用

费用是指企业在生产经营活动中发生的销售费用、管理费用和财务费用，已经计入成本的有关费用除外。

（1）企业发生的与生产经营活动有关的业务招待费支出，按照发生的60%扣除，但最高不得超过当年销售（营业）收入的5‰。

（2）企业发生的符合条件的广告费和业务宣传费支出，除国务院财政、税务主管部门另有规定外，不超过当年销售（营业）收入15%的部分，准予扣除；超过部分，准予在以后纳税年度结转扣除。

企业在计算业务招待费、广告费和业务宣传费等费用扣除限额时，其销售（营业）收入额应包括企业发生非货币性资产交换，以及将货物、财产、劳务用于捐赠、偿债、赞助、集资、广告、样品、职工福利或者利润分配等用途等应当视同销售（营业）的收入额。

【例3－8】 某企业2008年度销售收入净额为2 000万元，全年发生业务招待费25万元，且能提供有效凭证。该企业在计算企业所得税应纳税所得额时，准予扣除的业务招待费为（　　）万元。

A. 25　　B. 20　　C. 15　　D. 10

［答案］ D

［解析］ 根据规定，企业发生的与生产经营活动有关的业务招待费支出，按照发生额的60%扣除，但最高不得超过当年销售（营业）收入的5‰。业务招待费的60%为25×60%＝15（万元），当年销售收入的5‰为2 000×5‰＝10（万元）。因此，准予扣除的业务招待费为10万元。

(3)企业根据生产经营活动的需要租入固定资产支付的租赁费,按照以下方式扣除:

①以经营租赁方式租入固定资产发生的租赁费支出,按照租赁期限均匀扣除;

②以融资租赁方式租入固定资产发生的租赁费支出,按照规定构成融资租入固定资产价值的部分应当提取折旧费用,分期扣除。

(4)非居民企业在中国境内设立的机构、场所,就其中国境外总机构发生的与该机构、场所生产经营有关的费用,能够提供总机构出具的费用汇集范围、定额、分配依据和方法等证明文件,并合理分摊的,准予扣除。

(5)借款费用和利息费用。

借款费用和利息费用扣除如表3-2所示。

表3-2　　借款利息费用扣除

<table>
<tr><td rowspan="3">借款用途(区分资本化与费用化)</td><td colspan="4">生产经营活动中发生的合理的不要资本化的借款费用,准予扣除</td></tr>
<tr><td colspan="4">为购置、建造固定资产、无形资产和经过12个月以上的建造才能达到预定可销售状态的存货发生借款的,在有关资产购置、建造期间发生的合理的借款费用,应予以资本化,作为资本性支出计入有关资产的成本,有关资产交付使用后发生的借款利息,可在发生当期扣除</td></tr>
<tr><td colspan="4">企业通过发行债券、取得贷款、吸收保户储金等方式融资而发生的合理的费用支出,符合资本化条件的,应计入相关资产成本;不符合资本化条件的,应作为财务费用,准予在企业所得税前据实扣除</td></tr>
<tr><td rowspan="6">资金来源</td><td>非金融企业向金融企业借款</td><td colspan="3">非金融企业向金融企业借款的利息支出可据实扣除(包括金融企业的各项存款利息支出和同业拆借利息支出、企业批准发行债券的利息支出)</td></tr>
<tr><td rowspan="3">非金融企业向非金融企业借款</td><td>无关联性</td><td colspan="2">不超过按照金融企业同期同类贷款利率计算的数额的部分可据实扣除,超过部分不许扣除A(利率制约)</td></tr>
<tr><td rowspan="2">关联企业借款</td><td>利率制约</td><td>处理原则同上A</td></tr>
<tr><td>本金制约</td><td>接受关联方债权性投资与其权益性投资比例为:金融企业,为5∶1;其他企业,为2∶1
特例:能够证明相关交易活动符合独立交易原则的;或者该企业的实际税负不高于境内关联方的,其实际支付给境内关联方的利息支出,在计算应纳税所得额时准予扣除B</td></tr>
<tr><td rowspan="2">自然人借款</td><td colspan="2">股东或关联自然人借款</td><td>处理原则同关联企业B</td></tr>
<tr><td colspan="2">内部职工或其他人员借款</td><td>符合条件只受利率制约
条件:借贷是真实、合法、有效的,并且不具有非法集资目的或其他违反法律、法规的行为;签订借款合同</td></tr>
</table>

【例3-9】 甲公司投资注册乙公司(均为非金融企业),乙公司注册资本1 000万元。已知:银行同期贷款利率为8%;甲公司占乙公司股权比例及借款有如下几种假设:

(1)占比20%,乙向甲借款500万元,10%年利率;乙实际税负高于甲,且无法证明借款活动符合独立交易原则;

[解析] 扣除标准:200×2×8%=32(万元)

实际利息支出:500×10%=50(万元)

超过的18万元做纳税调整。

(2)占比20%,乙向甲借款600万元,9%的年利率;可以提供税法规定的相关资料以证明其符合独立交易原则;

[解析] 符合独立交易原则,只受利率制约。

扣除标准：600×8%＝48(万元)

实际利息支出：600×9%＝54(万元)

超过的6万元做纳税调整。

(3)占比60%，乙向甲公司借款600万元，7%年利率；乙实际税负不高于甲公司。

[解析]　实际税负不高于甲公司，约定年利率7%低于金融机构同期贷款利率，利息600×7%＝42(万元)可以全额扣除。

【例3－10】　某企业2011年“财务费用”账户列支350万元，其中：4月1日向银行借款500万元用于厂房扩建，借款期限1年，当年向银行支付了3个季度的借款利息22.5万元，该厂房8月31日竣工结算并交付使用。6月1日为弥补流动资金不足，经批准向其他企业融资100万元，借款期限1年，年利率12%，按月付息，本年实际支付利息7万元。计算该企业所得税允许扣除的财务费用。

[解析]　允许扣除的财务费用＝[350－(22.5＋7)]＋22.5÷9×4＋100×6%÷12×7
＝334(万元)

1年期银行利率＝(22.5÷3×4)÷500×100%＝6%

3. 税金

税金是指企业发生的除企业所得税和允许抵扣的增值税以外的各项税金及其附加，即纳税人按照规定缴纳的消费税、营业税、资源税、土地增值税、关税、城市维护建设税、教育费附加，以及发生的房产税、车船税、土地使用税、印花税等税金及附加。企业缴纳的房产税、车船税、土地使用税、印花税等，已经计入管理费用中扣除的，不再作为税金单独扣除。企业缴纳的增值税属于价外税，故不在扣除之列。

【例3－11】　根据企业所得税法律制度的规定，下列各项中，纳税人在计算企业所得税应纳税所得额时准予扣除的项目有(　　)。

A. 消费税　　B. 个人所得税　　C. 土地增值税　　D. 增值税

[答案]　AC

[解析]　根据规定，增值税属于价外税，纳税人在计算企业所得税应纳税所得额时不能扣除增值税。

4. 损失

损失是指企业在生产经营活动中发生的固定资产和存货的盘亏、毁损、报废损失，转让财产损失，呆账损失，坏账损失，自然灾害等不可抗力因素造成的损失以及其他损失。

企业发生的损失，减除责任人赔偿和保险赔款后的余额，依照国务院财政、税务主管部门的规定扣除。企业已经作为损失处理的资产，在以后纳税年度又全部收回或者部分收回时，应当计入当期收入。

出版、发行企业库存呆滞出版物，纸质图书超过5年(包括出版当年)，音像制品、电子出版物和投影片(含缩微制品)超过2年，纸质期刊和挂历年画等超过1年的，可以作为财产损失在税前据实扣除。已作为财产损失税前扣除的呆滞出版物，以后年度处置的，其处置收入应纳入处置当年的应税收入。

5. 保险费

保险费扣除项目如表3－3所示。

表 3—3 **保险费扣除项目**

人身保险	社会保险	依据规定范围和标准为职工缴纳的“五险一金”准予扣除
		支付的补充养老保险费、补充医疗保险费，在不超过职工工资总额 5%标准内的，准予扣除。超过部分，不得扣除
	商业保险	为特殊工种职工支付的人身安全保险费和符合规定商业保险费准予扣除
		为投资者或者职工支付的商业保险费，不得扣除
财产保险	按照规定缴纳的保险费，准予扣除	

6. 其他支出

其他支出是指除成本、费用、税金、损失外，企业在生产经营活动中发生的与生产经营活动有关的、合理的支出。其他支出扣除标准如表 3—4 所示。

表 3—4 **其他支出扣除标准**

项　目	扣除标准	超标准处理
职工福利费支出	不超过工资薪金总额 14%的部分准予扣除	当年不得扣除
拨缴的工会经费	不超过工资薪金总额 2%的部分准予扣除	当年不得扣除
职工教育经费支出	不超过工资薪金总额 2.5%的部分准予扣除	当年不得扣除；但超过部分准予结转以后纳税年度扣除
利息费用和借款费用	见表 3—2	
业务招待费	按照发生额的 60%扣除，但最高不得超过当年销售（营业）收入的 5‰	当年不得扣除
广告费和业务宣传费	不超过当年销售（营业）收入 15%以内的部分，准予扣除	当年不得扣除；但超过部分，准予结转以后纳税年度扣除
公益性捐赠支出	不超过年度利润总额 12%的部分，准予扣除	当年不得扣除
资产损失	要注意和增值税中进项税额转出的问题的结合	

【例 3—12】（2012 年注税考题）2011 年某软件生产企业发放的合理工资总额 200 万元；实际发生职工福利费用 35 万元、工会经费 3.5 万元、职工教育经费 8 万元（其中职工培训经费 4 万元）；另为职工支付补充养老保险 12 万元、补充医疗保险 8 万元。2011 年企业申报所得税时就上述费用应调增应税所得额（　　）万元。

A. 7　　B. 9　　C. 12　　D. 22

［答案］ B

［解析］ 企业为本企业任职或者受雇的全体员工支付的补充养老保险费、补充医疗保险费，分别在不超过职工工资总额的 5%标准以内的部分，准予扣除。补充养老保险扣除限额＝200×5%＝10（万元），实际发生了 12 万元，需要调增所得额 2 万元；补充医疗保险扣除限额＝200×5%＝10（万元），实际发生了 8 万元，不需要调整。职工福利费扣除的限额＝200×14%＝28（万元），实际发生了 35 万元，需要调增所得额 7 万元；软件企业支付给职工的培训费可以全额扣除，所以支付的 4 万元培训费可以全额扣除，职工教育经费扣除限额＝200×2.5%＝5（万元），实际发生了 4 万元，可以全额扣除；工会经费的扣除限额＝200×2%＝4（万元），实际

发生3.5万元,可以全额扣除。综上分析,上述费用应调增所得额为9万元。

(二)禁止扣除项目

在计算应纳税所得额时,下列支出不得扣除:

(1)向投资者支付的股息、红利等权益性投资收益款项。

(2)企业所得税税款。

(3)税收滞纳金。

(4)罚金、罚款和被没收财务的损失。

(5)年度利润总额12%以外的公益性捐赠支出。

(6)赞助支出。

赞助支出,是指企业发生的与生产经营活动无关的各种非广告性质支出。

(7)未经核定的准备金支出。

未经核定的准备金支出,是指不符合国务院财政、税务主管部门规定的各项资产减值准备、风险准备等准备金支出。

除财政部和国家税务总局核准计提的准备金可以税前扣除外,其他行业、企业计提的各项资产减值准备、风险准备等准备金均不得税前扣除。2008年1月1日前按照原企业所得税法规定计提的各类准备金,2008年1月1日后,未经财政部和国家税务总局核准的,企业以后年度实际发生的相应损失,应先冲减各项准备金余额。

(8)与取得收入无关的其他支出。

企业之间支付的管理费、企业内营业机构之间支付的租金和特许权使用费,以及非银行企业内营业机构之间支付的利息,不得扣除。

【例3-13】 根据《企业所得税法》的规定,下列支出项目中,在计算企业所得税应纳税所得额时,不得扣除的有(　　)。

A. 税收滞纳金　　B. 银行按规定加收的罚息

C. 被没收财物的损失　　D. 未经核定的准备金支出

[答案] ACD

[解析] 根据规定,在计算企业所得税应纳税所得额时,税收滞纳金、被没收财物的损失和未经核定的准备金支出不得扣除。

(三)特殊扣除项目

1. 公益性捐赠的税前扣除

企业发生的公益性捐赠支出,在年度利润总额12%以内的部分,准予在计算应纳税所得额时扣除。(注意:计算基数为年度利润总额而非销售(营业)收入,非公益性捐赠一律不得扣除。)

年度利润总额,是指企业依照国家统一会计制度的规定计算的年度会计利润。允许公益性捐赠支出在税前按比例扣除,主要是为了鼓励企业支持社会公益事业,促进我国社会公益事业的发展。

公益性捐赠,是指企业通过公益性社会团体或者县级以上人民政府及其部门,用于《公益事业捐赠法》规定的公益事业的捐赠。用于公益事业的捐赠支出,是指《公益事业捐赠法》规定的向公益事业的捐赠支出,具体范围包括:

(1)救助灾害、救济贫困、扶助残疾人等困难的社会群体和个人的活动;

(2)教育、科学、文化、卫生、体育事业;

(3)环境保护、社会公共设施建设;

(4)促进社会发展和进步的其他社会公共和福利事业。

公益性社会团体和县级以上人民政府及其组成部门和直属机构在接受捐赠时,捐赠资产的价值,按以下原则确认:

(1)接受捐赠的货币性资产,应当按照实际收到的金额计算;

(2)接受捐赠的非货币性资产,应当以其公允价值计算。

【例 3—14】 根据企业所得税法律制度的规定,下列各项中,在计算应纳税所得额时准予按一定比例扣除的公益、救济性捐赠是(　　)。

A. 纳税人直接向某学校的捐赠

B. 纳税人通过企业向自然灾害地区的捐赠

C. 纳税人通过电视台向灾区的捐赠

D. 纳税人通过民政部门向贫困地区的捐赠

[答案] D

[解析] 根据规定,允许税前扣除的公益性捐赠,是指企业通过公益性社会团体或者县级以上人民政府及其部门,用于《公益事业捐赠法》规定的公益事业的捐赠。

【例 3—15】 根据《企业所得税法》的规定,企业发生的公益性捐赠支出,在计算企业所得税应纳税所得额时的扣除标准是(　　)。

A. 全额扣除

B. 在年度应纳税所得额 12%以内的部分扣除

C. 在年度利润总额 12%以内的部分扣除

D. 在年度应纳税所得额 3%以内的部分扣除

[答案] C

[解析] 根据规定,计算企业所得税应纳税所得额时公益性捐赠的扣除标准是在年度利润总额 12%以内的部分扣除。

【例 3—16】 某企业 2008 年开具增值税专用发票取得收入 3 510 万元,同时企业为销售货物提供了运输服务,运费收取标准为销售货物收入的 10%,并开具普通发票。收入对应的销售成本和运输成本为 2 780 万元,期间费用为 360 万元,营业外支出 200 万元(其中 180 万元为公益性捐赠支出),上年度企业自行计算亏损 80 万元,经税务机关核定的亏损为 60 万元。企业在所得税前可以扣除的公益性捐赠支出为(　　)万元。

A. 180　　B. 79.32　　C. 49.2　　D. 46.8

[答案] C

[解析] (1)运费收入=3 510×10%÷(1+17%)=300(万元)

(2)年度利润总额=3 510+300—2 780—360—200—60=410(万元)

(3)企业发生的公益性捐赠支出在年度利润总额 12%以内的部分,准予税前扣除。

捐赠扣除限额=410×12%=49.2(万元)

2. 工资薪金支出的税前扣除

企业发生的合理的工资薪金支出,准予扣除。工资薪金,是指企业每一纳税年度支付给在本企业任职或者受雇的员工的所有现金形式或者非现金形式的劳动报酬,包括基本工资、奖金、津贴、补贴、年终加薪、加班工资,以及与员工任职或者受雇有关的其他支出。

工资薪金总额,是指企业按照有关合理工资薪金的规定实际发放的工资薪金总和,不包括企业的职工福利费、职工教育经费、工会经费以及养老保险费、医疗保险费、失业保险费、工伤保险费、生育保险费等社会保险费和住房公积金。属于国有性质的企业，其工资薪金，不得超过政府有关部门给予的限定数额；超过部分，不得计入企业工资薪金总额，也不得在计算企业应纳税所得额时扣除。对工资支出合理性的判断，主要包括两个方面：

(1)雇员实际提供了服务；

(2)报酬总额在数量上是合理的。

实践中，主要考虑雇员的职责、过去的报酬情况，以及雇员的业务量和复杂程度等相关因素。同时，还要考虑当地同行业职工平均工资水平。

合理的工资薪金，是指企业按照股东大会、董事会、薪酬委员会或相关管理机构制定的工资薪金制度规定实际发放给员工的工资薪金。税务机关在对工资薪金进行合理性确认时，应当遵循以下原则：

(1)企业制定了较为规范的员工工资薪金制度；

(2)企业所制定的工资薪金制度符合行业及地区水平；

(3)企业在一定时期所发放的工资薪金是相对固定的，工资薪金的调整是有序进行的；

(4)企业对实际发放的工资薪金，已依法履行了代扣代缴个人所得税义务；

(5)有关工资薪金的安排，不以减少或逃避税款为目的。

【例 3－17】 根据企业所得税法律制度的规定，纳税人在计算应纳税所得额时，对发生的下列支出项目中，可以作为工资薪金支出的有(　　)。

A. 地区补贴　　B. 独生子女补贴　　C. 物价补贴　　D. 误餐补贴

[答案]　ACD

[解析]　根据规定，工资薪金支出包含基本工资奖金、津贴、补贴、年终加薪、加班工资以及与职工或者受雇有关的其他支出。地区补贴、物价补贴和误餐补贴均作为工资薪金支出。

【例 3－18】 某企业为居民企业，2015 年经营业务如下：取得销售收入 5 000 万元，销售成本 2 200 万元，发生销售费用 1 340 万元(其中广告费 900 万元)，管理费用 960 万元(其中业务招待费 30 万元)，财务费用 120 万元，营业税金及附加 320 万元(含增值税 240 万元)，营业外收入 140 万元，营业外支出 100 万元(含通过公益性社会团体向贫困山区捐款 60 万元，支付税收滞纳金 12 万元)，计入成本、费用中的实发工资总额 300 万元，拨缴职工工会经费 6 万元，提取职工福利费 46 万元、职工教育经费 10 万元。

计算该企业实际应缴纳的企业所得税税额。

[解析]　(1)年度利润总额＝5 000＋140－2 200－1 340－960－120－80－100
＝340(万元)

(2)广告费调增所得额＝900－5 000×15%＝900－750＝150(万元)

(3)5 000×5‰＝25(万元)＞30×60%＝18(万元)

业务招待费调增所得额＝30－30×60%＝30－18＝12(万元)

(4)捐赠支出应调增所得额＝60－340×12%＝19.2(万元)

(5)工会经费的扣除限额为 300×2%＝6(万元)，实际拨缴 6 万元，无需调整；

职工福利费扣除限额为 300×14%＝42(万元)，实际发生 46 万元，应调增 46－42＝4(万元)

职工教育经费的扣除限额为 300×2.5%＝7.5(万元)，实际发生 10 万元，应调增 10－7.5＝2.5(万元)

三项经费总共调增 4+2.5=6.5(万元)

(6)应纳税所得额=340+150+12+19.2+6.5+12=539.7+12=551.7(万元)

(7)2015 年应缴企业所得税税额=551.7×25%=137.925(万元)

3. 社会保险费的税前扣除

企业依照国务院有关主管部门或者省级人民政府规定的范围和标准为职工缴纳的基本养老保险费、基本医疗保险费、失业保险费、工伤保险费、生育保险费等基本社会保险费和住房公积金,准予扣除。企业为投资者或者职工支付的补充养老保险费、补充医疗保险费,在国务院财政、税务主管部门规定的范围和标准内,准予扣除。

自 2008 年 1 月 1 日起,企业为在本企业任职或者受雇的全体员工支付的补充养老保险费、补充医疗保险费,分别在不超过职工工资总额的 5%标准内的部分,在计算应纳税所得额时准予扣除;超过的部分,不予扣除。除企业依照国家有关规定为特殊工种职工支付的人身安全保险费和国务院财政、税务主管部门规定可以扣除的其他商业保险费外,企业为投资者或者职工支付的商业保险费,不得扣除。

4. 职工福利费等的税前扣除

企业发生的职工福利费支出,不超过工资薪金总额 14%的部分,准予扣除。

企业的职工福利费,包括以下内容:

(1)尚未实行分离办社会职能的企业,其内设福利部门所发生的设备、设施和人员费用,包括职工食堂、职工浴室、理发室、医务所、托儿所、疗养院等集体福利部门的设备、设施及维修保养费用和福利部门工作人员的工资薪金、社会保险费、住房公积金、劳务费等。

(2)为职工卫生保健、生活、住房、交通等所发放的各项补贴和非货币性福利,包括企业向职工发放的因公外地就医费用、未实行医疗统筹企业职工医疗费用、职工供养直系亲属医疗补贴、供暖费补贴、职工防暑降温费、职工困难补贴、救济费、职工食堂经费补贴、职工交通补贴等。

(3)按照其他规定发生的其他职工福利费,包括丧葬补助费、抚恤费、安家费、探亲假路费等。企业发生的职工福利费,应该单独设置账册,进行准确核算。没有单独设置账册准确核算的,税务机关应责令企业在规定的期限内进行改正。逾期仍未改正的,税务机关可对企业发生的职工福利费进行合理的核定。

软件生产企业发生的职工教育经费中的职工培训费用,可以全额在企业所得税前扣除。软件生产企业应准确划分职工教育经费中的职工培训费支出,对于不能准确划分的,以及准确划分后职工教育经费中扣除职工培训费用的余额,一律按照上述规定的比例扣除。

【例 3-19】 某国有企业 2015 年在册职工平均人数为 1 200 人,当地政府规定的月人均计税工资标准为 1 000 元。当年该企业发放工资 1 100 万元,奖金 280 万元,津贴补贴 150 万元。

计算该企业 2015 年度的应纳税所得额时,可以从收入总额中扣除的工资费用额。

[解析] 纳税人发放的工资在计税工资标准以内的,在计算应纳税所得额时据实扣除,超过标准的部分,不得扣除。1 000×1 200×12/10 000=1 440(万元)<1 100+280+150=1 530(万元)。

因此,可以从收入总额中扣除的工资费用额为 1 440 万元。

四、企业资产的税收处理

企业资产，是指企业拥有或者控制的、用于经营管理活动且与取得应税收入有关的资产。企业的各项资产，包括固定资产、生产性生物资产、无形资产、长期待摊费用、投资资产、存货等，以历史成本为计税基础。历史成本，是指企业取得该项资产时实际发生的支出。企业持有各项资产期间资产增值或者减值，除国务院财政、税务主管部门规定可以确认损益外，不得调整该资产的计税基础。企业转让资产，该项资产的净值，准予在计算应纳税所得额时扣除。资产的净值，是指有关资产、财产的计税基础减除已经按照规定扣除的折旧、折耗、摊销、准备金等后的余额。除另有规定外，企业在重组过程中，应当在交易发生时确认有关资产的转让所得或者损失，相关资产应当按照交易价格重新确定计税基础。

（一）固定资产

在计算应纳税所得额时，企业按照规定计算的固定资产折旧，准予扣除。

（1）固定资产，是指企业为生产产品、提供劳务、出租或者经营管理而持有的、使用时间超过12个月的非货币性资产，包括房屋、建筑物、机器、机械、运输工具以及其他与生产经营活动有关的设备、器具、工具等。

（2）下列固定资产不得计算折旧扣除：

①房屋、建筑物以外未投入使用的固定资产；

②以经营租赁方式租入的固定资产；

③以融资租赁方式租出的固定资产；

④已足额提取折旧仍继续使用的固定资产；

⑤与经营活动无关的固定资产；

⑥单独估价作为固定资产入账的土地；

⑦其他不得计算折旧扣除的固定资产。

（3）固定资产按照以下方法确定计税基础：

①外购的固定资产，以购买价款和支付的相关税费以及直接归属于使该资产达到预定用途发生的其他支出为计税基础；

②自行建造的固定资产，以竣工结算前发生的支出为计税基础；

③融资租入的固定资产，以租赁合同约定的付款总额和承租人在签订租赁合同过程中发生的相关费用为计税基础，租赁合同未约定付款总额的，以该资产的公允价值和承租人在签订租赁合同过程中发生的相关费用为计税基础；

④盘盈的固定资产，以同类固定资产的重置完全价值为计税基础；

⑤通过捐赠、投资、非货币性资产交换、债务重组等方式取得的固定资产，以该资产的公允价值和支付的相关税费为计税基础；

⑥改建的固定资产，除法定的支出外，以改建过程中发生的改建支出增加计税基础。

（4）固定资产按照直线法计算的折旧，准予扣除。企业应当自固定资产投入使用月份的次月起计算折旧；停止使用的固定资产，应当自停止使用月份的次月起停止计算折旧。企业应当根据固定资产的性质和使用情况，合理确定固定资产的预计净残值。固定资产的预计净残值一经确定，不得变更。

（5）除国务院财政、税务主管部门另有规定外，固定资产计算折旧的最低年限如下：

①房屋、建筑物，为20年；

②飞机、火车、轮船、机器、机械和其他生产设备，为10年；

③与生产经营活动有关的器具、工具、家具等，为5年；

④飞机、火车、轮船以外的运输工具，为4年；

⑤电子设备，为3年。

(6)从事开采石油、天然气等矿产资源的企业，在开始商业性生产前发生的费用和有关固定资产的折耗、折旧方法，由国务院财政、税务主管部门另行规定。

【例3－20】 根据《企业所得税法》的规定，飞机、火车、轮船以外的运输工具计算折旧的最低年限为（ ）年。

A. 3　　B. 4　　C. 5　　D. 10

［答案］ B

［解析］ 根据规定，飞机、火车、轮船以外的运输工具，计算折旧的最低年限为4年。

【例3－21】 根据《企业所得税法》的规定，下列各项中，不得提取折旧的固定资产是（ ）。

A. 房屋、建筑物　　B. 以经营租赁方式出租的固定资产

C. 已提足折旧继续使用的固定资产　　D. 季节性停用的机器设备

［答案］ C

［解析］ 根据规定，已足额提取折旧仍继续使用的固定资产，不得计算折旧扣除。

（二）生产性生物资产

(1)生产性生物资产，是指企业为生产农产品、提供劳务或者出租等而持有的生物资产，包括经济林、薪炭林、产畜和役畜等。

(2)生产性生物资产按照以下方法确定计税基础：

①外购的生产性生物资产，以购买价款和支付的相关税费为计税基础；

②通过捐赠、投资、非货币性资产交换、债务重组等方式取得的生产性生物资产，以该资产的公允价值和支付的相关税费为计税基础。

(3)生产性生物资产按照直线法计算的折旧，准予扣除。企业应当自生产性生物资产投入使用月份的次月起计算折旧；停止使用的生产性生物资产，应当自停止使用月份的次月起停止计算折旧。企业应当根据生产性生物资产的性质和使用情况，合理确定生产性生物资产的预计净残值。生产性生物资产的预计净残值一经确定，不得变更。

(4)生产性生物资产计算折旧的最低年限如下：

①林木类生产性生物资产，为10年；

②畜类生产性生物资产，为3年。

【例3－22】 下列各项中，依据企业所得税法相关规定可计提折旧的生物资产是（ ）。

A. 经济林　　B. 防风固沙林

C. 用材林　　D. 存栏待售的牲畜

［答案］ A

［解析］ 根据规定，可计提折旧的生物资产包括经济林、薪炭林、产畜和役畜等。

【例3－23】 （2010年考题）某农场外购奶牛支付价款20万元，依据企业所得税相关规定，税前扣除方法为（ ）。

A. 一次性在税前扣除

B. 按奶牛寿命在税前分期扣除

C. 按直线法以不低于 3 年折旧年限计算折旧税前扣除

D. 按直线法以不低于 10 年折旧年限计算折旧税前扣除

［答案］ C

［解析］ 奶牛属于畜类生产性生物资产，按不低于 3 年计提折旧。

（三）无形资产

在计算应纳税所得额时，企业按照规定计算的无形资产摊销费用，准予扣除。

（1）无形资产，是指企业为生产产品、提供劳务、出租或者经营管理而持有的、没有实物形态的非货币性长期资产，包括专利权、商标权、著作权、土地使用权、非专利技术、商誉等。

（2）下列无形资产不得计算摊销费用扣除：

①自行开发的支出已在计算应纳税所得额时扣除的无形资产；

②自创商誉；

③与经营活动无关的无形资产；

④其他不得计算摊销费用扣除的无形资产。

（3）无形资产按照以下方法确定计税基础：

①外购的无形资产，以购买价款和支付的相关税费以及直接归属于使该资产达到预定用途发生的其他支出为计税基础；

②自行开发的无形资产，以开发过程中该资产符合资本化条件后至达到预定用途前发生的支出为计税基础；

③通过捐赠、投资、非货币性资产交换、债务重组等方式取得的无形资产，以该资产的公允价值和支付的相关税费为计税基础。

（4）无形资产按照直线法计算的摊销费用，准予扣除。外购商誉的支出，在企业整体转让或者清算时，准予扣除。

（5）无形资产的摊销年限不得低于 10 年。作为投资或者受让的无形资产，有关法律规定或者合同约定了使用年限的，可以按照规定或者约定的使用年限分期摊销。

（6）企事业单位外购的软件，凡符合固定资产或无形资产确认条件的，可以按照固定资产或无形资产进行核算，其折旧或摊销年限可以适当缩短，最短可为 2 年（含）。

【例 3－24】 （2013 年注税考题）2012 年 1 月某公司购进一套价值 60 万元的管理软件，符合无形资产确认条件，公司按照无形资产进行核算。根据企业所得税法相关规定，2012 年该公司计算应纳税所得额时摊销无形资产费用的最高金额是（　　）万元。

A. 6　　B. 10　　C. 30　　D. 60

［答案］ C

［解析］ 企业购进软件，凡符合固定资产或无形资产确认条件的，可以根据固定资产或无形资产进行摊销，其折旧或者摊销年限可以适当缩短，最短可为 2 年。该公司计算应纳税所得额时摊销无形资产费用的最高金额＝60÷2＝30（万元）。

（四）长期待摊费用

在计算应纳税所得额时，企业发生的下列支出作为长期待摊费用，按照规定摊销的，准予扣除：

（1）已足额提取折旧的固定资产的改建支出，按照固定资产预计尚可使用年限分期摊销。

（2）租入固定资产的改建支出，按照合同约定的剩余租赁期限分期摊销。

所谓固定资产的改建支出，是指改变房屋或者建筑物结构、延长使用年限等发生的支出。

改建的固定资产延长使用年限的，除前述规定外，应当适当延长折旧年限。

(3)固定资产的大修理支出，按照固定资产尚可使用年限分期摊销，是指同时符合下列条件的支出：

①修理支出达到取得固定资产时的计税基础50%以上；

②修理后固定资产的使用年限延长2年以上。

(4)其他应当作为长期待摊费用的支出，自支出发生月份的次月起，分期摊销，摊销年限不得低于3年。

【例3－25】 (2012年注税考题)2010年某商贸公司以经营租赁方式租入临街门面，租期10年。2011年3月公司对门面进行了改建装修，发生改建费用20万元。关于装修费用的税务处理，下列说法中正确的是(　　)。

A. 改建费用应作为长期待摊费用处理

B. 改建费用应从2011年1月起进行摊销

C. 改建费用可以在发生当期一次性税前扣除

D. 改建费用应在3年的期限内摊销

[答案] A

[解析] 租入固定资产的改建支出要作为长期待摊费用来处理，按照合同约定的剩余租赁期限内分期摊销。

【例3－26】 (2012年注税考题)下列支出中，应作为长期待摊费用在企业所得税前扣除的有(　　)。

A. 固定资产的大修理支出

B. 固定资产的日常修理支出

C. 融资租入固定资产的改建支出

D. 经营租入固定资产的租赁费支出

E. 已足额提取折旧的固定资产的改建支出

[答案] AE

[解析] 选项B固定资产的日常修理支出可以作为费用直接在当期扣除；选项C，融资租入固定资产的改建支出，通过计提折旧扣除。

【例3－27】 (2013年注税考题)在计算应纳税所得额时，企业发生的下列支出，应作为长期待摊费用的有(　　)。

A. 固定资产的大修理支出

B. 租入固定资产的改建支出

C. 固定资产的日常修理支出

D. 外购的生产性生物资产支出

E. 已足额提取折旧的固定资产的改建支出

[答案] ABE

[解析] 选项C，固定资产的日常修理支出，可在发生当期直接扣除；选项D，外购的生产性生物资产支出，应计入生产性生物资产的成本中，通过折旧税前扣除。

(五)投资资产

企业对外投资期间，投资资产的成本在计算应纳税所得额时不得扣除。

投资资产，是指企业对外进行权益性投资和债权性投资形成的资产。企业在转让或者处置投资资产时，投资资产的成本，准予扣除。投资资产按照以下方式确定成本：

(1)通过支付现金方式取得的投资资产，以购买价款为成本；

(2)通过支付现金以外的方式取得的投资资产，以该资产的公允价值和支付的相关税费为成本。

（六）存货

企业使用或者销售存货，按照规定计算的存货成本，准予在计算应纳税所得额时扣除。

存货，是指企业持有以备出售的产品或者商品、处在生产过程中的在产品、在生产或者提供劳务过程中耗用的材料和物料等。存货按照以下方法确定成本：

(1)通过支付现金方式取得的存货，以购买价款和支付的相关税费为成本；

(2)通过支付现金以外的方式取得的存货，以该存货的公允价值和支付的相关税费为成本；

(3)生产性生物资产收获的农产品，以产出或者采收过程中发生的材料费、人工费和分摊的间接费用等必要支出为成本。

企业使用或者销售的存货的成本计算方法，可以在先进先出法、加权平均法、个别计价法中选用一种。计价方法一经选用，不得随意变更。

（七）资产损失

资产损失，是指企业在生产经营活动中实际发生的、与取得应税收入有关的资产损失，包括现金损失，存款损失，坏账损失，贷款损失，股权投资损失，固定资产和存货的盘亏、毁损、报废、被盗损失，自然灾害等不可抗力因素造成的损失以及其他损失。企业发生上述资产损失，应在按税法规定实际确认或者实际发生的当年申报扣除，不得提前或延后扣除。

(1)企业实际发生的资产损失按税务管理方式可分为自行计算扣除的资产损失和须经税务机关审理后才能扣除的资产损失。下列资产损失，属于由企业自行计算扣除的资产损失：

①企业在正常经营管理活动中因销售、转让、变卖固定资产、生产性生物资产、存货发生的资产损失；

②企业各项存货发生的正常损耗；

③企业固定资产达到或超过使用年限而正常报废清理的损失；

④企业生产性生物资产达到或超过使用年限而正常死亡发生的资产损失；

⑤企业按照有关规定通过证券交易所、银行间市场买卖债券、股票、基金以及金融衍生产品等发生的损失；

⑥其他经国家税务总局确认不需经税务机关审批的其他资产损失。

此外的资产损失，属于需经税务机关审批后才能扣除的资产损失。

(2)企业发生的资产损失，凡无法准确辨别是否属于自行计算扣除的资产损失，可向税务机关提出审批申请。税务机关对企业资产损失税前扣除的审批是对纳税人按规定提供的申报材料与法定条件进行符合性审查。企业资产损失税前扣除不实行层层审批，企业可直接向有权审批税务机关申请。负责审批的税务机关应对企业资产损失税前扣除审批申请即报即批。

(3)企业发生属于由企业自行计算扣除的资产损失，应按照企业内部管理控制的要求，做好资产损失的确认工作，并保留好有关资产会计核算资料和原始凭证及内部审批证明等证据。

企业按规定向税务机关报送资产损失税前扣除申请时，均应提供能够证明资产损失确属已实际发生的合法证据，包括具有法律效力的外部证据和特定事项的企业内部证据。

(4)企业货币资产损失包括现金损失、银行存款损失和应收（预付）账款损失等。

①企业清查出的现金短缺扣除责任人赔偿后的余额，确认为现金损失；

②企业将货币性资金存入法定具有吸收存款职能的机构，因该机构依法破产、清算，或者政府责令停业、关闭等原因，确实不能收回的部分，确认为存款损失；

③逾期不能收回的应收款项中，单笔数额较小、不足以弥补清收成本的，由企业做出专项

说明，对确实不能收回的部分，认定为损失；

④逾期 3 年以上的应收款项，企业有依法催收磋商记录，确认债务人已资不抵债、连续 3 年亏损或连续停止经营 3 年以上的，并能认定 3 年内没有任何业务往来，可以认定为损失。

(5)企业非货币资产损失包括存货损失、固定资产损失、在建工程损失、生物资产损失等。

①存货盘亏损失，其盘亏金额扣除责任人赔偿后的余额部分，存货报废、毁损和变质损失，其账面价值扣除残值及保险赔偿或责任赔偿后的余额部分，以及存货被盗损失，其账面价值扣除保险理赔以及责任赔偿后的余额部分，依据相关证据认定损失；

②固定资产盘亏、丢失损失，其账面净值扣除责任人赔偿后的余额部分，固定资产报废、毁损损失，其账面净值扣除残值、保险赔偿和责任人赔偿后的余额部分，以及固定资产被盗损失，其账面净值扣除保险理赔以及责任赔偿后的余额部分，依据相关证据认定损失；

③在建工程停建、废弃和报废、拆除损失，其账面价值扣除残值后的余额部分，在建工程自然灾害和意外事故毁损损失，其账面价值扣除残值、保险赔偿及责任赔偿后的余额部分，依据相关证据认定损失。工程物资发生损失的，比照存货损失的规定进行认定；

④生产性生物资产盘亏损失，其账面净值扣除责任人赔偿后的余额部分，因森林病虫害、疫情、死亡而产生的生产性生物资产损失，其账面净值扣除残值、保险赔偿和责任人赔偿后的余额部分，对被盗伐、被盗、丢失而产生的生产性生物资产损失，其账面净值扣除保险理赔以及责任赔偿后的余额部分，依据相关证据认定损失；

⑤企业由于未能按期赎回抵押资产，使抵押资产被拍卖或变卖，其账面净值大于变卖价值的差额部分，依据拍卖或变卖证明，认定为资产损失。

(6)企业投资损失包括债权性投资损失和股权(权益)性投资损失。

①各类符合坏账损失条件的债权投资，依据相关证据认定损失；

②金融企业符合坏账条件的银行卡透支款项以及相关的已计入应纳税所得额的其他应收款项，依据相关证据认定损失；

③金融企业符合坏账条件的助学贷款，依据相关证据认定损失；

④企业符合条件的股权(权益)性投资损失，应依据相关证据认定损失；

⑤企业的股权(权益)投资当有确凿证据表明已形成资产损失时，应扣除责任人和保险赔款、变价收入或可收回金额后，再确认发生的资产损失。

【例 3-28】 下列各项中，符合企业所得税法关于股权投资税务处理规定的是(　　)。

A. 被投资企业发生的经营亏损，由投资方企业确定投资损失

B. 被投资企业对投资方的分配支付额，均应视为投资回报，冲减投资成本

C. 投资方企业转让全资子公司时，其应分享的被投资方累计未分配利润和累计盈余公积应确认为投资方股息性质的所得

D. 投资方企业转让股权发生的损失，超过当年实现的股权投资投资收益和投资转让所得部分不允许在以后纳税年度的所得额中扣除

[答案] C

[解析] 根据规定，选项 A 应该由被投资企业自己弥补，选项 B 被投资企业对投资方的分配支付额，如果超过被投资企业的累计未分配利润和累计盈余公积金而低于投资方的投资成本的，视为投资回收，应冲减投资成本；超过投资成本的部分，视为投资方企业的股权转让所得，应并入企业的应纳税所得，依法缴纳企业所得税。选项 D 企业因收回、转让或清算处置股权投资而发生的股权投资损失，可以在税前扣除，但每一纳税年度扣除的股权投资损失，不得

超过当年实现的股权收益和投资转让所得，超过部分可无限期向以后纳税年度结转扣除。

【例3－29】 某居民企业为增值税一般纳税人，主要生产销售电冰箱，2015年度销售电冰箱取得不含税收入4 300万元，与电冰箱配比的销售成本2 830万元；出租设备取得租金收入100万元；实现的会计利润422.38万元。与销售有关的费用支出如下：

(1)销售费用825万元，其中广告费700万元。

(2)管理费用425万元，其中业务招待费45万元。

(3)财务费用40万元，其中含向非金融企业借款250万元所支付的年利息20万元(当年金融企业贷款的年利率为5.8%)。

(4)计入成本、费用中的实发工资270万元，发生的工会经费7.5万元、职工福利费41万元、职工教育经费9万元。

(5)营业外支出150万元，其中包括通过公益性社会团体向贫困山区的捐款75万元。

计算：该企业2015年度的广告费用，业务招待费，财务费用，职工工会经费、职工福利费、职工教育经费，公益性捐赠等应调增的应纳税所得额。

[解析]　(1)广告费用：限额＝(4 300＋100)×15%＝660(万元)

调增的应纳税所得额＝700－660＝40(万元)

(2)业务招待费：45×60%＝27(万元)＞(4 300＋100)×5‰＝22(万元)

应调增的应纳税所得额＝45－22＝23(万元)

(3)财务费用：应调增的应纳税所得额＝20－250×5.8%＝5.5(万元)

(4)工会经费限额＝270×2%＝5.4(万元)，应调增的应纳税所得额＝7.5－5.4＝2.1(万元)

职工福利费限额＝270×14%＝37.8(万元)，应调增的应纳税所得额＝41－37.8＝3.2(万元)

职工教育经费限额＝270×2.5%＝6.75(万元)，应调增的应纳税所得额＝9－6.75＝2.25(万元)

(5)公益性捐赠应调增的应纳税所得额＝75－422.38×12%＝75－50.685 6

＝24.314 4(万元)

【例3－30】 某企业2015年度实现收入总额3 000万元(其中包括产品销售收入2 700万元、购买国库券利息收入300万元)，发生各项成本费用共计1 200万元，其中包括：合理的工资薪金总额400万元，业务招待费100万元，职工福利费80万元，职工教育经费2万元，工会经费30万元，税收滞纳金20万元，提取的各项准备金支出200万元。另外，企业当年购置环境保护专用设备700万元，购置完毕即投入使用。

计算该企业当年应纳的企业所得税额。(假定企业以前年度无未弥补亏损)

[解析]　(1)2015年年度利润总额＝3 000－1 200＝1 800(万元)

(2)2015年收入总额＝3 000(万元)，其中：免税收入＝300(万元)

(3)2015年各项扣除调整数：

业务招待费限额＝13.5(万元)(2 700×5‰＝13.5＜100×60%＝60)

业务招待费超支额＝100－13.5＝86.5(万元)

工资三项经费调增额＝(80＋30)－400×(14%＋2%)＝46(万元)

提取准备金支出调增＝200(万元)

税收滞纳金调增＝20(万元)

(4)2015 年应纳税所得额＝3 000－300－1 200＋(86.5＋46＋200＋20)＝1 852.5(万元)

(5)2015 年应纳所得税额＝1 852.5×25％－700×10％＝463.125－70＝393.125(万元)

(八)处置资产收入的确认

内部处置资产，不视同销售确认收入(除将资产转移至境外以外)

(1)将资产用于生产、制造、加工另一产品；

(2)改变资产形状、结构或性能；

(3)改变资产用途(如自建商品房转为自用或经营)；

(4)将资产在总机构及其分支机构之间转移；

(5)上述两种或两种以上情形的混合；

(6)其他不改变资产所有权属的用途。

不属于内部处置资产，按规定视同销售确定收入

(1)用于市场推广或销售；

(2)用于交际应酬；

(3)用于职工奖励或福利；

(4)用于股息分配；

(5)用于对外捐赠；

(6)其他改变资产所有权属的用途。

说明：(1)区分的关键看资产所有权属在形式和实质上是否发生改变。

(2)视同销售在确认收入时：属于企业自制的资产，应按企业同类资产同期对外销售价格确定销售收入；属于外购的资产，不以销售为目的，具有代替职工福利等费用支出性质，且购买后在一个纳税年度内处置的，可按购入时的价格确定销售收入。

(3)注意与增值税的区分(见表 3－5)。

表 3－5　　视同销售收入对比(自产)

项　目		会计收入确认	增值税	所得税
统一核算，异地移送		×	√	×
非应税项目	自产、委托加工	×	√	×
	外购	×	×	×
集体福利、个人消费、职工福利	自产、委托加工	√	√	√
	外购	√	×	√
投资(自产、委托加工、外购)		√	√	√
分配(自产、委托加工、外购)		√	√	√
赠送(自产、委托加工、外购)		√	√	√

注：√表示确认，×表示不确认。

【例 3－31】 (2013 年注税考题)2012 年 12 月甲饮料厂给职工发放自制果汁和当月外购的取暖器作为福利，其中果汁的成本为 20 万元，同期对外销售价格为 25 万元；取暖器的购进价格为 10 万元。根据企业所得税相关规定，该厂发放上述福利应确认的收入是(　　)万元。

A. 10　　B. 20　　C. 30　　D. 35

[答案]　D

[解析]　企业发生视同销售情形时，属于企业自制的资产，应按企业同类资产对外销售价

格确定销售收入，属于外购的资产，不以销售为目的，具有替代职工福利等费用支出性质，且购买后在一个纳税年度内处置的，可按购入时的价格确定销售收入。应确认的收入＝25＋10＝35(万元)。

【例3－32】 (2013年注税考题)依据企业所得税相关规定，企业将资产移送用于下列情形，应视同销售确定收入的有(　　)。

A. 用于对外捐赠　　B. 用于市场推广或销售

C. 用于股息分配　　D. 用于职工奖励或福利

E. 从总机构转移到其境内分支机构

［答案］ ABCD

［解析］ 选项E不视同销售确认收入。

【例3－33】 某企业将成本为150万元的自产货物对外捐赠，该产品的市场价格200万元，成本价格150万元。捐赠支出1 000万元，纳税调整64万元。收入确认的相关处理是怎样的？(假设当年该企业的会计利润为1 000万元)

［解析］ 企业所得税：视同销售收入200万元，视同销售成本150万元。

增值税：200×17％＝34(万元)。

会计处理：不确认收入，计入营业外支出的数额184万元。

捐赠成本＝150＋200×17％＝184万元，税法允许扣除的捐赠支出＝1 000×12％＝120(万元)，纳税调整增加64万元。

五、企业特殊业务的所得税处理

(一)企业重组业务的所得税处理

企业重组，是指企业在日常经营活动以外发生的法律结构或经济结构重大改变的交易，包括企业法律形式改变、债务重组、股权收购、资产收购、合并、分立等。

1. 企业重组的一般性税务处理

企业重组，除符合适用特殊性税务处理规定的以外，按以下规定进行税务处理：

(1)企业由法人转变为个人独资企业、合伙企业等非法人组织，或将登记注册地转移至中国境外(包括港澳台地区)，应视同企业进行清算、分配，股东重新投资成立新企业。企业的全部资产以及股东投资的计税基础均应以公允价值为基础确定。

企业发生其他法律形式简单改变的，可直接变更税务登记，除另有规定外，有关企业所得税纳税事项(包括亏损结转、税收优惠等权益和义务)由变更后企业承继，但因住所发生变化而不符合税收优惠条件的除外。

(2)企业债务重组，相关交易应按以下规定处理：

①以非货币资产清偿债务，应当分解为转让相关非货币性资产、按非货币性资产公允价值清偿债务两项业务，确认相关资产的所得或损失；

②发生债权转股权的，应当分解为债务清偿和股权投资两项业务，确认有关债务清偿所得或损失；

③债务人应当按照支付的债务清偿低于债务计税基础的差额，确认债务重组所得，债权人应当按照收到的债务清偿额低于债权计税基础的差额，确认、债务重组损失；

④债务人的相关所得税纳税事项原则上保持不变。

(3)企业股权收购、资产收购重组交易，相关交易应按以下规定处理：

①被收购方应确认股权、资产转让所得或损失；

②收购方取得股权或资产的计税基础应以公允价值为基础确定；

③被收购企业的相关所得税事项原则上保持不变。

(4)企业合并，当事各方应按下列规定处理：

①合并企业应按公允价值确定接受被合并企业各项资产和负债的计税基础；

②被合并企业及其股东都应按清算进行所得税处理；

③被合并企业的亏损不得在合并企业结转弥补。

(5)企业分立，当事各方应按下列规定处理：

①被分立企业对分立出去资产应按公允价值确认资产转让所得或损失；

②分立企业应按公允价值确认接受资产的计税基础；

③被分立企业继续存在时，其股东取得的对价应视同被分立企业分配进行处理；

④被分立企业不再继续存在时，被分立企业及其股东都应按清算进行所得税处理；

⑤企业分立相关企业的亏损不得相互结转弥补。

2. 企业重组的特殊性税务处理

企业重组同时符合下列条件的，适用特殊性税务处理规定：

(1)具有合理的商业目的，且不以减少、免除或者推迟缴纳税款为主要目的。

(2)被收购、合并或分立部分的资产或股权比例符合《财政部、国家税务总局关于企业重组业务企业所得税处理若干问题的通知》(财税[2009]59 号)规定的比例。

(3)企业重组后的连续 12 个月内不改变重组资产原来的实质性经营活动。

(4)重组交易对价中涉及股权支付金额符合该通知规定比例。

(5)企业重组中取得股权支付的原主要股东，在重组后连续 12 个月内，不得转让所取得的股权。

企业重组符合上述条件的，交易各方对其交易中的股权支付部分，可以按以下规定进行特殊性税务处理：

(1)企业债务重组确认的应纳税所得额占该企业当年应纳税所得额 50%以上，可以在 5 个纳税年度的期间内，均匀计入各年度的应纳税所得额。企业发生债权转股权业务，对债务清偿和股权投资两项业务暂不确认有关债务清偿所得或损失，股权投资的计税基础以原债权的计税基础确定。企业的其他相关所得税事项保持不变。

(2)股权收购，收购企业购买的股权不低于被收购企业全部股权的 75%，且收购企业在该股权收购发生时的股权支付金额不低于其交易支付总额的 85%，可以选择按以下规定处理：

①被收购企业的股东取得收购企业股权的计税基础，以被收购股权的原有计税基础确定；

②收购企业取得被收购企业股权的计税基础，以被收购股权的原有计税基础确定；

③收购企业、被收购企业的原有各项资产和负债的计税基础和其他相关所得税事项保持不变。

(3)资产收购，受让企业收购的资产不低于转让企业全部资产的 75%，且受让企业在该资产收购发生时的股权支付金额不低于其交易支付总额的 85%，可以选择按以下规定处理：

①转让企业取得受让企业股权的计税基础，以被转让资产的原有计税基础确定；

②受让企业取得转让企业资产的计税基础，以被转让资产的原有计税基础确定。

(4)企业合并，企业股东在该企业合并发生时取得的股权支付金额不低于其交易支付总额的 85%，以及同一控制下且不需要支付对价的企业合并，可以选择按以下规定处理：

①合并企业接受被合并企业资产和负债的计税基础，以被合并企业的原有计税基础确定；

②被合并企业合并前的相关所得税事项由合并企业承继；

③可由合并企业弥补的被合并企业亏损的限额=被合并企业净资产公允价值×截至合并业务发生当年年末国家发行的最长期限的国债利率；

④被合并企业股东取得合并企业股权的计税基础，以其原持有的被合并企业股权的计税基础确定。

(5)企业分立，被分立企业所有股东按原持股比例取得分立企业的股权，分立企业和被分立企业均不改变原来的实质经营活动，且被分立企业股东在该企业分立发生时取得的股权支付金额不低于其交易支付总额的85%，可以选择按以下规定处理：

①分立企业接受被分立企业资产和负债的计税基础，以被分立企业的原有计税基础确定。

②被分立企业已分立出去资产相应的所得税事项由分立企业承继。

③被分立企业未超过法定弥补期限的亏损额可按分立资产占全部资产的比例进行分配，由分立企业继续弥补。

④被分立企业的股东取得分立企业的股权(以下简称新股)，如需部分或全部放弃原持有的被分立企业的股权(以下简称旧股)，新股的计税基础应以放弃旧股的计税基础确定。如不需放弃旧股，则其取得新股的计税基础可从以下两种方法中选择确定：直接将新股的计税基础确定为零；或者以被分立企业分立出去的净资产占被分立企业全部净资产的比例先调减原持有的旧股的计税基础，再将调减的计税基础平均分配到新股上。

(6)重组交易各方按前5条规定对交易中股权支付暂不确认有关资产的转让所得或损失的，其非股权支付仍应在交易当期确认相应的资产转让所得或损失，并调整相应资产的计税基础。

非股权支付对应的资产转让所得或损失=(被转让资产的公允价值-被转让资产的计税基础)×(非股权支付金额÷被转让资产的公允价值)

(二)企业清算的所得税处理

企业清算的所得税处理，是指企业在不再持续经营，发生结束自身业务、处置资产、偿还债务以及向所有者分配剩余财产等经济行为时，对清算所得、清算所得税、股息分配等事项的处理。

(1)下列企业应进行清算的所得税处理：

①按《公司法》《企业破产法》等规定需要进行清算的企业；

②企业重组中需要按清算处理的企业。

(2)企业清算的所得税处理包括以下内容：

①全部资产均应按可变现价值或交易价格，确认资产转让所得或损失；

②确认债权清理、债务清偿的所得或损失；

③改变持续经营核算原则，对预提或待摊性质的费用进行处理；

④依法弥补亏损，确定清算所得；

⑤计算并缴纳清算所得税；

⑥确定可向股东分配的剩余财产、应付股息等。

(3)企业的全部资产可变现价值或交易价格，减除资产的计税基础、清算费用、相关税费，加上债务清偿损益等后的余额，为清算所得。企业应将整个清算期作为一个独立的纳税年度计算清算所得。

(4)企业的全部资产的可变现价值或交易价格减除清算费用,职工的工资、社会保险费用和法定补偿金,结清清算所得税、以前年度欠税等税款,清偿企业债务,按规定计算可以向所有者分配的剩余资产。

被清算企业的股东分得的剩余资产的金额,其中相当于被清算企业累计未分配利润和累计盈余公积中按该股东所占股份比例计算的部分,应确认为股息所得;剩余资产减除股息所得后的余额,超过或低于股东投资成本的部分,应确认为股东的投资转让所得或损失。

被清算企业的股东从被清算企业分得的资产应按可变现价值或实际交易价格确定计税基础。

(三)政策性搬迁或处置收入的所得税处理

企业政策性搬迁或处置收入,是指因政府城市规划、基础设施建设等政策性原因,企业需要整体搬迁(包括部分搬迁和部分拆除)或处置相关资产而按规定标准从政府取得的搬迁补偿收入或处置相关资产而取得的收入,以及通过市场(招标、拍卖、挂牌等形式)取得的土地使用权转让收入。对企业取得的上述收入,《国家税务总局关于企业政策性搬迁或处置收入有关企业所得税处理问题的通知》(国税函[2009]118 号)按以下方式进行所得税处理:

(1)企业根据搬迁规划,异地重建后恢复原有或转换新的生产经营业务,用企业搬迁或处置收入购置或建造与搬迁前相同或类似性质、用途或者新的固定资产和土地使用权(以下简称重置固定资产),或对其他固定资产进行改良,或进行技术改造,或安置职工的,准予其搬迁或处置收入扣除固定资产重置或改良支出、技术改造支出和职工安置支出后的余额,计入企业应纳税所得额。

(2)企业没有重置或改良固定资产、技术改造或购置其他固定资产的计划或立项报告,应将搬迁收入加上各类拆迁固定资产的变卖收入、减除各类拆迁固定资产的折余价值和处置费用后的余额计入企业当年应纳税所得额,计算缴纳企业所得税。

(3)企业利用政策性搬迁或处置收入购置或改良的固定资产,可以按照现行税收规定计算折旧或摊销,并在企业所得税税前扣除。

(4)企业从规划搬迁次年起 5 年内,其取得的搬迁收入或处置收入暂不计入企业当年应纳税所得额,在 5 年期内完成搬迁的,企业搬迁收入按前述规定处理。

六、非居民企业的应纳税所得额

在中国境内未设立机构、场所的,或者虽设立机构、场所但取得的所得与其所设机构、场所没有实际联系的非居民企业,其取得的来源于中国境内的所得,按照下列方法计算其应纳税所得额:

(1)股息、红利等权益性投资收益和利息、租金、特许权使用费所得,以收入全额为应纳税所得额。

(2)转让财产所得,以收入全额减除财产净值后的余额为应纳税所得额。

财产净值,是指有关资产、财产的计税基础减除已经按照规定扣除的折旧、折耗、摊销、准备金等后的余额。

(3)其他所得,参照前两项规定的方法计算应纳税所得额。

非居民企业在中国境内设立的机构、场所,就其中国境外总机构发生的与该机构、场所生产经营有关的费用,能够提供总机构出具的费用汇集范围、定额、分配依据和方法等证明文件并合理分摊的，准予扣除。

【例 3－34】 在中国境内未设立机构、场所的非居民企业从中国境内取得的下列所得，应按收入全额计算征收企业所得税的有(　　)。

A. 股息　　B. 转让财产所得　　C. 租金　　D. 特许权使用费

［答案］ ACD

［解析］ 根据规定，转让财产所得，以收入全额减除财产净值后的余额为应纳税所得额。

第三节　企业所得税的应纳税额

企业所得税的应纳税额，是指企业的应纳税所得额乘以适用税率，减除按照《企业所得税法》关于税收优惠的规定减免和抵免的税额后的余额。

企业所得税的应纳税额的计算公式为：

应纳税额＝应纳税所得额×适用税率－减免税额－抵免税额

所称减免税额和抵免税额，是指依照企业所得税法和国务院的税收优惠规定减征、免征和抵免的应纳税额。

《企业所得税法》规定：企业取得的下列所得已在境外缴纳的所得税税额，可以从其当期应纳税额中抵免，抵免限额为该项所得依照本法规定计算的应纳税额；超过抵免限额的部分，可以在以后 5 个年度内，用每年抵免限额抵免当年应抵税额后的余额进行抵补：①居民企业来源于中国境外的应税所得；②非居民企业在中国境内设立机构、场所，取得发生在中国境外但与该机构、场所有实际联系的应税所得。

(1)已在境外缴纳的所得税税额，是指企业来源于中国境外的所得依照中国境外税收法律以及相关规定应当缴纳并已经实际缴纳的企业所得税性质的税款。

(2)抵免限额，是指企业来源于中国境外的所得，依照《企业所得税法》及其《实施条例》的规定计算的应纳税额。除国务院财政、税务主管部门另有规定外，该抵免限额应当分国(地区)不分项计算，计算公式如下：

抵免限额＝中国境内、境外所得依照《企业所得税法》及其《实施条例》的规定计算的应纳税总额×来源于某国(地区)的应纳税所得额÷中国境内、境外应纳税所得总额

(3)所谓 5 个年度，是指从企业取得的来源于中国境外的所得，已经在中国境外缴纳的企业所得税性质的税额超过抵免限额的当年的次年起连续 5 个纳税年度。

《企业所得税法》规定：居民企业从其直接或间接控制的外国企业分得的来源于中国境外的股息、红利等权益性投资收益，外国企业在境外实际缴纳的所得税税额中属于该项所得负担的部分，可以作为该居民企业的可抵免境外所得税税额，在该法规定的抵免限额内抵免。

(1)直接控制，是指居民企业直接持有外国企业 20％以上的股份。

(2)间接控制，是指居民企业以间接持股方式持有外国企业 20％以上的股份，具体认定办法由国务院财政、税务主管部门另行制定。

(3)企业依照《企业所得税法》规定抵免企业所得税税额时，应当提供中国境外税务机关出具的税款所属年度的有关纳税凭证。

【例 3－35】 对境外所得实行税额抵免的所得包括(　　)。

A. 居民企业来源于中国境外的应税所得

B. 非居民企业在中国境内设立的机构、场所，取得的发生在中国境外但与该机构、场所有实际联系的应税所得

C. 居民企业从其直接控制的外国企业分得的来源于中国境外的股息、红利等权益性投资收益

D. 居民企业从其间接控制的外国企业分得的来源于中国境外的股息、红利等权益性投资收益

［答案］ ABCD

［解析］ 根据规定，上述四项境外所得都实行税额抵免。

【例3－36】 某企业在汇算清缴企业所得税时向税务机关申报：2015年度应纳税所得额为1 130.8万元，已累计预缴企业所得税179.5万元，应补缴企业所得税103.2万元。在对该企业纳税申报表进行审核时，税务机关发现如下问题，要求该企业纠正后重新办理纳税申报：

(1)税前扣除的工资总额比计税工资总额超支59万元。

(2)缴纳的房产税、城镇土地使用税、车船税、印花税等税金74万元已在管理费用中列支，但在计算应纳税所得额时又重复扣除。

(3)将违法经营罚款25万元、税收滞纳金0.3万元列入营业外支出中，在计算应纳税所得额时予以扣除。

(4)2015年6月1日以经营租赁方式租入1台机器设备，合同约定租赁期为10个月，租赁费15万元，该企业未分期摊销该笔租赁费，而是一次性列入2015年度管理费用中扣除。

(5)从境外取得税后利润24万元(境外缴纳所得税时适用的税率为20%)，未补缴企业所得税。

计算：(1)该企业2015年度境内所得的应纳所得税税额。

(2)该企业2015年度境外所得应补缴的所得税税额。

(3)该企业2015年度境内、境外所得应补缴的所得税税额。

［解析］ (1)境内所得的应纳所得税税额

＝(1 130.8＋59＋74＋25＋0.3＋15÷10×3)×25%＝323.4(万元)

(2)境外所得应补缴的所得税税额＝24÷(1－20%)×(25%－20%)＝1.5(万元)

(3)应补缴的所得税税额＝323.4－179.5＋1.5＝145.4(万元)

【例3－37】 某企业2015年销售货物收入1 500万元，出租房屋收入500万元，转让房屋收入300万元。当年实际发生业务招待费20万元，该企业当年可在所得税前列支的业务招待费金额为多少？

［解析］ 企业所得税法规定：企业发生的与生产经营活动有关的业务招待费，按照发生额的60%扣除，但最高不得超过当年销售(营业)收入的5‰。20×60%＝12(万元)，(1 500＋500)×5‰＝10(万元)，两者相比择其小者，即当年可在所得税前列支的业务招待费金额为10万元。

【例3－38】 某居民企业于2015年1月注册成立进行生产经营，系增值税一般纳税人，该企业采用《企业会计制度》进行会计核算。2015年应纳税所得额为－100万元。2016年度生产经营情况如下：

(1)销售产品取得不含税收入18 000万元；另外还有从事符合条件的环境保护项目的收入为2 000万元(第一年取得该项目收入)。

(2)①产品销售成本 9 000 万元，从事符合条件的环境保护项目的成本为 1 000 万元；

②销售税金及附加 400 万元，从事符合条件的环境保护项目的税金及附加 100 万元；

③销售费用 4 000 万元(其中广告费 400 万元)，财务费用 400 万元；

④投资收益 100 万元(投资非上市公司的股权投资按权益法确认的投资收益 80 万元，国债持有期间的利息收入 20 万元)；

⑤管理费用 2 400 万元(其中业务招待费 170 万元，新产品研究开发费 60 万元)；

⑥营业外支出 1 600 万元(其中通过省教育厅捐赠给某高校 200 万元，非广告性赞助支出 100 万元，存货盘亏损失 100 万元)。

(3)全年实际支付工资薪金支出共计 2 000 万元(其中符合条件的环境保护项目工资 200 万元)。

(4)假设：①除资料所给内容外，无其他纳税调整事项；②从事符合条件的环境保护项目的能够单独核算；③期间费用按照销售收入在化工产品和环境保护项目之间进行分配(其中，化工产品不属于符合条件的环境保护项目)。

计算该企业 2016 年应缴纳的企业所得税。

[解析] (1)2016 年年度利润总额＝(18 000＋2 000)－(9 000＋1 000)－(400＋100)＋100－(4 000＋400＋2 400)－1 600＝1 200(万元)

(2)2016 年收入总额＝18 000＋2 000＋20＝20 020(万元)，其中：免税收入为 20 万元

(3)2016 年各项扣除：① 成本＝9 000＋1 000＝10 000(万元)

②销售税金及附加＝400＋100＝500(万元)

③期间费用＝6 057＋673＝6 730(万元)

其中：销售费用 4 000 万元(广告费在销售营业收入 15%内据实扣除：4 000×15%＝600 万元 ＞ 400 万元)

财务费用 400 万元

业务招待费限额＝20 000×5‰＝100(万元)，170×60%＝102(万元)

准予扣除的业务招待费为 100 万元，因此，应纳税所得额调增＝170－100＝70(万元)

准予扣除的管理费用为 2 400－70＝2 330(万元)

期间费用分配率＝(4 000＋400＋2 330)÷(18 000＋2 000)×100%＝33.65%

④公益性捐赠支出扣除限额＝1 200×12%＝144(万元)

营业外支出＝1 600－(200－144)－100＝1 444(万元)

(4)2016 年应纳税所得额＝20 020－20－(10 000＋500＋6 730＋1 444)－60×50%(加计扣除)－100(2015 年亏损)＝20 000－18 674－30－100＝1 196(万元)

(5)2016 年应纳税的税额＝1 196×25%－[2 000－(1 000＋100＋673)]×25%＝299－56.75＝242.25(万元)

第四节 企业所得税的税收优惠

税收优惠，是指国家运用税收政策在税收法律、法规中规定对某一部分特定纳税人和征税对象给予减轻或免除税收负担的一种措施。《企业所得税法》规定了我国企业所得税实行“产业优惠为主，区域优惠为辅”的税收优惠政策，该法规定：“国家对重点扶持和鼓励发展的产业

和项目，给予企业所得税优惠。"引导资金和资源投入到国家需要重点扶持和鼓励发展的产业和项目，包括促进技术创新和技术进步，鼓励基础设施建设，鼓励农业发展及环境保护与节能节水、支持安全生产。

《企业所得税法》规定的企业所得税的税收优惠类别包括免税收入、可以减免税的所得、优惠税率、民族自治地方的减免税、加计扣除、抵扣应纳税所得额、加速折旧、减计收入、抵免应纳税额和其他专项优惠政策。企业所得税税收优惠的具体办法，由国务院规定；企业所得税税收优惠的相关目录，由国务院财政、税务主管部门商国务院有关部门制订，报国务院批准后公布施行。企业同时从事适用不同企业所得税待遇的项目的，其优惠项目应当单独计算所得，并合理分摊企业的期间费用；没有单独计算的，不得享受企业所得税优惠。

一、免税收入

免税收入，是指属于企业的应税所得，但是按照《企业所得税法》的规定免予征收企业所得税的收入。企业的免税收入包括：

（一）国债利息收入

国债利息收入，是指企业持有国务院财政部门发行的国债取得的利息收入。

（二）符合条件的居民企业之间的股息、红利等权益性投资收益

符合条件的居民企业之间的股息、红利等权益性投资收益，是指居民企业直接投资于其他居民企业取得的投资收益。

鉴于股息、红利是税后利润分配形成的，对居民企业之间的股息、红利收入免征企业所得税，是消除法律性重复征税的国际通行做法。为了更好地体现税收优惠政策，保证企业投资充分享受到高新技术企业、小型微利企业和西部大开发政策等实行低税率的税收待遇，《实施条例》明确规定，不要求纳税人补交税率差。

2008 年 1 月 1 日后，居民企业之间分配属于 2007 年度及以前的累积未分配利润而形成的股息、红利等权益性投资收益，均应按照上述规定办理。

（三）在中国境内设立机构、场所的非居民企业从居民企业取得与该机构、场所有实际联系的股息、红利等权益性投资收益

股息、红利等权益性投资收益，不包括连续持有居民企业公开发行并上市流通的股票不足 12 个月取得的投资收益。

考虑到以股票方式取得且连续持有时间较短（不足 12 个月）的投资，并不以股息、红利收入为主要目的，主要是从二级市场获得股票转让收益，并且变动频繁，税收管理的难度较大，因此，《实施条例》将持有上市公司股票的时间不足 12 个月的股息、红利收入排除在免税范围之外。对来自所有非上市企业以及持有股份 12 个月以上取得的股息、红利收入，则适用免税政策。

（四）符合条件的非营利组织的收入

符合条件的非营利组织的收入，是指同时符合下列条件的组织：

（1）依法履行非营利组织登记手续；

（2）从事公益性或者非营利性活动；

（3）取得的收入除用于与该组织有关的、合理的支出外，全部用于登记核定或者章程规定的公益性或者非营利性事业；

（4）财产及其孳息不用于分配；

(5)按照登记核定或者章程规定,该组织注销后的剩余财产用于公益性或者非营利性目的,或者由登记管理机关转赠给与该组织性质、宗旨相同的组织,并向社会公告;

(6)投入人对投入该组织的财产不保留或者享有任何财产权利;

(7)工作人员工资福利开支控制在规定的比例内,不变相分配该组织的财产。

非营利组织的认定管理办法由国务院财政、税务主管部门会同国务院有关部门制定。符合条件的非营利组织的收入,不包括非营利组织从事营利性活动取得的收入,但国务院财政、税务主管部门另有规定的除外。各国一般区分营利性收入和非营利性收入,给非营利组织提供不同的税收待遇。虽然我国的非营利组织一般不能从事营利性活动,为了规范非营利组织的活动,《实施条例》规定,对非营利组织从事非营利性活动取得的收入给予免税,但从事营利性活动取得的收入则要征税。

(五)股权分置改革中上市公司增加的注册资本或资本公积

股权分置改革中,上市公司因股权分置改革而接受的非流通股股东作为对价注入资产和被非流通股股东豁免债务,上市公司应增加注册资本或资本公积,不征收企业所得税。

二、可以减免税的所得

企业的下列所得,可以免征、减征企业所得税:

(一)从事农、林、牧、渔业项目的所得

企业从事农、林、牧、渔业项目的所得,可以免征、减征企业所得税,是指:

(1)蔬菜、谷物、薯类、油料、豆类、棉花、麻类、糖料、水果、坚果的种植;

(2)农作物新品种的选育;

(3)中药材的种植;

(4)林木的培育和种植;

(5)牲畜、家禽的饲养;

(6)林产品的采集;

(7)灌溉、农产品初加工、兽医、农技推广、农机作业和维修等农、林、牧、渔服务业项目;

(8)远洋捕捞。

企业从事下列项目的所得,减半征收企业所得税:

(1)花卉、茶以及其他饮料作物和香料作物的种植;

(2)海水养殖、内陆养殖。

企业从事国家限制和禁止发展的项目,不得享受上述企业所得税优惠。

对农、林、牧、渔业项目实行不同的税收优惠政策,可以更好地体现国家政策的引导作用,突出优惠政策的导向性。粮食、蔬菜、肉类、水果等农产品,关系到国计民生,是维持人们基本生存条件的生活必需品,应当列为税收优惠政策重点鼓励的对象。同时,为生产此类产品的服务业也应同样予以扶持,因此,《实施条例》将此类亦归为免税项目。花卉、饮料和香料作物,以及海水养殖、内陆养殖,一般盈利水平较高,也不是人们的基本生活必需品,在优惠力度上应与基本生活需要的农产品等免税有所区别,因此,实行减半征收。

【例 3-39】 企业从事下列项目的所得,免征企业所得税的有(　　)。

A. 蔬菜、谷物、薯类、油料、豆类的种植

B. 花卉、茶的种植

C. 林木的培育和种植

D. 农产品初加工

［答案］ ACD

［解析］ 根据规定，花卉、饮料和香料作物，以及海水养殖、内陆养殖，一般盈利水平较高，也不是人们的基本生活必需品，因此，减半征收企业所得税。

（二）从事国家重点扶持的公共基础设施项目投资经营的所得

国家重点扶持的公共基础设施项目，是指《公共基础设施项目企业所得税优惠目录》规定的港口码头、机场、铁路、公路、城市公共交通、电力、水利等项目。

企业从事上述国家重点扶持的公共基础设施项目的投资经营的所得，自项目取得第 1 笔生产经营收入所属纳税年度起，第 1 年至第 3 年免征企业所得税，第 4 年至第 6 年减半征收企业所得税，简称"三免三减半"。

重点基础设施投资大，回收期长，关系国计民生，《实施条例》规定，对企业从事港口码头、机场、铁路、公路、电力、水利等项目投资经营所得，给予"三免三减半"的优惠。与原来的"两免三减半"相比，减免期限做了适当延长，缓解基础设施建设初期的经营困难。《实施条例》规定从企业取得第一笔生产经营收入所属纳税年度起计算减免税起始日，可以兼顾项目投资规模大、建设周期长的情况，与原外资企业以获利年度为减免税的起始日、内资企业从开业之日起计算减免税，更为符合实际，更易进行税收征管。

企业承包经营、承包建设和内部自建自用上述项目，不得享受上述企业所得税优惠。

（三）从事符合条件的环境保护、节能节水项目的所得

符合条件的环境保护、节能节水项目，包括公共污水处理、公共垃圾处理、沼气综合开发利用、节能减排技术改造、海水淡化等。项目的具体条件和范围由国务院财政、税务主管部门商国务院有关部门制定，报国务院批准后公布施行。

企业从事上述规定的符合条件的环境保护、节能节水项目的所得，自项目取得第 1 笔生产经营收入所属纳税年度起，第 1 年至第 3 年免征企业所得税，第 4 年至第 6 年减半征收企业所得税。

依照上述第（二）（三）点的规定享受减免税优惠的项目，在减免税期限内转让的，受让方自受让之日起，可以在剩余期限内享受规定的减免税优惠；减免税期限届满后转让的，受让方不得就该项目重复享受减免税优惠。

（四）符合条件的技术转让所得

符合条件的技术转让所得免征、减征企业所得税，是指一个纳税年度内，居民企业技术转让所得不超过 500 万元的部分，免征企业所得税；超过 500 万元的部分，减半征收企业所得税。其计算公式为：

技术转让所得＝技术转让收入－技术转让成本－相关税费

享受减免企业所得税优惠的技术转让应符合以下条件：

（1）享受优惠的技术转让主体是企业所得税法规定的居民企业。

（2）技术转让属于财政部、国家税务总局规定的范围。

（3）境内技术转让经省级以上科技部门认定。

（4）向境外转让技术经省级以上商务部门认定。

（5）国务院税务主管部门规定的其他条件。

享受技术转让所得减免企业所得税优惠的企业，应单独计算技术转让所得，并合理分摊企业的期间费用；没有单独计算的，不得享受技术转让所得企业所得税优惠。

【例3—40】 某企业在计算缴纳企业所得税时，提出减免企业所得税的请求，其中符合法律规定的有（　　）。

A. 购买国债取得的利息收入，请求免征企业所得税

B. 经营一项农业项目的所得，请求减征企业所得税

C. 投资经营一项无国家扶持基础设施项目的所得，请求免征企业所得税

D. 开发一项新技术的研究开发费用，请求在计算应纳税所得额时加计扣除

［答案］ ABD

［解析］ 根据规定，从事国家重点扶持的公共基础设施项目，才能请求免税。

（五）非居民企业的应纳税所得

在中国境内未设立机构、场所的，或者虽设立机构、场所但取得的所得与其所设机构、场所没有实际联系的非居民企业，其取得的来源于中国境内的所得，减按10%的税率征收企业所得税。下列所得可以免征企业所得税：

（1）外国政府向中国政府提供贷款取得的利息所得。

（2）国际金融组织向中国政府和居民企业提供优惠贷款取得的利息所得。

国际金融组织，包括国际货币基金组织、世界银行、亚洲开发银行、国际开发协会、国际农业发展基金、欧洲投资银行以及财政部和国家税务总局确定的其他国际金融组织；所称优惠贷款，是指低于金融企业同期同类贷款利率水平的贷款。

（3）经国务院批准的其他所得。

按照国际惯例，来源国对汇出境外的利润有优先征税权，一般征收预提所得税，税率多在10%以上。如果税收协定规定减免的，可以按照协定规定减免。《企业所得税法》及其《实施条例》借鉴国际惯例，规定对汇出境外利润减按10%的税率征收企业所得税，没有给予普遍的免税政策，有利于通过双边互惠维护我国税收权益和将利润汇出境外的企业的利益。

三、民族自治地方的减免税

民族自治地方的自治机关对本民族自治地方的企业应缴纳的企业所得税中属于地方分享的部分，可以决定减征或者免征。自治州、自治县决定减征或者免征的，须报省、自治区、直辖市人民政府批准。

民族自治地方，是指依照《民族区域自治法》的规定，实行民族区域自治的自治区、自治州、自治县。

对民族自治地方内国家限制和禁止行业的企业，不得减征或者免征企业所得税。

四、加计扣除

企业的下列支出，可以在计算应纳税所得额时加计扣除：

（一）开发新技术、新产品、新工艺发生的研究开发费用

研究开发费用的加计扣除，是指企业为开发新技术、新产品、新工艺发生的研究开发费用，未形成无形资产计入当期损益的，在按照规定据实扣除的基础上，按照研究开发费用的50%加计扣除；形成无形资产的，按照无形资产成本的150%摊销。

为鼓励企业开展研究开发活动，规范企业研究开发费用的税前扣除及有关税收优惠政策的执行，国家税务总局制定《企业研究开发费用税前扣除管理办法（试行）》（国税发［2008］116号），适用于财务核算健全并能准确归集研究开发费用的居民企业。

（1）研究开发活动，是指企业为获得科学与技术（不包括人文、社会科学）新知识，创造性运用科学技术新知识，或实质性改进技术、工艺、产品（服务）而持续进行的具有明确目标的研究开发活动。创造性应用科学技术新知识，或实质性改进技术、工艺、产品（服务），是指企业通过研究开发活动在技术、工艺、产品（服务）方面的创新取得了有价值的成果，对本地区（省、自治区、直辖市或计划单列市）相关行业的技术、工艺领先具有推动作用，不包括企业产品（服务）的常规性升级或对公开的科研成果直接应用等活动（如直接采用公开的新工艺、材料、装置、产品、服务或知识等）。

（2）企业从事规定项目的研究开发活动，其在一个纳税年度中实际发生的下列费用支出，允许在计算应纳税所得额时按照规定实行加计扣除。

①新产品设计费、新工艺规程制定费以及与研发活动直接相关的技术图书资料费、资料翻译费；

②从事研发活动直接消耗的材料、燃料和动力费用；

③在职直接从事研发活动人员的工资、薪金、奖金、津贴、补贴；

④专门用于研发活动的仪器、设备的折旧费或租赁费；

⑤专门用于研发活动的软件、专利权、非专利技术等无形资产的摊销费用；

⑥专门用于中间试验和产品试制的模具、工艺装备开发及制造费；

⑦勘探开发技术的现场试验费；

⑧研发成果的论证、评审、验收费用。

对企业共同合作开发的项目，凡符合上述条件的，由合作各方就自身承担的研发费用分别按照规定计算加计扣除。

对企业委托给外单位进行开发的研发费用，凡符合上述条件的，由委托方按照规定计算加计扣除，受托方不得再进行加计扣除。对委托开发的项目，受托方应向委托方提供该研发项目的费用支出明细情况，否则，该委托开发项目的费用支出不得实行加计扣除。

（3）企业根据财务会计核算和研发项目的实际情况，对发生的研发费用进行收益化或资本化处理的，可按下述规定计算加计扣除：

①研发费用计入当期损益未形成无形资产的，允许再按当年研发费用实际发生额的50%，直接抵扣当年的应纳税所得额。

②研发费用形成无形资产的，按照无形资产成本的150%在税前摊销。除法律另有规定外，摊销年限不得低于10年。

法律、行政法规和国家税务总局规定不允许企业所得税前扣除的费用和支出项目，均不允许计入研究开发费用。企业未设立专门的研发机构或企业研发机构同时承担生产经营任务的，应对研发费用和生产经营费用分开进行核算，准确、合理地计算各项研究开发费用支出，对划分不清的，不得实行加计扣除。

【例3－41】 某企业2015年利润总额为200万元，当年开发新产品研发费用实际支出为20万元，假定税法规定研发费用可实行150%加计扣除政策。则该企业2015年计算应纳税所得额时可以扣除的研发费用是多少？

［解析］ 根据规定，加计扣除是指按照税法规定在实际发生数额的基础上，再加成一定比例，作为计算应纳税所得额时的扣除数额的一种税收优惠措施。该企业当年开发新产品研发费用实际支出20万元，就可按30万元（20×150%）数额在税前进行扣除。

(二)安置残疾人员及国家鼓励安置的其他就业人员所支付的工资

企业安置残疾人员所支付的工资的加计扣除,是指企业安置残疾人员的,在按照支付给残疾职工工资据实扣除的基础上,按照支付给残疾职工工资的100%加计扣除。企业安置国家鼓励安置的其他就业人员所支付的工资的加计扣除办法,由国务院另行规定。

《财政部、国家税务总局关于安置残疾人员就业有关企业所得税优惠政策问题的通知》(财税[2009]70号)就企业安置残疾人员就业有关企业所得税优惠政策的规定如下:

(1)企业就支付给残疾职工的工资,在进行企业所得税预缴申报时,允许据实计算扣除;在年度终了进行企业所得税年度申报和汇算清缴时,再按照上述规定计算加计扣除。残疾人员的范围适用《残疾人保障法》的有关规定,是指在心理、生理、人体结构上,某种组织、功能丧失或者不正常,全部或者部分丧失以正常方式从事某种活动能力的人。残疾人包括视力残疾、听力残疾、言语残疾、肢体残疾、智力残疾、精神残疾、多重残疾和其他残疾的人。

(2)企业享受安置残疾职工工资100%加计扣除应同时具备如下条件:

①依法与安置的每位残疾人签订1年以上(含1年)的劳动合同或服务协议,并且安置的每位残疾人在企业实际上岗工作。

②为安置的每位残疾人按月足额缴纳了企业所在区县人民政府根据国家政策规定的基本养老保险、基本医疗保险、失业保险和工伤保险等社会保险。

③定期通过银行等金融机构向安置的每位残疾人实际支付了不低于企业所在区县适用的经省级人民政府批准的最低工资标准的工资。

④具备安置残疾人上岗工作的基本设施。

(3)企业应在年度终了进行企业所得税年度申报和汇算清缴时,向主管税务机关报送规定的相关资料、已安置残疾职工名单及其《中华人民共和国残疾人证》或《中华人民共和国残疾军人证(1至8级)》复印件和主管税务机关要求提供的其他资料,办理享受企业所得税加计扣除优惠的备案手续。在企业汇算清缴结束后,主管税务机关在对企业进行日常管理、纳税评估和纳税检查时,应对安置残疾人员企业所得税加计扣除优惠的情况进行核实。

【例3-42】 在计算企业应纳税所得额时,下列支出可以加计扣除的是( )。

A. 新技术、新产品、新工艺的研究开发费用

B. 为安置残疾人员所购置的专门设施

C. 赞助支出

D. 职工教育经费

[答案] A

[解析] 根据规定,新技术、新产品、新工艺的研究开发费用可以加计扣除。

五、抵扣应纳税所得额

创业投资企业从事国家需要重点扶持和鼓励的创业投资,可以按投资额的一定比例抵扣应纳税所得额。

抵扣应纳税所得额,是指创业投资企业采取股权投资方式投资于未上市的中小高新技术企业两年以上的,可以按照其投资额的70%在股权持有满两年的当年抵扣该创业投资企业的应纳税所得额;当年不足抵扣的,可以在以后纳税年度结转抵扣。

投资于未上市的中小高新技术企业两年以上的,包括发生在2008年1月1日以前满两年的投资;中小高新技术企业是指按照《高新技术企业认定管理办法》(国科发火[2008]172号)

和《高新技术企业认定管理工作指引》(国科发火[2008]362号)取得高新技术企业资格,且年销售额和资产总额均不超过2亿元、从业人数不超过500人的企业,其中2007年年底前已取得高新技术企业资格的,在其规定有效期内不需重新认定。

创业投资企业是依照《创业投资企业管理暂行办法》(国家发展和改革委员会令[2005]39号,简称《暂行办法》)和《外商投资创业投资企业管理规定》(商务部等5部委令[2003]2号)在中国境内设立的专门从事创业投资活动的企业或其他经济组织。

创业投资企业符合以下条件的,可以按投资额的一定比例抵扣应纳税所得额:

(1)经营范围符合《暂行办法》规定,且工商登记为"创业投资有限责任公司""创业投资股份有限公司"等专业性法人创业投资企业。

(2)按照《暂行办法》规定的条件和程序完成备案,经备案管理部门年度检查核实,投资运作符合《暂行办法》的有关规定。

(3)创业投资企业投资的中小高新技术企业,除应按照相关规定,通过高新技术企业认定以外,还应符合职工人数不超过500人,年销售(营业)额不超过2亿元,资产总额不超过2亿元的条件。

(4)财政部、国家税务总局规定的其他条件。

中小企业接受创业投资之后,经认定符合高新技术企业标准的,应自其被认定为高新技术企业的年度起,计算创业投资企业的投资期限。该期限内中小企业接受创业投资后,企业规模超过中小企业标准,但仍符合高新技术企业标准的,不影响创业投资企业享受有关税收优惠。

六、加速折旧

企业的固定资产由于技术进步等原因,确需加速折旧的,可以缩短折旧年限或者采取加速折旧的方法。可以采取缩短折旧年限或者采取加速折旧的方法的固定资产,包括:

(1)由于技术进步,产品更新换代较快的固定资产。

(2)常年处于强震动、高腐蚀状态的固定资产。

采取缩短折旧年限方法的,最低折旧年限不得低于法定折旧年限的60%;采取加速折旧方法的,可以采取双倍余额递减法或者年数总和法。

七、减计收入

企业综合利用资源,生产符合国家产业政策规定的产品所取得的收入,可以在计算应纳税所得额时减计收入。

减计收入,是指企业以《资源综合利用企业所得税优惠目录》规定的资源作为主要原材料,生产国家非限制和禁止并符合国家和行业相关标准的产品取得的收入,减按90%计入收入总额。前述所称原材料占生产产品材料的比例不得低于前述优惠目录规定的标准。

八、抵免应纳税额

企业购置用于环境保护、节能节水、安全生产等专用设备的投资额,可以按一定比例实行税额抵免。

税额抵免,是指企业购置并实际使用《环境保护专用设备企业所得税优惠目录》、《节能节水专用设备企业所得税优惠目录》和《安全生产专用设备企业所得税优惠目录》规定的环境保护、节能节水、安全生产等专用设备的,该专用设备的投资额的10%可以从企业当年的应纳税额中抵免;当年不足抵免的,可以在以后5个纳税年度结转抵免。享受上述规定的企业所得税优惠的企业,应当实际购置并自身实际投入使用上述规定的专用设备;企业购置上述专用设备在5年内转让、出租的,应当停止享受企业所得税优惠,并补缴已经抵免的企业所得税税款。

购置并实际使用的环境保护、节能节水和安全生产专用设备,包括承租方企业以融资租赁方式租入的,并在融资租赁合同中约定租赁期届满时租赁设备所有权转移给承租方企业,且符合规定条件的上述专用设备。凡融资租赁期届满后租赁设备所有权未转移至承租方企业的,承租方企业应停止享受抵免企业所得税优惠,并补缴已经抵免的企业所得税税款。

九、专项税收优惠政策

根据国民经济和社会发展的需要,或者由于突发事件等原因对企业经营活动产生重大影响的,国务院可以制定企业所得税专项优惠政策,报全国人民代表大会常务委员会备案。

(一)鼓励软件产业和集成电路产业发展的优惠政策

《财政部、国家税务总局关于执行企业所得税优惠政策若干问题的通知》(财税[2009]68号)的规定如下:

(1)软件生产企业实行增值税即征即退政策所退还的税款,由企业用于研究开发软件产品和扩大再生产,不作为企业所得税应税收入,不予征收企业所得税。

(2)我国境内新办软件生产企业经认定后,自获利年度起,第1年和第2年免征企业所得税,第3年至第5年减半征收企业所得税。

(3)国家规划布局内的重点软件生产企业,如当年未享受免税优惠的,减按10%的税率征收企业所得税。

(4)软件生产企业的职工培训费用,可按实际发生额在计算应纳税所得额时扣除。

(5)企事业单位购进软件,凡符合固定资产或无形资产确认条件的,可以按照固定资产或无形资产进行核算,经主管税务机关核准,其折旧或摊销年限可以适当缩短,最短可为2年。

(6)集成电路设计企业视同软件企业,享受上述软件企业的有关企业所得税政策。

(7)集成电路生产企业的生产性设备,经主管税务机关核准,其折旧年限可以适当缩短,最短可为3年。

(8)投资额超过80亿元人民币或集成电路线宽小于0.25微米的集成电路生产企业,可以减按15%的税率缴纳企业所得税,其中,经营期在15年以上的,从开始获利的年度起,第1年至第5年免征企业所得税,第6年至第10年减半征收企业所得税。

(9)对生产线宽小于0.8微米(含)集成电路产品的生产企业,经认定后,自获利年度起,第1年和第2年免征企业所得税,第3年至第5年减半征收企业所得税。已经享受自获利年度起企业所得税"两免三减半"政策的企业,不再重复执行本条规定。

(10)自2008年1月1日起至2010年年底止,对集成电路生产企业、封装企业的投资者,以其取得的缴纳企业所得税后的利润,直接投资于本企业增加注册资本,或作为资本投资开办其他集成电路生产企业、封装企业,经营期不少于5年的,按40%的比例退还其再投资部分已缴纳的企业所得税税款。再投资不满5年撤出该项投资的,追缴已退的企业所得税税款。

(11)2007年年底前设立的软件生产企业和集成电路生产企业,经认定后可以按《财政部、国家税务总局关于企业所得税若干优惠政策的通知》(财税[2008]1号)的规定享受企业所得税定期减免税优惠政策。在2007年度或以前年度已获利并开始享受定期减免税优惠政策的,可自2008年度起继续享受至期满为止。

(12)自2008年1月1日起至2010年底止,对国内外经济组织作为投资者,以其在境内取得的缴纳企业所得税后的利润,作为资本投资于西部地区开办集成电路生产企业、封装企业或软件产品生产企业,经营期不少于5年的,按80%的比例退还其再投资部分已缴纳的企业所得税税款。再投资不满5年撤出该项投资的,追缴已退的企业所得税税款。

(二)鼓励证券投资基金发展的优惠政策

根据《财政部、国家税务总局关于企业所得税若干优惠政策的通知》(财税[2008]1号)规定:

(1)对证券投资基金从证券市场中取得的收入,包括买卖股票、债券的差价收入,股权的股息、红利收入,债券的利息收入及其他收入,暂不征收企业所得税。

(2)对投资者从证券投资基金分配中取得的收入,暂不征收企业所得税。

(3)对证券投资基金管理人运用基金买卖股票、债券的差价收入,暂不征收企业所得税。

(三)清洁基金和CDM项目实施企业的优惠政策

《财政部、国家税务总局关于中国清洁发展机制基金及清洁发展机制项目实施企业有关企业所得税政策问题的通知》(财税[2009]30号)规定了中国清洁发展机制基金(以下简称清洁基金)和清洁发展机制项目(以下简称CDM项目)实施企业的优惠政策。

(1)对清洁基金取得的下列收入,免征企业所得税:

①清洁发展机制项目温室气体减排量转让收入上缴国家的部分;

②国际金融组织捐款收入;

③基金资金的存款利息收入、购买国债的利息收入;

④国内外机构、组织和个人的捐赠收入。

(2)根据CDM项目实施企业按照《清洁发展机制项目运行管理办法》(国家发改委、科技部、外交部、财政部令第37号)的规定,将温室气体减排量的转让收入,按照以下比例上缴给国家的部分,准予在计算应纳税所得额时扣除:

①氢氟碳化物(HFC)和全氟碳化物(PFC)类项目,为温室气体减排量转让收入的65%;

②氧化亚氮类项目,为温室气体减排量转让收入的30%;

③《清洁发展机制项目运行管理办法》第4条规定的重点领域以及植树造林项目等类清洁发展机制项目,为温室气体减排量转让收入的2%。

(3)对企业实施的将温室气体减排量转让收入的65%上缴给国家的HFC和PFC类CDM项目,以及将温室气体减排量转让收入的30%上缴给国家的N_2O类CDM项目,其实施该类CDM项目的所得,自项目取得第1笔减排量转让收入所属纳税年度起,第1年至第3年免征企业所得税,第4年至第6年减半征收企业所得税。

企业实施CDM项目的所得,是指企业实施CDM项目取得的温室气体减排量转让收入扣除上缴国家的部分,再扣除企业实施CDM项目发生的相关成本、费用后的净所得。

企业应单独核算其享受优惠的CDM项目的所得,并合理分摊有关期间费用,没有单独核算的,不得享受上述企业所得税优惠政策。

(四)经营性文化事业单位转制为企业的优惠政策

根据《财政部、国家税务总局关于文化体制改革中经营性文化事业单位转制为企业的若干税收优惠政策的通知》(财税[2009]34号)规定,自2009年1月1日起至2013年12月31日止,经营性文化事业单位转制为企业,自转制注册之日起免征企业所得税。

经营性文化事业单位,是指从事新闻出版、广播影视和文化艺术的事业单位;转制包括文化事业单位整体转为企业和文化事业单位中经营部分剥离转为企业。

（五）台湾航运公司海峡两岸海上直航的优惠政策

根据《财政部、国家税务总局关于海峡两岸海上直航营业税和企业所得税政策的通知》（财税[2009]4号）规定，自2008年12月15日起，对台湾航运公司从事海峡两岸海上直航业务取得的来源于大陆的所得，免征企业所得税。

（1）台湾航运公司，是指取得交通运输部颁发的“台湾海峡两岸间水路运输许可证”且上述许可证注明的公司登记地址在台湾的航运公司。

（2）享受企业所得税免税政策的台湾航运公司应当按照《实施条例》的有关规定，单独核算其从事上述业务在大陆取得的收入和发生的成本、费用；未单独核算的，不得享受免征企业所得税政策。

（六）关于其他有关行业、企业的优惠政策

《企业所得税法》施行后，为保证部分行业、企业税收优惠政策执行的连续性，对下列定期企业所得税优惠政策，继续按原优惠政策规定的办法和时间执行到期：（1）就业再就业；（2）奥运会和世博会；（3）社会公益；（4）债转股；（5）清产核资、重组、改制、转制等企业改革；（5）涉农和国家储备；（6）其他单项优惠政策，等等。

十、过渡性税收优惠

过渡性税收优惠，是指我国内外资企业所得税合并且付诸施行后的特殊处理措施。《企业所得税法》公布前已经批准设立的企业，即该法公布前已经完成登记注册的企业，依照当时的税收法律、行政法规规定，享受低税率优惠的，按照国务院规定，可以在该法施行后5年内，逐步过渡到该法规定的税率；享受定期减免税优惠的，按照国务院规定，可以在该法施行后继续享受到期满为止，但因未获利而尚未享受优惠的，优惠期限从该法施行年度起计算。法律设置的发展对外经济合作和技术交流的特定地区内，以及国务院已规定执行上述地区特殊政策的地区内新设立的国家需要重点扶持的高新技术企业，可以享受过渡性税收优惠，具体办法由国务院规定。国家已确定的其他鼓励类企业，可以按照国务院规定享受减免税优惠。

（一）《企业所得税法》公布前已批准设立的企业

（1）自2008年1月1日起，原享受低税率优惠政策的企业，在新税法施行后5年内逐步过渡到法定税率。其中：享受企业所得税15%税率的企业，2008年按18%税率执行，2009年按20%税率执行，2010年按22%税率执行，2011年按24%税率执行，2012年按25%税率执行；原执行24%税率的企业，2008年起按25%税率执行。

（2）自2008年1月1日起，原享受企业所得税“两免三减半”“五免五减半”等定期减免税优惠的企业，新税法施行后继续按原税收法律、行政法规及相关文件规定的优惠办法及年限享受至期满为止，但因未获利而尚未享受税收优惠的，其优惠期限从2008年度起计算。

（3）享受上述过渡优惠政策的企业，是指2007年3月16日以前经工商等登记管理机关登记设立的企业；实施过渡优惠政策的项目和范围按《实施企业所得税过渡优惠政策表》执行。

（4）企业在2007年3月16日之前设立的分支机构单独依据原内、外资企业所得税法的优惠规定已享受有关税收优惠的，凡符合上述政策条件的，该分支机构可以单独享受上述企业所得税过渡优惠政策。

（二）法律设置的特定地区的新设高新技术企业

国务院决定对法律设置的发展对外经济合作和技术交流的特定地区内，以及国务院已规定执行上述地区特殊政策的地区内新设立的国家需要重点扶持的高新技术企业，实行过渡性税收优惠。法律设置的发展对外经济合作和技术交流的特定地区内，是指深圳、珠海、汕头、厦门和海南经济特区；国务院已规定执行上述地区特殊政策的地区，是指上海浦东新区。

(1)对经济特区和上海浦东新区内在 2008 年 1 月 1 日(含)之后完成登记注册的国家需要重点扶持的高新技术企业(以下简称新设高新技术企业)，在经济特区和上海浦东新区内取得的所得，自取得第 1 笔生产经营收入所属纳税年度起，第 1 年至第 2 年免征企业所得税，第 3 年至第 5 年按照 25%的法定税率减半征收企业所得税。

(2)经济特区和上海浦东新区内新设高新技术企业同时在经济特区和上海浦东新区以外的地区从事生产经营的，应当单独计算其在经济特区和上海浦东新区内取得的所得，并合理分摊企业的期间费用；没有单独计算的，不得享受企业所得税优惠。

(3)经济特区和上海浦东新区内新设高新技术企业在按照上述规定享受过渡性税收优惠期间，由于复审或抽查不合格而不再具有高新技术企业资格的，从其不再具有高新技术企业资格年度起，停止享受过渡性税收优惠；以后再次被认定为高新技术企业的，不得继续享受或者重新享受过渡性税收优惠。

(三)西部大开发税收优惠政策

根据国务院实施西部大开发的有关文件，财政部、税务总局和海关总署联合发布《关于西部大开发税收优惠政策问题的通知》(财税[2001]202 号)，规定西部大开发企业所得税优惠政策继续执行：在定期减免税的减半期内，可以按照企业适用税率计算的应纳税额减半征收。

(四)实施企业税收过渡优惠政策的其他规定

(1)享受企业所得税过渡优惠政策的企业，应按照《企业所得税法》及其《实施条例》中有关收入和扣除的规定计算应纳税所得额，并按有关规定计算享受税收优惠。

(2)企业所得税过渡优惠政策与《企业所得税法》及其《实施条例》规定的优惠政策存在交叉的，由企业选择最优惠的政策执行，不得叠加享受，且一经选择，不得改变。

所谓不得叠加享受且一经选择不得改变的税收优惠政策，限于企业所得税过渡优惠政策与《企业所得税法》及其《实施条例》中规定的定期减免税和减低税率类的税收优惠。

《企业所得税法》及其《实施条例》中规定的各项税收优惠，凡企业符合规定条件的，可以同时享受。

(3)企业在享受过渡税收优惠过程中发生合并、分立、重组等情形的，按照《财政部、国家税务总局关于企业重组业务企业所得税处理若干问题的通知》(财税[2009]59 号)的统一规定执行。

(4)2008 年 1 月 1 日之前外商投资企业形成的累积未分配利润，在 2008 年以后分配给外国投资者的，免征外商投资企业向外国投资者支付利润时应扣缴的预提所得税；2008 年及以后年度外商投资企业新增利润分配给外国投资者的，依法缴纳企业所得税。

(5)《企业所得税法》施行后，股权分置改革中非流通股股东通过对价方式向流通股股东支付的股份、现金等收入，暂免征收流通股股东应缴纳的企业所得税。该项免税继续执行到股权分置试点改革结束。

第五节　企业所得税的征收管理

企业所得税的征收管理除《企业所得税法》规定外，依照《税收征收管理法》规定执行。

一、纳税地点

(一)居民企业的纳税地点

除税收法律、行政法规另有规定外，居民企业以企业登记注册地为纳税地点；但登记注册地在境外的，以实际管理机构所在地为纳税地点。

(二)非居民企业的纳税地点

非居民企业在中国境内设立机构、场所的，以机构、场所所在地为纳税地点。非居民企业在中国境内设立两个或者两个以上机构、场所的，经税务机关审核批准，可以选择由其主要机构、场所汇总缴纳企业所得税。

在中国境内未设立机构、场所的，或者虽设立机构、场所但取得的所得与其所设机构、场所没有实际联系的非居民企业，以扣缴义务人所在地为纳税地点。

(1)主要机构、场所，应当同时符合下列条件：

①对其他机构、场所的生产经营活动负有监督管理责任；

②设有完整的账簿、凭证，能够准确反映各机构、场所的收入、成本、费用和盈亏情况。

(2)经税务机关审核批准，是指经各机构、场所所在地税务机关的共同上级税务机关审核批准。

非居民企业经批准汇总缴纳企业所得税后，需要增设、合并、迁移、关闭机构、场所或者停止机构、场所业务的，应当事先由负责汇总申报缴纳企业所得税的主要机构、场所向其所在地税务机关报告；需要变更汇总缴纳企业所得税的主要机构、场所的，依照前述规定办理。

二、纳税义务的发生时间和纳税期限

企业所得税以纳税人取得应纳税所得额的计征期终了日为纳税义务的发生时间。

(一)纳税年度

(1)企业所得税按纳税年度计算。纳税年度自公历1月1日起至12月31日止。

(2)企业在一个纳税年度中间开业，或者终止经营活动，使该纳税年度的实际经营期不足12个月的，应当以其实际经营期为1个纳税年度。

(3)企业依法清算时，应当以清算期间作为1个纳税年度。企业应当在办理注销登记前，就其清算所得向税务机关申报并依法缴纳企业所得税。

(二)预缴和汇算清缴

企业所得税分月或者分季预缴，由税务机关具体核定。

企业应当自月份或者季度终了之日起15日内，向税务机关报送预缴企业所得税纳税申报表，预缴税款。企业分月或者分季预缴企业所得税时，应当按照月度或者季度的实际利润额预缴；按照月度或者季度的实际利润额预缴有困难的，可以按照上一纳税年度应纳税所得额的月度或者季度平均额预缴，或者按照经税务机关认可的其他方法预缴。预缴方法一经确定，该纳税年度内不得随意变更。

企业在纳税年度内无论盈利或者亏损，都应当依照规定期限，向税务机关报送预缴企业所得税纳税申报表、年度企业所得税纳税申报表、财务会计报告和税务机关规定应当报送的其他有关资料。企业应当自年度终了之日起5个月内，向税务机关报送年度企业所得税纳税申报表，并汇算清缴，结清应缴应退税款。

【例3－43】 关于企业所得税的纳税期限，以下各项中，正确的是（　　）。

A. 按期纳税　　B. 按次纳税

C. 按年计征，分期预缴　　D. 按次计征，汇总缴纳

［答案］ C

［解析］ 根据规定，企业所得税分月或者分季预缴，纳税年度终了汇算清缴。

三、计税货币

企业所得税以人民币计算。所得以人民币以外的货币计算的，应当折合成人民币计算并缴纳税款。

企业所得以人民币以外的货币计算的，预缴企业所得税时，应当按照月度或者季度最后一日的人民币汇率中间价，折合成人民币计算应纳税所得额。

年度终了汇算清缴时，对已经按照月度或者季度预缴税款的，不再重新折合计算，只就该纳税年度内未缴纳企业所得税的部分，按照纳税年度最后一日的人民币汇率中间价，折合成人民币计算应纳税所得额。

经税务机关检查确认，企业少计或者多计前述规定的所得的，应当按照检查确认补税或者退税时的上一个月最后一日的人民币汇率中间价，将少计或者多计的所得折合成人民币计算应纳税所得额，再计算应补缴或者应退的税款。

四、企业所得税的征管机关

为了进一步规范中央和地方政府之间的分配关系，建立合理的分配机制，减缓地区间财力差距的扩大，支持西部大开发，逐步实现共同富裕，《国务院关于印发所得税收入分享改革方案的通知》（国发［2001］37号）规定，从2002年1月1日起实施企业所得税收入分享改革：改革按企业隶属关系划分企业所得税收入，除了铁路运输、国家邮政、中国工商银行、中国农业银行、中国银行、中国建设银行、国家开发银行、中国农业发展银行、中国进出口银行以及海洋石油天然气企业等特殊行业或企业缴纳的所得税作为中央收入外，其他企业所得税收入由中央与地方按比例分享。中央保证各地区2001年地方实际的所得税收入基数，实施增量分成。2002年所得税收入中央分享50％，地方分享50％；2003年所得税收入中央分享60％，地方分享40％。目前仍然执行这一分享比例，由国家税务局和地方税务局分别负责征管。

根据《国家税务总局关于调整新增企业所得税征管范围问题的通知》（国税发［2008］120号）规定，2009年后新增企业的企业所得税的征管范围的调整事项如下：以2008年为基年，2008年年底前国家税务局、地方税务局各自管理的企业所得税纳税人不做调整。2009年起新增企业所得税纳税人中，应缴纳增值税的企业，其企业所得税由国家税务局管理；应缴纳营业税的企业，其企业所得税由地方税务局管理。2009年起新增企业，是指按照法律、法规以及有关规定于2009年1月1日后在工商行政主管部门办理设立登记，新注册成立的企业。营改增后，企业所得税的征管机关不变。

1. 基本规定

(1)企业所得税全额为中央收入的企业和在国家税务局缴纳营业税的企业,其企业所得税由国家税务局管理。

(2)银行(信用社)、保险公司的企业所得税由国家税务局管理,除上述规定外的其他各类金融企业的企业所得税由地方税务局管理。

(3)外商投资企业、外国企业常驻代表机构和在中国境内设立机构、场所的企业所得税仍由国家税务局管理。

2. 具体规定

(1)境内单位和个人向未在中国境内设立机构、场所的,或者虽设立机构、场所但取得的所得与其所设机构、场所没有实际联系的非居民企业支付所得的,该项所得应扣缴的企业所得税的征管,分别由支付该项所得的境内单位和个人的所得税主管国家税务局或地方税务局负责。

(2)2008年年底前已成立跨区经营汇总纳税企业,2009年起新设立的分支机构,其企业所得税的征管部门应与总机构企业所得税征管部门相一致;2009年起新增跨区经营汇总纳税企业,总机构按基本规定确定的原则划分征管归属,其分支机构企业所得税的管理部门也应与总机构企业所得税管理部门相一致。

(3)按税法规定免缴流转税的企业,按其免缴的流转税税种确定企业所得税征管归属;既不缴纳增值税也不缴纳营业税的企业,其企业所得税暂由地方税务局管理。

(4)既缴纳增值税又缴纳营业税的企业,原则上按照其税务登记时自行申报的主营业务应缴纳的流转税税种确定征管归属;企业税务登记时无法确定主营业务的,一般以工商登记注明的第一项业务为准;一经确定,原则上不再调整。

五、企业所得税的核定征收

国家税务总局于2008年3月6日发布,自2008年1月1日起执行的《企业所得税核定征收办法(试行)》(国税发[2008]30号),适用于居民企业纳税人。

(1)纳税人具有下列情形之一的,核定征收企业所得税:

①依照法律、行政法规的规定可以不设置账簿的;

②依照法律、行政法规的规定应当设置但未设置账簿的;

③擅自毁损账簿或者拒不提供纳税资料的;

④虽设置账簿,但账目混乱或者成本资料、收入凭证、费用凭证残缺不全,难以查账的;

⑤发生纳税义务,未按照规定的期限办理纳税申报,经税务机关责令限期申报,逾期仍不申报的;

⑥申报的计税依据明显偏低,又无正当理由的。

特殊行业、特殊类型的纳税人和一定规模以上的纳税人不适用该办法。

(2)税务机关应根据纳税人的具体情况,对核定征收企业所得税的纳税人,核定应税所得率或者核定应纳所得税额。具有下列情形之一的,核定其应税所得率:

①能正确核算(查实)收入总额,但不能正确核算(查实)成本费用总额的;

②能正确核算(查实)成本费用总额,但不能正确核算(查实)收入总额的;

③通过合理方法,能计算和推定纳税人收入总额或成本费用总额的。

纳税人不属于上述情形的,核定其应纳所得税额。

(3)税务机关采用下列方法核定征收企业所得税:

①参照当地同类行业或者类似行业中经营规模和收入水平相近的纳税人的税负水平核

定；

②按照应税收入额或成本费用支出额定率核定；

③按照耗用的原材料、燃料、动力等推算或测算核定；

④按照其他合理方法核定。

采用其中一种方法不足以正确核定应纳税所得额或应纳税额的，可以同时采用两种以上的方法核定。采用两种以上方法测算的应纳税额不一致时，可按测算的应纳税额从高核定。

(4)采用应税所得率方式核定征收企业所得税的，应纳所得税额计算公式如下：

应纳所得税额＝应纳税所得额×适用税率

应纳税所得额＝应税收入额×应税所得率

或 应纳税所得额＝成本(费用)支出额÷(1－应税所得率)×应税所得率

(5)实行应税所得率方式核定征收企业所得税的纳税人，经营多业的，无论其经营项目是否单独核算，均由税务机关根据其主营项目确定适用的应税所得率。

主营项目应为纳税人所有经营项目中，收入总额或者成本(费用)支出额或者耗用原材料、燃料、动力数量所占比重最大的项目。

(6)应税所得率按规定的幅度标准确定，见表3－6。

表3－6

行 业	应税所得率
农、林、牧、渔业	3%～10%
制造业	5%～15%
批发和零售贸易业	4%～15%
交通运输业	7%～15%
建筑业	8%～20%
饮食业	8%～25%
娱乐业	15%～30%
其他行业	10%～30%

纳税人的生产经营范围、主营业务发生重大变化，或者应纳税所得额或应纳税额增减变化达到20%的，应及时向税务机关申报调整已确定的应纳税额或应税所得率。

六、跨地区经营汇总纳税的征管

企业在汇总计算缴纳企业所得税时，其境外营业机构的亏损不得抵减境内营业机构的盈利。居民企业在中国境内设立不具有法人资格的营业机构的，应当汇总计算并缴纳企业所得税。企业在年度中间终止经营活动的，应当自实际经营终止之日起60日内，向税务机关办理当期企业所得税汇算清缴。除国务院另有规定外，企业之间不得合并缴纳企业所得税。

企业汇总计算并缴纳企业所得税时，应当统一核算应纳税所得额，具体办法由国务院财政、税务主管部门另行制定。不具有法人资格的营业机构实行法人汇总纳税制度，会导致地区间税源转移问题。为了妥善处理好地区间的税收利益分配关系，财政部、国家税务总局、中国人民银行制定了《跨省市总分机构企业所得税分配及预算管理暂行办法》(财预[2008]10号)，

国家税务总局据此发布了《跨地区经营汇总纳税企业所得税征收管理办法》(国税发[2008]28号),后者的具体规定如下:

(一)基本方法

属于中央与地方共享收入范围的跨省市总分机构企业缴纳的企业所得税,按照统一规范、兼顾总机构和分支机构所在地利益的原则,实行"统一计算、分级管理、就地预缴、汇总清算、财政调库"的处理办法,总分机构统一计算的当期应纳税额的地方分享部分,25%由总机构所在地分享,50%由各分支机构所在地分享,25%按一定比例在各地间进行分配。总机构和分支机构应分期预缴的企业所得税,50%在各分支机构间分摊预缴,50%由总机构预缴。总机构预缴的部分,其中25%就地入库,25%预缴入中央国库,按照规定进行分配。

(二)适用范围

该办法适用于居民企业在中国境内跨地区(指跨省、自治区、直辖市和计划单列市,下同)设立不具有法人资格的营业机构、场所(以下简称分支机构)的,该居民企业为汇总纳税企业(以下简称企业)。不适用该办法的包括:

(1)属于铁路运输企业(包括广铁集团和大秦铁路公司)、国有邮政企业、中国工商银行股份有限公司、中国农业银行、中国银行股份有限公司、国家开发银行、中国农业发展银行、中国进出口银行、中央汇金投资有限责任公司、中国建设银行股份有限公司、中国建银投资有限责任公司、中国石油天然气股份有限公司、中国石油化工股份有限公司以及海洋石油天然气企业(包括港澳台和外商投资、外国海上石油天然气企业)等企业总分机构缴纳的企业所得税(包括滞纳金、罚款收入)为中央收入,全额上缴中央国库,因其未纳入中央和地方分享范围的企业。

(2)不具有主体生产经营职能且在当地不缴纳营业税、增值税的产品售后服务、内部研发、仓储等企业内部辅助性的二级分支机构以及上年度符合条件的小型微利企业及其分支机构。

(3)在中国境内未跨省市设立不具有法人资格营业机构的居民企业,其企业所得税征收管理及收入分配办法,仍按原规定执行。

(4)居民企业在中国境外设立不具有法人资格营业机构的。

(5)企业按《跨省市总分机构企业所得税分配及预算管理暂行办法》(财预[2008]10号)计算有关分期预缴企业所得税时,其实际利润额、应纳税额及分摊因素数额,均不包括其境外营业机构。

(三)应纳税所得额的计算与分摊

总机构和分支机构处于不同税率地区的,先由总机构统一计算全部应纳税所得额,然后依照规定的比例、三个因素及其权重,计算划分不同税率地区机构的应纳税所得额后,再分别按总机构和分支机构所在地的适用税率计算应纳税额。

总机构应按照以前年度(1～6月份按上上年度,7～12月份按上年度)分支机构的经营收入、职工工资和资产总额三个因素计算各分支机构应分摊所得税款的比例,三个因素的权重依次为0.35、0.35、0.30,计算公式如下:

某分支机构分摊比例＝0.35×(该分支机构营业收入÷各分支机构营业收入之和)＋0.35×(该分支机构工资总额÷各分支机构工资总额之和)＋0.30×(该分支机构资产总额÷各分支机构资产总额之和)

以上公式中分支机构仅指需要就地预缴的分支机构,该税款分摊比例按上述方法一经确定后,当年不作调整。

七、企业所得税的减免税管理

企业所得税的各类减免税应按照《国家税务总局关于印发〈税收减免管理办法(试行)〉的通知》(国税发[2005]129号)的相关规定办理。该文件的规定与《企业所得税法》及其《实施条例》规定不一致的,按《企业所得税法》及其《实施条例》的规定执行。《国家税务总局关于企业所得税减免税管理问题的通知》(国税发[2008]111号)对此专门做了规定。

除国务院明确的企业所得税过渡类优惠政策、执行企业所得税法后继续保留执行的原企业所得税优惠政策、《企业所得税法》第二十九条规定的民族自治地方企业减免税优惠政策,以及国务院另行规定实行审批管理的企业所得税优惠政策外,其他各类企业所得税优惠政策均实行备案管理。备案管理的具体方式分为事先备案和事后报送相关资料两种。自2008年1月1日起,国家制定的各项税收优惠政策,凡未明确为审批事项的,均实行备案管理。

企业所得税减免税实行审批管理的,必须是《企业所得税法》及其《实施条例》等法律法规和国务院明确规定需要审批的内容。对列入备案管理的企业所得税减免的范围、方式,由各省、自治区、直辖市和计划单列市国家税务局、地方税务局(企业所得税管理部门)自行研究确定,但同一省、自治区、直辖市和计划单列市范围内必须一致。

企业所得税减免税期限超过一个纳税年度的,主管税务机关可以进行一次性确认,但每年必须对相关减免税条件进行审核,对情况变化导致不符合减免税条件的,应停止享受减免税政策。企业所得税减免税有资质认定要求的,纳税人须先取得有关资质认定,税务部门在办理减免税手续时,可进一步简化手续,具体认定方式由各省、自治区、直辖市和计划单列市国家税务局、地方税务局研究确定。对各类企业所得税减免税管理,税务机关应本着精简、高效、便利的原则,方便纳税人,减少报送资料,简化手续。

第六节 个人所得税法律制度

个人所得税是对个人(即自然人)的劳务和非劳务所得征收的一种税。第八届全国人民代表大会常务委员会第四次会议于1993年10月31日修订并公布实施《中华人民共和国个人所得税法》(以下简称《个人所得税法》)。该法是在合并原个人所得税、个人收入调节税和个体工商业户所得税的基础上建立起来的。国务院于1994年1月28日发布了《中华人民共和国个人所得税法实施条例》(以下简称《个人所得税法实施条例》)。《个人所得税法》和《个人所得税法实施条例》构成了我国现行个人所得税法律制度的主要依据。第九届全国人民代表大会常务委员会第十一次会议于1999年8月30日对《个人所得税法》进行了修正。2000年9月,财政部、国家税务总局又制定了《关于个人独资企业和合伙企业投资者征收个人所得税的规定》,进一步完善了我国个人所得税法律制度。2005年10月27日第十届全国人民代表大会常务委员会第十八次会议对《个人所得税法》进行了第三次修正,2007年6月29日第十届全国人民代表大会常务委员会第二十八次会议对《个人所得税法》进行了第四次修正。

一、个人所得税的纳税义务人和扣缴义务人

新修正的《个人所得税法》规定,个人所得税以所得人为纳税义务人,以支付所得的单位或者个人为扣缴义务人。个人所得超过国务院规定数额的,在两处以上取得工资、薪金所得或者

没有扣缴义务人的，以及具有国务院规定的其他情形的，纳税义务人应当按照国家规定办理纳税申报。扣缴义务人应当按照国家规定办理纳税申报。扣缴义务人应当按照国家规定办理全员全额扣缴申报。

个人所得税的纳税义务人，国际上有两种管辖权，即来源地税收管辖权和居民管辖权。我国的个人所得税制在纳税义务人的界定上既行使来源地税收管辖权，又行使居民管辖权，即把个人所得税的纳税义务人划分为居民和非居民两个部分，并以此来区分纳税的无限责任（即来源于境内外的全部所得都应纳税）和有限责任（即只限来源于境内的所得征税）。居民纳税义务人承担无限纳税义务，非居民纳税义务人承担有限纳税义务。

我国《个人所得税法》规定，在中国境内有住所，或者无住所而在境内居住满一年的个人（即居民纳税义务人），从中国境内和境外取得的所得，应依照税法规定缴纳个人所得税；在中国境内无住所又不居住，或者无住所而在境内居住不满一年的个人（即非居民纳税义务人），仅就来源于中同境内取得的所得，缴纳个人所得税。

对纳税义务人居民和非居民身份的确定，税法采用的是住所和居住时间两个标准：即凡在中国境内有住所或者无住所而在境内居住满 1 年的个人，就是居民纳税义务人；凡在中国境内无住所又不居住，或者无住所而在中同境内居住不满 1 年的个人，就是非居民纳税义务人。另外，在中国境内无住所，但居住满 1 年，而未超过 5 年的个人，其来源于中国境外的所得，经主管税务机关批准，可以只就由中国境内公司、企业以及其他经济组织或个人支付的部分缴纳个人所得税；居住超过 5 年的个人，从第 6 年起，应当就其来源于中国境外的全部所得纳税。

二、个人所得税的征税对象和税目

（一）征税对象

居民纳税义务人应就来源于中国境内和境外的全部所得征税；非居民纳税义务人则只就来源于中国境内所得部分征税，境外所得部分不属于我国征税范围。

（二）所得来源的确定

所得来源地与所得支付地是两个不同的概念，有时两者是一致的，有时是不同的。我国个人所得税依据所得来源地判断经济活动的实质，征收个人所得税，具体规定如下：

（1）工资、薪金所得，以纳税义务人任职、受雇的公司、企业、事业单位、机关、团体、部队、学校等单位的所在地作为所得来源地。

（2）生产、经营所得，以生产、经营活动实现地作为所得来源地。

（3）劳务报酬所得，以纳税义务人实际提供劳务的地点，作为所得来源地。

（4）不动产转让所得，以不动产坐落地为所得来源地；动产转让所得，以实现转让的地点为所得来源地。

（5）财产租赁所得，以被租赁财产的使用地作为所得来源地。

（6）利息、股息、红利所得，以支付利息、股息、红利的企业、机构、组织的所在地作为所得来源地。

（7）特许权使用费所得，以特许权的使用地作为所得来源地。

（三）税目

按应纳税所得的类别划分，现行个人所得税的应税项目大致可以分为 3 类，共 11 个应税项目。

1. 工资、薪金所得

工资、薪金所得，是指个人因任职或者受雇而取得的工资、薪金、奖金、年终加薪、劳动分红、津贴、补贴以及与任职或者受雇有关的其他所得。下列项目不属于工资、薪金性质的补贴、津贴，不予征收个人所得税：

(1)独生子女补贴。

(2)执行公务员工资制度未纳入基本工资总额的补贴、津贴差额和家属成员的副食补贴。

(3)托儿补助费。

(4)差旅费津贴、误餐补助。

2. 个体工商户的生产、经营所得

个体工商户的生产、经营所得包括：

(1)个体工商户从事工业、手工业、建筑业、交通运输业、商业、饮食业、服务业、修理业及其他行业取得的所得。

(2)个人经政府有关部门批准，取得执照，从事办学、医疗、咨询以及其他有偿服务活动取得的所得。

(3)个体工商户和个人取得的与生产、经营有关的各项应税所得。

(4)其他个人从事个体工商业生产、经营取得的所得。

3. 企业、事业单位的承包经营、承租经营所得

企业、事业单位的承包经营、承租经营所得，是指个人承包经营或承租经营以及转包、转租取得的所得。

4. 劳务报酬所得

劳务报酬所得，是指个人独立从事非雇佣的各种劳务所取得的所得。包括：设计、装潢、安装、制图、化验、测试、医疗、法律、会计、咨询、讲学、新闻、广播、翻译、审稿、书画、雕刻、影视、录音、录像、演出、表演、广告、展览、技术服务、介绍服务、经纪服务、代办服务及其他劳务。

5. 稿酬所得

稿酬所得，是指个人因其作品以图书、报刊形式出版、发表而取得的所得。

【例3—44】 根据个人所得税法律制度的规定，下列从事非雇佣劳动取得的收入中，应按“稿酬所得”税目缴纳个人所得税的是(　　)。

A. 审稿收入　　B. 翻译收入　　C. 题字收入　　D. 出版作品收入

[答案] D

[解析] 稿酬所得，是指个人因其作品以图书、报刊形式出版、发表而取得的所得。A、B、C选项均属于劳务报酬所得。

6. 特许权使用费所得

特许权使用费所得，是指个人提供专利权、商标权、著作权、非专利技术以及其他特许权的使用权取得的所得。提供著作权的使用权取得的所得，不包括稿酬所得。

【例3—45】 马某2010年12月从某电视剧制作中心取得剧本使用费50 000元。关于马某该项收入计缴个人所得税的下列表述中，正确的是(　　)。

A. 应按“稿酬所得”计缴个人所得税

B. 应按“工资、薪金所得”计缴个人所得税

C. 应按“劳务报酬所得”计缴个人所得税

D. 应按“特许权使用费所得”计缴个人所得税

[答案] D

［解析］ 从2005年5月1日起，编剧从电视剧的制作单位取得的剧本使用费，不再区分剧本的使用方是否为其任职单位，统一按特许权使用费所得项目征收个人所得税。

7. 利息、股息、红利所得

利息、股息、红利所得，是指个人拥有债权、股权而取得的利息、股息、红利所得。

8. 财产租赁所得

财产租赁所得，是指个人出租建筑物、土地使用权、机器设备、车船以及其他财产取得的所得。

9. 财产转让所得

财产转让所得，是指个人转让有价证券、股票、建筑物、土地使用权、机器设备、车船以及其他财产取得的所得。

目前，国家对股票转让所得暂不征收个人所得税。对个人出售自有住房取得的所得按照"财产转让所得"征收个人所得税，但对个人转让自用5年以上并且是家庭唯一生活用房取得的所得，继续免征个人所得税。

10. 偶然所得

偶然所得，是指个人得奖、中奖、中彩以及其他偶然性质的所得。得奖是指参加各种有奖竞赛活动，取得名次得到的奖金；中奖、中彩是指参加各种有奖活动，如有奖销售、有奖储蓄，或者购买彩票，经过规定程序，抽中、摇中号码而取得的奖金。偶然所得应缴纳的个人所得税税款，一律由发奖单位或机构代扣代缴。

11. 经国务院财政部门确定征税的其他所得

除上述列举的各项个人应税所得外，其他确有必要征税的个人所得，由国务院财政部门确定。个人取得的所得，难以界定应纳税所得项目的，由主管税务机关确定。

三、个人所得税税率

(1)工资、薪金所得，适用5%～45%的超额累进税率，见表3－7。

表3－7　　个人所得税税率(工资、薪金所得适用)

级数	全月应纳税所得额 (含税所得额)	全月应纳税所得额 (不含税所得额)	税率 (%)	速算扣除数
1	不超过1 500元的	不超过1 455元的	3	0
2	超过1 500元至4 500元的部分	超过1 455元至4 155元的部分	10	105
3	超过4 500元至9 000元的部分	超过4 155元至7 755元的部分	20	555
4	超过9 000元至35 000元的部分	超过7 755元至27 255元的部分	25	1 005
5	超过35 000元至55 000元的部分	超过27 255元至41 255元的部分	30	2 755
6	超过55 000元至80 000元的部分	超过41 255元至57 505元的部分	35	5 505
7	超过80 000元的部分	超过57 505元的部分	40	13 505

注：本表所称全月应纳税所得额是以每月收入额减除费用13 500元后的余额或者减除附加减除费用后的余额。

(2)个体工商户的生产、经营所得和对企事业单位的承包经营、承租经营所得，适用5%～35%的超额累进税率，见表3－8。

表 3—8 个人所得税税率(个体工商户的生产、经营所得和对企事业单位的承包经营、承租经营所得适用)

级数	含税级距	不含税级距	税率(%)	速算扣除数
1	不超过 15 000 元的	不超过 14 250 元的	5	0
2	超过 15 000 元到 30 000 元的部分	超过 14 250 元至 27 550 元的部分	10	750
3	超过 30 000 元至 60 000 元的部分	超过 27 550 元至 51 750 元的部分	20	3 750
4	超过 60 000 元至 100 000 元的部分	超过 51 750 元至 79 750 元的部分	30	9 750
5	超过 100 000 元的部分	超过 79 750 元的部分	35	14 750

注:1. 本表含税级距指每一纳税年度的收入总额,减除成本、费用以及损失的余额。2. 含税级距适用于个体工商户的生产、经营所得和对企事业单位的承包经营承租经营所得。不含税级距适用于由他人(单位)代付税款的承包经营、承租经营所得。

(3)稿酬所得,适用比例税率,税率为 20%,并按应纳税额减征 30%。其实际税率为 14%。

(4)劳务报酬所得,适用比例税率,税率为 20%。对劳务报酬所得一次收入畸高的,可以实行加成征收,即个人取得劳务报酬收入的应纳税所得额一次超过 2 万～5 万元的部分,按照税法规定计算应纳税额后,再按照应纳税额加征 5 成,超过 5 万元的部分,加征 10 成(见表 3—9)。

表 3—9 个人所得税税率(劳务报酬所得适用)

级数	含税级距	不含税级距	税率(%)	速算扣除数
1	不超过 20 000 元的	不超过 16 000 元的	20	0
2	超过 20 000 元至 50 000 元的部分	超过 16 000 元至 37 000 元的部分	30	2 000
3	超过 50 000 元的部分	超过 37 000 元的部分	40	7 000

注:1. 表中的含税级距、不含税级距,均为按照税法规定减除有关费用后的所得额。2. 含税级距适用于由纳税人负担税款的劳务报酬所得;不含税级距适用于由他人(单位)代付税款的劳务报酬所得。

(5)特许权使用费所得,利息、股息、红利所得,财产租赁所得,财产转让所得,偶然所得和其他所得,适用比例税率,税率为 20%。出租居民住用房适用 10%的税率。

自 2007 年 8 月 15 日起,对储蓄存款利息所得征收个人所得税,调减按 5%的比例税率执行。储蓄存款在 1999 年 10 月 31 日前孳生的利息所得,免征个人所得税;储蓄存款在 1999 年 11 月 1 日至 2007 年 8 月 14 日孳生的利息所得,按照 20%的比例税率征收个人所得税;储蓄存款在 2007 年 8 月 15 日后孳生的利息所得,按照 5%的比例税率征收个人所得税。

四、个人所得税计税依据

个人所得税的计税依据为个人取得的各项所得减去按规定标准扣除费用后的余额(即应

纳税所得额)。个人取得的应纳税所得,包括现金、实物和有价证券。所得为实物的,应按照取得的凭证上的价格计算应纳税所得额;无凭证的实物或者凭证上所注明的价格明显偏低的,由主管税务机关参照当地的市场价格核定应纳税所得额。所得为有价证券的,由主管税务机关根据票面价格和市场价格核定应纳税所得额。

(一)个人所得项目的扣除标准

(1)工资、薪金所得,以每月收入额减除费用3 500元后的余额,为应纳税所得额。

在中国境内的外商投资企业和外国企业中工作的外籍人员,应聘在中国境内的企业、事业单位、社会团体、国家机关中工作的外籍专家,在中国境内有住所而在中国境外任职或者受雇取得工资、薪金所得的人员,在3 500元扣除额的基础上,再附加1 300元的费用扣除额,即扣除4 800元。

(2)个体工商户的生产、经营所得,以每一纳税年度的收入总额,减除成本、费用以及损失后的余额,为应纳税所得额。成本、费用是指纳税义务人从事生产、经营所发生的各项直接支出和分配计入成本的间接费用以及销售费用、管理费用、财务费用;损失,是指纳税义务人在生产、经营过程中发生的各项营业外支出。

个人独资企业与合伙企业比照此税目执行。个人独资企业的投资者以全部生产经营所得为应纳税所得额;合伙企业的投资者按照合伙企业的全部生产经营所得和合伙协议约定的分配比例,确定应纳税所得额,合伙协议没有约定分配比例的,以全部生产经营所得和合伙人数量平均计算每个投资者的应纳税所得额。

上述所称生产经营所得,包括企业分配给投资者个人的所得和企业当年留存的所得(利润)。

(3)对企事业单位的承包、承租经营所得,以每一纳税年度的收入总额,减除成本、费用以及损失后的余额,为应纳税所得额。这里所说的每一纳税年度的收入总额,是指纳税义务人按照承包经营、承租经营合同规定分得的经营利润和工资、薪金性质的所得;所说的减除必要费用,是指按月减除3 500元。

(4)劳务报酬所得、稿酬所得、特许权使用费所得、财产租赁所得每次收入不超过4 000元的,减除费用800元;4 000元以上的,减除20%的费用,其余额为应纳税所得额。

自2008年10月9日起,对储蓄存款利息所得暂免征收个人所得税;对证券市场个人投资者取得的证券交易结算资金利息所得,暂免征收个人所得税。

(5)财产转让所得,以转让财产的收入额减除财产原值和合理费用后的余额,为应纳税所得额。

自2015年4月1日起,对个人转让非货币性资产的所得,应按照“财产转让所得”项目,依法计算缴纳个人所得税。

收入计价:该文件规定个人以非货币性资产投资,应按评估后的公允价值确认非货币性资产转让收入。非货币性资产转让收入减除该资产原值及合理税费后的余额为应纳税所得额。

收入实现:该文件明确个人以非货币性资产投资,应于非货币性资产转让、取得被投资企业股权时,确认非货币性资产转让收入的实现。

申报期限:该文件要求个人应在发生上述应税行为的次月15日内向主管税务机关申报纳税。

分期缴纳:该文件特别规定纳税人一次性缴税有困难的,可合理确定分期缴纳计划并报主管税务机关备案后,自发生上述应税行为之日起不超过5个公历年度内(含)分期缴纳个人所得税。

该文件还明确对 2015 年 4 月 1 日之前发生的个人非货币性资产投资，尚未进行税收处理且自发生上述应税行为之日起期限未超过 5 年的，可在剩余的期限内分期缴纳其应纳税款。

(6)利息、股息、红利所得，偶然所得和其他所得，以每次收入额为应纳税所得额。

【例 3－46】 郑某 2011 年 3 月在某公司举行的有奖销售活动中获得奖金 12 000 元，领奖时发生交通费 600 元、食宿费 400 元(均由郑某承担)。在颁奖现场郑某直接向某大学图书馆捐款 3 000 元。已知偶然所得适用的个人所得税税率为 20%。郑某中奖收入应缴纳的个人所得税税额为(　　)元。

A. 0　　B. 1 600　　C. 1 800　　D. 2 400

[答案]　D

[解析]　偶然所得按收入全额计征个人所得税，不扣除任何费用，应纳税额＝12 000×20%＝2 400 元。

除上述规定外，对个人将其所得通过中国境内非营利的社会团体、国家机关向教育、公益事业和遭受严重自然灾害地区、贫困地区的捐赠，捐赠额不超过应纳税所得额的 30%的部分，可以从其应纳税所得额中扣除。

个人取得的应纳税所得，包括现金、实物和有价证券。所得为实物的，应当按照取得的凭证上所注明的价格计算应纳税所得额；无凭证的实物或者凭证上所注明的价格明显偏低的，由主管税务机关参照当地的市场价格核定应纳税所得额。所得为有价证券的，由主管税务机关根据票面价格和市场价格核定应纳税所得额。

(二)每次收入的确定

(1)劳务报酬所得，属于一次性收入的，以取得该项收入为一次。属于同一项目连续性收入的，以一个月内取得的收入为一次。

(2)稿酬所得，以每次出版、发表取得的收入为一次。同一作品再版取得的所得，应视作另一次稿酬所得计征个人所得税。同一作品在报刊上连载取得收入，以连载完成后取得的所有收入合并为一次，计征个人所得税。

(3)特许权使用费所得，以一项特许权的一次许可使用所取得的收入为一次。

(4)财产租赁所得，以一个月内取得的收入为一次。

(5)利息、股息、红利所得，以支付利息、股息、红利时取得的收入为一次。

(6)偶然所得，以每次收入为一次。

(7)其他所得，以每次收入为一次。

五、个人所得税应纳税额的计算

(一)应纳税额的计算

根据国家有关税收规定，对适用超额累进税率的工资、薪金所得，个体工商户的生产、经营所得，企事业单位的承包经营、承租经营所得，以及适用加成征收税率的劳务报酬所得，运用速算扣除数法计算其应纳税额。

1. 工资、薪金所得应纳税额的计算

(1)一般工资、薪金所得应纳税额的计算公式为：

应纳税额＝应纳税所得额×适用税率－速算扣除数

＝(每月收入额－3 500 元或 4 800 元)×适用税率－速算扣除数

公式中的速算扣除数具体见表3—7。

(2)对个人取得全年一次性奖金等计算征收个人所得税的方法。

全年一次性奖金，是指行政机关、企事业单位等扣缴义务人根据其全年经济效益和对雇员全年工作业绩的综合考核情况，向雇员发放的一次性奖金。一次性奖金也包括年终加薪、实行年薪制和绩效工资办法的单位根据考核情况兑现的年薪和绩效工资。

纳税义务人取得全年一次性奖金，单独作为一个月工资、薪金所得计算纳税，由扣缴义务人发放时代扣代缴。具体计税办法如下：

①先将雇员当月内取得的全年一次性奖金，除以12个月，按其商数确定适用税率和速算扣除数。如果在发放年终一次性奖金的当月，雇员当月工资薪金所得低于税法规定的费用扣除额，应将全年一次性奖金减除"雇员当月工资薪金所得与费用扣除额的差额"后的余额，按上述办法确定全年一次性奖金的适用税率和速算扣除数。计算公式如下：

雇员当月工资薪金所得高于(或等于)税法规定的费用扣除额：

应纳税额＝雇员当月取得全年一次性奖金×适用税率－速算扣除数

雇员当月工资薪金所得低于税法规定的费用扣除额：

应纳税额＝(雇员当月取得全年一次性奖金－雇员当月工资薪金所得与费用扣除的差额)×适用税率－速算扣除数

②雇员取得除全年一次性奖金以外的其他各种名目奖金，如半年奖、季度奖、加班奖、先进奖、考勤奖等，一律与当月工资、薪金收入合并，按税法规定缴纳个人所得税。

【例3—47】 王某为中国公民，2013年在我国境内1～12月每月的绩效工资为3 100元，12月31日又一次性领取年终奖12 400元(兑现绩效工资)。

要求：计算王某取得该笔奖金应缴纳的个人所得税。

[解析]

①该笔奖金适用的税率和速算扣除数为：

每月奖金平均额＝[12 400－(3 500－3 100)]÷12＝1 000(元)

根据工资、薪金七级超额累进税率的规定，适用的税率为13%，速算扣除数为0。

②该笔奖金应缴纳个人所得税为：

应纳税额＝[12 400－(3 500－3 100)]×3%＝360(元)

(3)对"双薪制"的计税方法。

国家机关、事业单位、企业和其他单位在实行"双薪制"(按照国家有关规定，单位为其雇员多发放一个月的工资)后，个人因此而取得的"双薪"，应单独作为一个月的工资、薪金所得计征个人所得税。对上述"双薪"原则上不再扣除费用，应全额作为应纳税所得额按适用税率计算纳税，但如果纳税义务人取得"双薪"当月的工资、薪金所得不足3 500元的，应以"双薪"所得与当月工资、薪金所得合并减除3 500元后的余额作为应纳税所得额，计算缴纳个人所得税。

2. 个体工商户的生产、经营所得应纳税额的计算

个体工商户的生产、经营所得应纳税额的计算公式为：

应纳税额＝应纳税所得额×适用税率－速算扣除数

或： 应纳税额＝(全年收入总额－成本、费用及损失)×适用税率－速算扣除数

对个人独资企业和合伙企业生产经营所得，实行查账征收或核定征收。(本书略)

个体工商户的生产、经营所得适用的速算扣除数见表3—8。

3. 对企事业单位的承包经营、承租经营所得应纳税额的计算

对企事业单位的承包经营、承租经营所得应纳税额的计算公式为：

应纳税额＝应纳税所得额×适用税率－速算扣除数

＝(纳税年度收入总额－必要费用)×适用税率－速算扣除数

4．劳务报酬所得应纳税额的计算

劳务报酬所得应纳税额的计算公式为：

(1)每次收入不足 4 000 元：

应纳税额＝应纳税所得额×适用税率

＝(每次收入额－800)×20％

(2)每次收入在 4 000 元以上：

应纳税额＝应纳税所得额×适用税率＝每次收入额×(1－20％)×20％

(3)每次收入的应纳税所得额超过 20 000 元的：

应纳税额＝应纳税所得额×适用税率－速算扣除数

＝每次收入额×(1－20％)×适用税率－速算扣除数

劳务报酬所得适用的速算扣除数见表 3－9。

5．稿酬所得应纳税额的计算

稿酬所得应纳税额的计算公式为：

(1)每次收入不足 4 000 元的：

应纳税额＝应纳税所得额×适用税率×(1－30％)

＝(每次收入额－800)×20％×(1－30％)

(2)每次收入在 4 000 元以上的：

应纳税额＝应纳税所得额×运用税率×(1－30％)

＝每次收入额×(1－20％)×(1－30％)

6．特许权使用费所得应纳税额的计算

特许权使用费所得应纳税额的计算公式为：

(1)每次收入不足 4 000 元的：

应纳税额＝应纳税所得额×适用税率＝(每次收入额－800)×20％

(2)每次收入在 4 000 元以上的：

应纳税额＝应纳税所得额×适用税率＝每次收入额×(1－20％)×20％

7．利息、股息、红利所得应纳税额的计算

利息、股息、红利所得应纳税额的计算公式为：

应纳税额＝应纳税所得额×适用税率＝每次收入额×适用税率

8．财产租赁所得应纳税额的计算

财产租赁所得应纳税额的计算公式为：

(1)每次(月)收入不足 4 000 元的：

应纳税额＝[每次(月)收入额－准予扣除项目－修缮费用(800 元为限)－800 元]×20％

(2)每次(月)收入在 4 000 元以上的：

应纳税额＝[每次(月)收入额－准予扣除项目－修缮费用(800 元为限)]×(1－20％)×20％

9．财产转让所得应纳税额的计算

财产转让所得应纳税额的计算公式为：

应纳税额=应纳税所得额×适用税率

=(收入总额-财产原值-合理费用)×20%

10. 偶然所得应纳税额的计算

偶然所得应纳税额的计算公式为:

应纳税额=应纳税所得额×适用税率=每次收入额×20%

11. 其他所得应纳税额的计算

其他所得应纳税额的计算公式为:

应纳税额=应纳税所得额×适用税率=每次收入额×20%

自 2016 年 1 月 1 日起,对 4 个直辖市及河北省石家庄市等 27 个省辖市,"对公费医疗或基本医疗保险报销后个人负担的医疗费用有报销意愿的人群;对公费医疗或基本医疗保险报销后个人负担的特定大额医疗费用有报销意愿的人群;未参加公费医疗或基本医疗保险,对个人负担的医疗费用有报销意愿的人群"这三类人群,保险公司参照个人税收优惠型健康保险产品指引框架及示范条款(附件)开发的、符合规定条件的健康保险产品支出,准予税前扣除,扣除标准为:

在不超过 200 元/月的标准内按月扣除;单位统一组织为员工购买或者单位和个人共同负担购买符合规定的健康保险产品,单位负担部分应当实名计入个人工资薪金明细清单,视同个人购买,并自购买产品次月起,在不超过 200 元/月的标准内按月扣除;个体工商户业主、企事业单位承包承租经营者、个人独资和合伙企业投资者自行购买符合条件的健康保险产品的,在不超过2 400元/年的标准内据实扣除。

(二)税额扣除

纳税义务人从中国境外取得的所得,准予其在应纳税额中扣除已在境外缴纳的个人所得税额。但扣除额不得超过该纳税义务人境外所得依照税法规定计算的应纳税额。其中:

(1)已在境外缴纳的个人所得税额,是指个人从中国境外取得所得并在境外实际缴纳的税额,不包括纳税后又得到补偿或由他人代为承担的税额。

(2)按照个人所得税法规定计算的应纳税额,是指纳税义务人从中国境外取得的所得,依照税法适用税率计算的应纳税额。该应纳税额即为扣除限额,应当分国(地区)、分项计算。

(3)个人从中国境外取得的所得在境外实际缴纳的个人所得税税额,低于依照前款规定计算出的扣除限额的,应当在中国补缴差额部分的税款;超过扣除限额的,其超过部分不得作为税额扣除,但可以在以后年度扣除限额的余额内补扣,补扣期限最长不得超过 5 年。

【例 3-48】 李某 2015 年 3 月取得如下收入:

(1)薪金收入 5 900 元;

(2)一次性稿费收入 5 000 元;

(3)一次性讲学收入 500 元;

(4)一次性翻译资料收入 3 000 元;

(5)到期国债利息收入 886 元。

要求:计算李某当月应缴纳个人所得税税额。

[解析]

(1)薪金收入应纳个人所得税=(5 900-3 500)×10%-105=135(元)

(2)稿费收入应纳个人所得税=5 000×(1-20%)×20%×(1-30%)=560(元)

(3)一次性讲学收入 500 元,属劳务所得。按照税法规定,每次收入额减除费用 800 元,

500－800＝－300(元),不需缴纳个人所得税。

(4)翻译收入应纳个人所得税＝(3 000－800)×20％＝440(元)

(5)李某3月份应纳个人所得税＝135＋560＋440＝1 135(元)

六、个人所得税减免规定

(1)根据《个人所得税法》规定,下列各项所得,免纳个人所得税:

①省级人民政府、国务院部委和中国人民解放军军以上单位,以及外国组织、国际组织颁发的科学、教育、技术、文化、卫生、体育、环境保护等方面的奖金。

②国债和国家发行的金融债券利息。

③按照国家统一规定发给的补贴、津贴:是指按照国务院规定发给的政府特殊津贴、院士津贴、资深院士津贴,以及国务院规定免纳个人所得税的其他补贴、津贴。

④福利费、抚恤金、救济金。

⑤保险赔款。

⑥军人的转业费、复员费。

⑦按照国家统一规定发给干部、职工的安家费、退职费、退休工资、离休工资、离休生活补助费。

⑧依照我国有关法律规定应予免税的各国驻华使馆、领事馆的外交代表、领事官员和其他人员的所得。

⑨中国政府参加的国际公约、签订的协议中规定免税的所得。

⑩按照国家规定,单位为个人缴付和个人缴付的住房公积金、基本医疗保险费、基本养老保险费、失业保险费,从纳税义务人的应纳税所得额中扣除。

个人提取原提存的住房公积金、医疗保险金、基本养老保险金时,免予征收个人所得税。

⑪个人转让自用达5年以上,并且是唯一的家庭生活用房取得的所得,暂免征收个人所得税。

⑫对个人购买福利彩票、赈灾彩票、体育彩票,一次中奖收入在1万元以下(含1万元)的暂免征收个人所得税,超过1万元的,全额征收个人所得税。

⑬个人从公开发行和转让市场取得的上市公司股票,持股期限超过1年的,股息红利所得暂免征收个人所得税;个人从公开发行和转让市场取得的上市公司股票,持股期限在1个月以内(含)的,其股息红利所得全额计入应纳税所得额;持股期限在1个月以上至1年(含)的,暂减按50％计入应纳税所得额;上述所得统一适用20％的税率计征个人所得税。

⑭自2016年1月1日起,全国范围内的中小高新技术企业以未分配利润、盈余公积、资本公积向个人股东转增股本时,个人股东一次缴纳个人所得税确有困难的,可根据实际情况自行制订分期缴税计划,在不超过5个公历年度内(含)分期缴纳。

⑮自2016年1月1日起,实行查账征收、经省级高新技术企业认定管理机构认定的高新技术企业,对全国范围内的高新技术企业转化科技成果给予本企业相关技术人员的股权奖励,个人一次缴纳税款有困难的,可根据实际情况自行制定分期缴税计划,在不超过5个公历年度内(含)分期缴纳,并将有关资料报主管税务机关备案。

⑯经国务院财政部门批准免税的其他所得。

(2)根据《个人所得税法》规定,有下列情况之一的,经批准可以减征个人所得税:

①残疾、孤老人员和烈属的所得。

②因严重自然灾害造成重大损失的。

③其他经国务院财政部门批准减税的。

七、个人所得税的纳税申报与缴纳

1. 纳税申报

个人所得税实行代扣代缴和纳税义务人自行申报两种计征办法。其中以支付所得的单位或者个人为扣缴义务人。

纳税义务人有下列情形之一的，应当按照规定到主管税务机关办理纳税申报：

(1)年所得 12 万元以上的。

(2)从中国境内两处或者两处以上取得工资、薪金所得的。

(3)从中国境外取得所得的。

(4)取得应纳税所得，没有扣缴义务人的。

(5)国务院规定的其他情形。

年所得 12 万元以上的纳税义务人，在年度终了后 3 个月内到主管税务机关办理纳税申报。除自行申报纳税的情形之外，一律实行代扣代缴。自行申报纳税义务人，应该在取得所得的所在地税务机关申报纳税。纳税义务人从中国境外取得所得的，应该在户籍所在地税务机关或指定税务机关申报纳税。在两处以上取得的所得，按照《个人所得税法》第八条规定需合并计算纳税的，由纳税义务人申请、税务机关批准，可在其中一处税务机关申报纳税。纳税义务人要求变更纳税申报地点的，须经原主管税务机关批准。

【例 3－49】 根据个人所得税法律制度的规定，下列个人所得税中，免征个人所得税的有(　　)。

A. 军人领取的转业费　　B. 教师工资所得

C. 作家拍卖手稿所得　　D. 工人取得的保险赔款

［答案］ AD

［解析］ 教师工资所得应按“工资、薪金所得”纳税；作家拍卖手稿所得应按照“财产转让所得”纳税。

2. 个人所得税纳税期限

扣缴义务人、自行申报纳税义务人每月应纳的税款，都应当在次月 7 日内缴入国库，并向税务机关报送纳税申报表。

(1)工资、薪金所得应纳的税款，按月计征，由扣缴义务人或者纳税义务人在次月 7 日内缴入国库，并向税务机关报送纳税申报表。特定行业的工资、薪金所得应纳税款，可以实行按年计算，分月预缴的方式计征，即工资、薪金所得应纳的税款，按月预缴，年度终了后 30 日内，合计其全年工资、薪金所得，然后按 12 个月平均并计算实际应纳税款，多退少补。

(2)个体工商户的生产经营所得应纳的税款，按年计算，分月预缴，由纳税义务人在次月 7 日内预缴，年度终了后 3 个月内汇算清缴，多退少补。

(3)企事业单位的承包经营、承租经营所得应纳的税款，按年计算，由纳税义务人在年度终了后 30 日内缴入国库。纳税义务人在 1 年内分次取得承包经营、承租经营所得的，应当在每次取得所得后的 7 日内预缴，年度终了后 3 个月内汇算清缴，多退少补。

(4)从中国境外取得所得的纳税义务人，应当在年度终了后 30 日内，将应纳税款缴入国库，并向税务机关报送纳税申报表。扣缴义务人和自行申报纳税义务人，应当按照税法规定期限报送个人所得税报告表或纳税申报表。如遇特殊原因，不能按照规定期限报送时，应当在报送期内提出申请，经主管税务机关批准，可以适当延期。

(5)对储蓄存款利息所得征收个人所得税，以结付利息的储蓄机构为扣缴义务人，实行代扣代缴。扣缴义务人在向储户结付利息时，依法代扣代缴税款。

储蓄机构，是指经国务院银行业监督管理机构批准的商业银行、城市信用合作社和农村信用合作社等吸收公众存款的金融机构。结付利息，包括储户取款时结付利息、活期存款结息日结付利息和办理储蓄存款自动转存业务时结付利息等。扣缴义务人代扣代缴，应当在给储户的利息给付单上注明。

(6)外籍个人和港澳台居民个人从中国境内取得储蓄存款的利息所得，其居民国(地区)与我国(内地)签订的税收协定(包括内地与香港特别行政区和澳门特别行政区分别签订的税收安排)规定的税率低于我国法律法规规定的税率的，可以享受协定待遇，但须提交享受税收协定待遇申请表；协定税率高于我国法律法规规定的税率的，按我国法律法规规定的税率执行。

缴纳税款和报送扣缴个人所得税报告表、纳税申报表期限的最后一日，如遇公休假日，可以顺延。

税收筹划案例

奖金分摊筹划法

彭先生2011年度每月的工资为3 000元，2011年12月31日领取年终奖金10 000元，试计算该10 000元奖金应当缴纳多少个人所得税？

【综合分析】

彭先生当月的工资低于3 500元，因此，应将全年一次性奖金减除“雇员当月工资薪金所得与费用扣除额的差额”，即：10 000－(3 500－3 000)＝9 500(元)，然后再除以12即可判断使用的税率，9 500÷12 ＝783.3(元)，适用3％的税率。应纳税额为：(10 000－500)×3％＝285(元)。

国税发[2005]9号(《国家税务总局关于调整个人取得全年一次性奖金等计算征收个人所得税方法问题的通知》)规定，自2005年1月起，纳税人取得全年一次性奖金，单独作为一个月工资、薪金所得计算纳税。先将雇员当月内取得的全年一次性奖金除以12个月，按其商数确定适用税率速算扣除数。如果在发放年终一次性奖金的当月，雇员当月工资薪金所得低于税法规定的费用扣除，应将全年一次性奖金减除“雇员当月工资薪金所得与费用扣除额的差额”后的余额，按上述办法确定全年一次性奖金的适用税率和速算扣除数。在一个纳税年度内，对每一个纳税人，该计税办法只允许采用一次。雇员取得除全年一次性奖金以外的其他各种名目奖金，如半年奖、季度奖、加班奖、先进奖、考勤奖等，一律与当月工资、薪金收入合并，按税法规定缴纳个人所得税。

本章练习题

一、思考题

1. 企业所得税法中，在计算应纳税所得额时准予扣除项目是如何规定的？
2. 企业所得税法中，在计算应纳税所得额时不得扣除项目是如何规定的？

3. 在企业所得税法中，税收优惠有哪些方面的规定？

4. 企业所得税法中，有哪些特别纳税调整项目？

5. 试比较新、旧企业所得税法在纳税人的规定上有哪些异同。

6. 试比较新、旧企业所得税法在税收优惠上有哪些异同。

7. 个人所得税征税对象中，各类所得的计税依据是什么？

8. 个人所得税各类所得的扣除标准是如何规定的？

9. 个人所得税应纳税额的计算公式是如何规定的？

二、单项选择题

1. 某企业于2015年销售了2013年积压的一批货物，如何对这批货物计税，有以下不同意见，你认为(　　)是正确的。

A. 按照规定不计算存货成本，也不准予在计算应纳税所得额时扣除

B. 按照规定计算存货成本，但不准予在计算应纳税所得额时扣除

C. 按照规定计算存货成本，准予在计算应纳税所得额时扣除

D. 以上意见都不正确

2. 按照新企业所得税法的规定，下列企业不缴纳企业所得税的是(　　)。

A. 国有企业　　B. 私营企业　　C. 合伙企业　　D. 外商投资企业

3. 下列各项所得属于生产、经营所得的是(　　)。

A. 转让财产所得　　B. 利息、股息所得

C. 邮电通信业所得　　D. 特许权使用费所得

4. 某企业某年从事技术转让净所得为8 000 000元，其应纳的企业所得税税额是(　　)元。

A. 2 000 000　　B. 375 000　　C. 1 000 000　　D. 99 000

5. 税法规定，对企业来源于境外的所得已在境外缴纳的税款，可以在汇总缴纳所得税时，从其应纳税额中扣除。但扣除限额不得超过其境外所得按照我国税法计算的应纳税额，其扣除限额计算遵循的原则是(　　)。

A. 分国原则　　B. 分项原则

C. 分国分项原则　　D. 分国不分项原则

6. 某法国企业未在中国境内设立机构、场所，其来源于中国境内的股息、红利所得应向中国政府交纳的企业所得税实际适用的税率是(　　)。

A. 20%　　B. 15%　　C. 10%　　D. 25%

7. 计算企业所得税时，经营租赁方式租入固定资产发生的租赁费，按照(　　)。

A. 实际支付数扣除　　B. 租赁期限均匀扣除

C. 应当提取折旧费用扣除　　D. 其应付租赁费扣除

8. 按照税法的规定，附加减除费用适用的范围和标准由(　　)规定。

A. 财政部　　B. 海关总署　　C. 国税总局　　D. 国务院

9. 现行税法规定附加减除费用标准是符合规定人员每月工资、薪金所得在减除3 500元费用的基础上，再减除(　　)。

A. 1 300元　　B. 2 000元　　C. 2 800元　　D. 3 500元

10. 按照个人所得税法的有关规定，下列各项个人所得中，不属于稿酬所得征税范围的是

(　　)。

A. 文学作品发表取得的所得　　B. 文学作品手稿原件公开拍卖所得

C. 文学作品出版取得的所得　　D. 书画作品发表取得的所得

三、多项选择题

1. 下列长期待摊费用的折旧方法叙述正确的是(　　)。

A. 已足额提取折旧的固定资产的改建支出,按照固定资产预计尚可使用年限分期摊销

B. 租入固定资产的改建支出,按合同约定的剩余租赁期限分期摊销

C. 固定资产的大修理支出,按照固定资产尚可使用年限分期摊销

D. 其他应当作为长期待摊费用的支出,自支出发生月份的次月起,分期摊销,摊销年限不得低于5年

2. 企业所得税法中所称来源于中国境内、境外的所得,按照以下原则确定:(　　)。

A. 销售货物所得,按照交易活动发生地确定

B. 提供劳务所得,按照劳务发生地确定

C. 转让财产所得,不动产转让所得按照不动产所在地确定,动产转让所得按照转让动产的企业或者机构确定

D. 股息红利等权益性投资所得,按照分配所得的企业所在地确定

E. 利息所得、租金所得、特许权使用费所得,按照负担或者支付所得的企业或者机构、场所所在地确定

F. 国务院财政、税务主管部门确定的其他所得

3. 企业实际发生的与取得收入有关的、合理的支出,包括(　　)和其他支出,准予在计算应纳税所得时扣除。

A. 成本　　B. 费用　　C. 税金　　D. 损失

4. 对企业发生的公益性支出,下面说法不正确的是(　　)。

A. 在年度利润总额10%以内的部分,准予在计算应纳税所得额时扣除

B. 在年度利润总额12%以内的部分,准予在计算应纳税所得额时扣除

C. 在年度应纳税所得额10%以内的部分,准予在计算应纳税所得额时扣除

D. 在年度应纳所得税总额12%以内的部分,准予在计算应纳税所得额时扣除

5. 在计算应纳税所得额时,企业按照规定计算的无形资产摊销费用,准予扣除,但是下列无形资产(　　)不得扣除。

A. 自行开发的支出已在计算应纳税所得额时扣除的无形资产

B. 与经营活动无关的无形资产

C. 他创商誉

D. 其他不得计算摊销费用扣除的无形资产

6. 特许权使用费所得的费用扣除标准是(　　)。

A. 减除费用800元

B. 减除20%的费用

C. 每次收入不超过4 000元,减除费用800元

D. 4 000元以上的,减除20%的费用

7. 企业的下列收入为免税收入的是(　　)。

A. 国债利息收入

B. 符合条件的居民企业之间的股息等权益性投资收益

C. 从事符合条件的环境保护、节能节水项目的所得

D. 符合条件的非营利组织的收入

四、计算题

1. A企业为国家鼓励类高新技术企业,2014年度生产经营情况如下:

(1)销售收入6 000万元,租金收入为120万元。

(2)销售成本4 000万元,税务机关核定的增值税700万元,销售税金及附加76.6万元。

(3)销售费用800万元,其中广告费600万元。

(4)管理费用600万元,其中业务招待费100万元、研究新产品开发费用100万元。

(5)财务费用100万元,其中向其他企业借款500万元,并按利率10%支付利息(银行同期同类贷款利率6%)。

(6)营业外支出50万元,其中向供货商支付违约金10万元,向税务局支付2013年未纳税款产生的税款滞纳金2万元,通过公益性社会团体向贫困地区的捐款10万元。

(7)投资收益100万元,其中取得购买国债的利息收入20万元,取得直接投资其他居民企业的权益性收益80万元(已在投资方所在地按15%的税率缴纳了所得税)。

要求:计算该企业2014年度应缴纳的企业所得税。

2. 中国公民郝某就职于国内某会计师事务所。2010年除薪金收入外,其他收入情况如下:

(1)1月将1套新的公寓住房出租,租期半年,一次性收取租金3 000元,7月将该套公寓以市场价出售,扣除购房成本及相关交易税费后所得50 000元。

(2)为某报社财经专栏撰稿,该稿件以连载形式刊登,8月刊登3次,9月刊登2次,每次收入600元。

(3)11月为一家培训机构授课2次,每次收入1 000元。

(4)担任甲公司独立董事,取得董事津贴20 000元。

已知:财产转让所得、劳务报酬所得适用的个人所得税税率均为20%,个人出租住房所得适用的个人所得税税率为10%。

要求:根据上述资料,分析回答下列第1~4小题。

1. 关于计算缴纳郝某个人所得税的下列表述中,正确的是(　　)。

A. 出售公寓收入按照"财产转让所得"计缴

B. 董事津贴按照"劳务报酬所得"计缴

C. 撰稿收入按照"稿酬所得"计缴

D. 授课收入按照"劳务报酬所得"计缴

2. 郝某出租公寓的租金收入应缴纳的税是(　　)。

A. 房产权　　B. 个人所得税　　C. 营业税及其附加　　D. 土地增值税

3. 报社代扣代缴郝某个人所得税的下列方法中,正确的是(　　)。

A. 按每次支付金额600元分别计算缴纳

B. 以每月支付金额为一次计算缴纳

C. 以达到扣除标准的累计支付金额为一次计算缴纳

D. 以连载完成后支付的总金额为一次计算缴纳

4. 郝某缴纳个人所得税的下列计算中，正确的是(　　)。

A. 出租公寓收入应缴纳的个人所得税税额＝3 000×(1－20%)×10%＝240(元)

B. 出售公寓收入应缴纳的个人所得税税额＝50 000×20%＝10 000(元)

C. 董事津贴应缴纳的个人所得税税额＝20 000×(1－20%)×20%＝3 200(元)

D. 授课收入应缴纳的个人所得税税额＝(2 000－800)×20%＝240(元)

第四章　财产税、行为税和资源税法律制度

【本章知识点简介】

本章是关于财产、行为和资源税法律制度的介绍。财产税类，是以纳税人拥有的财产数量或财产价值为征税对象的一类税收。行为税类，也称特定行为目的税类，是以纳税人的某些特定行为为征税对象的一类税收。资源税类，是以自然资源和某些社会资源为征税对象的一类税收。

【本章主要内容】

一是房产税法律制度。包括房产税纳税人、征税范围、计税依据、应纳税额的计算，以及税收征收管理的法律规定。

二是车船税法律制度。包括车船税纳税人、征税范围、计税依据、应纳税额的计算，以及税收征收管理的法律规定。

三是印花税法律制度。包括印花税纳税人、征税范围、计税依据、应纳税额的计算，以及税收征收管理的法律规定。

四是契税法律制度。包括契税纳税人、征税范围、计税依据、应纳税额的计算，以及税收征收管理的法律规定。

五是城镇土地使用税法律制度。包括城镇土地使用税纳税人、征税范围、计税依据、应纳税额的计算，以及税收征收管理的法律规定。

六是城市维护建设税法律制度。包括城市维护建设税纳税人、征税范围、计税依据、应纳税额的计算，以及税收征收管理的法律规定。

七是车辆购置税法律制度。包括车辆购置税纳税人、征税范围、计税依据、应纳税额的计算，以及税收征收管理的法律规定。

八是土地增值税法律制度。包括土地增值税纳税人、征税范围、计税依据、应纳税额的计算，以及税收征收管理的法律规定。

九是资源税法律制度。包括资源税纳税人、征税范围、计税依据、应纳税额的计算，以及税收征收管理的法律规定。

第一节 房产税法律制度

一、房产税的概念

房产税，是以房产为征税对象，按照房产的计税价值或房产租金收入向房产所有人或经营管理人等征收的一种税。这里所说的房产，是指以房屋形态表现的财产。房屋是指有屋面和围护结构（有墙或两边有柱），能够遮风避雨，可供人们在其中生产、工作、学习、娱乐、居住或储藏物资的场所。独立于房屋之外的建筑物，如围墙、烟囱、水塔、菜窖、室外游泳池等不属于房产税的征税对象。房地产开发企业建造的商品房，在出售前，不征收房产税，但对出售前房地产开发企业已使用或出租、出借的商品房应按规定征收房产税。

征收房产税的目的是运用税收杠杆，加强对房产的管理，控制固定资产投资规模和配合国家房产政策的调整，合理调节房产所有人和经营人的收入。此外，房产税税源稳定，易于控制管理，是地方财政收入的重要来源之一。1986 年 9 月 15 日国务院颁布并于同年 10 月 1 日起施行《中华人民共和国房产税暂行条例》（以下简称《房产税暂行条例》），同年 9 月 25 日，财政部、国家税务总局印发《关于房产税若干具体问题的解释和暂行规定》。2008 年 12 月 31 日，国务院发布第 546 号令，自 2009 年 1 月 1 日起废止《城市房地产税暂行条例》，外商投资企业、外国企业和组织以及外籍个人依照《房地产暂行条例》缴纳房产税。至此，在全国范围内实行内外统一的房产税。国务院以及财政部、国家税务总局又陆续发布了一些有关房产税的规定、办法，这些构成了我国房产税法律制度。

二、房产税纳税人和征税范围

（一）房产税的纳税人

房产税的纳税人，是指在我国城市、县城、建制镇和工矿区内拥有房屋产权的单位和个人。具体包括产权所有人、经营管理单位、承典人、房产代管人或者使用人。

（1）产权属于国家所有的，其经营管理的单位为纳税人；产权属于集体和个人的，集体单位和个人为纳税人。

（2）产权出典的，承典人为纳税人。在房屋的管理和使用中，产权出典，是指产权所有人为了某种需要，将自己的房屋等的产权，在一定的期限内转让（典当）给他人使用而取得出典价款的一种融资行为。产权所有人（房主）称为房屋出典人。这种业务一般发生于出典人急需用资金，但又想保留产权回赎权的情况。承典人向出典人交付一定的典价之后，在质典期内获取抵押物品的支配权，并可转典。产权的典价一般要低于卖价。出典人在规定期间内须归还典价的本金和利息，方可赎回出典房屋等的产权。由于在房屋出典期间，产权所有人已无权支配房屋，因此，税法规定对房屋具有支配权的承典人为纳税人。

（3）产权所有人、承典人均不在房产所在地的，或者产权未确定以及租典纠纷未解决的，房产代管人或者使用人为纳税人。租典纠纷，是指产权所有人在房产出典和租赁关系上，与承典人、租赁人发生各种争议，特别是有关权利和义务的争议悬而未决的；此外，还有一些产权归属不清的问题，也都属于租典纠纷。

（4）无租使用其他房产的问题。纳税单位和个人无租使用房产管理部门、免税单位及纳税单位的房产，应由使用人代为缴纳房产税。

税法规定，对个人所有的非营业用的房产免征房产税。

（二）房产税的征税范围

（1）城市按市行政区域（含郊区）的区域范围。

（2）县城按县城镇行政区域（含镇郊）的区域范围。

（3）建制镇按镇人民政府所在地的镇区范围，不包括所辖的行政村。

（4）工矿区指大中型工矿企业所在地非农业人口达2 000人以上，工商业比较发达的工矿区。开征房产税的工矿区须经省级税务局批准。

三、房产税的计税依据、税率和应纳税额的计算

（一）房产税的计税依据

房产税以房产的计税价值或房产租金收入为计税依据。按房产计税价值征税的，称为从价计征；按房产租金收入征税的，称为从租计征。

1. 从价计征

从价计征的房产税，是以房产余值为计税依据。根据《房产税暂行条例》的规定，房产税依照房产原值一次减除10%～30%后的余值计算缴纳。具体扣减比例由省、自治区、直辖市人民政府确定。

房产原值是指纳税人按照财务会计制度规定，在账簿记载的房产原值。对纳税人未按财务会计制度规定记载，房产原值不实和没有原值的房产，由房产所在地税务机关参考同时期的同类房产核定。

自2006年1月1日起，凡在房产税征收范围内的具备房屋功能的地下建筑，包括与地上房屋相连的地下建筑以及完全建在地面以下的建筑、地下人防设施等，均应当按有关规定征收房产税。

2. 从租计征

从租计征的房产税，是以房屋出租取得的租金收入为计税依据。

（二）房产税的税率

我国现行房产税采用比例税率。

（1）从价计征的，税率为1.2%，即按房产原值一次减除10%～30%后的余值的1.2%计征。

其中，独立地下建筑物应税房产原值：

①工业用途房产，以房屋原价的50%～60%作为应税房产原值。

②商业和其他用途房产，以房屋原价的70%～80%作为应税房产原值。

（2）从租计征的，税率为12%，即按房产出租的租金收入的12%计征。

（三）房产税应纳税额的计算

1. 从价计征房产税应纳税额的计算

从价计征是按房产的原值减除一定比例后的余值计征，其计算公式为：

应纳税额＝应税房产原值×（1－扣除比例）×1.2%

2. 从租计征房产税应纳税额的计算

从租计征是按房产的租金收入计征，其计算公式为：

应纳税额＝租金收入×12%（或4%）

【例4—1】 某企业2005年底自有经营用房原值为50万元。已知当地规定扣除比例为25%,适用税率为1.2%。计算该企业2005年应纳房产税税额。

［解析］ 应纳税额=应税房产原值×(1－扣除比例)×1.2%

=50×(1－25%)×1.2%

=0.45(万元)

【例4—2】 李某自有一栋楼房,共16间,其中用于个人生活居住的3间(房屋原值为6万元),用于个人开餐馆的4间(房屋原值为10万元)。2006年1月1日,李某将剩余的9间房中的4间出典给王某,取得出典价款收入10万元;将其余的5间房出租给某公司,每月收取租金5 000元,期限均为1年。该地区规定按房产原值一次扣除20%后的余值计税。计算李某2006年应缴纳的房产税税额。

［解析］ 根据房产税法律制度的规定。个人所有的非营业用的房产免征房产税。房屋产权出典的,承典人为房产税的纳税人。因此,李某应就其个人营业用的房屋和出租的房屋缴纳房产税:

(1)李某个人营业用房屋2006年应纳房产税税额

=应税房产原值×(1－扣除比例)×1.2%

=100 000×(1－20%)×1.2%

=960(元)

(2)李某出租房屋2006年应纳房产税税额

=租金收入×12%

=5 000×12×12%=7 200(元)

(3)李某2006年实际应缴纳房产税总额

=960+7 200=8 160(元)

四、免征或减免房产税

(1)国家机关、人民团体、军队自用的房产。

(2)由国家财政部门拨付事业经费的单位自用的房产。

(3)宗教寺庙、公园、名胜古迹自用的房产。

(4)社会举办的学校、图书馆(室)、文化馆(室)、体育馆、医院、幼儿园、托儿所、敬老院等公共、公益事业单位自用的房产。

(5)个人自有自用的非营业用的房产。

(6)经有关部门核定属危房、不准使用的房产。

(7)经财政部门和省税务局批准免税的其他房产。

(8)对少数民族地区、山区和其他地区部分新建立的建制镇,由于经济不发达,房屋简陋,县人民政府要求缓征的,可由县税务局上报,经省税务局批准,可暂缓征收房产税。

(9)纳税人纳税确有困难,可向房产所在地纳税人税务机关申请,经县(市)税务局批准,酌情给予定期减税或免税的照顾。

五、房产税纳税义务发生时间、纳税地点、纳税期限

(一)纳税义务发生时间

(1)纳税人将原有房产用于生产经营,从生产经营之月起,缴纳房产税。

(2)纳税人自行新建房屋用于生产经营,从建成之次月起,缴纳房产税。

(3)纳税人委托施工企业建设的房屋,从办理验收手续之次月起,缴纳房产税。

(4)纳税人购置新建商品房,自房屋交付使用之次月起,缴纳房产税。

(5)纳税人购置存量房,自办理房屋权属转移、变更登记手续,房地产权属登记机关签发房屋权属证书之次月起,缴纳房产税。

(6)纳税人出租、出借房产,自交付出租、出借房产之次月起,缴纳房产税。

(7)房地产开发企业自用、出租、出借本企业建造的商品房,自房屋使用或交付之次月起,缴纳房产税。

(二)纳税地点

房产税在房产所在地缴纳。房产不在同一地方的纳税人,应按房产的坐落地点分别向房产所在地的税务机关申报纳税。

(三)纳税期限

房产税实行按年计算、分期缴纳的征收办法,具体纳税期限由省、自治区、直辖市人民政府确定。

第二节　车船税法律制度

一、车船税的概念

车船税,是指对在中国境内车船管理部门登记的车辆、船舶(以下简称车船)依法征收的一种税。

征收车船税,可以促使纳税人提高车船使用效益,督促纳税人合理利用车船,调节和促进经济发展。

1951 年原政务院颁布了《车船使用牌照税暂行条例》,对车船征收车船使用牌照税。1952 年,原政务院颁布了《船舶吨税暂行办法》,对进出我国港口的外国籍船舶和外商租用的中国籍船舶,以及中外合营企业使用的中外国籍船舶,征收船舶吨税。缴纳船舶吨税的船舶不再缴纳车船使用牌照税。1973 年工商税制改革,将对内资企业征收的车船使用牌照税并入工商税,对个人、外侨以及外资企业、中外合资、合营企业的车船,继续征收车船使用牌照税。1986 年 9 月 15 日,国务院颁布并于同年 10 月 1 日施行《中华人民共和国车船使用税暂行条例》,适用于除外商投资企业和外国企业以外的,在中国境内拥有并且使用车船的单位和个人。1986 年 9 月 25 日,财政部、国家税务总局印发《关于车船使用税若干具体问题的解释和暂行规定》。为了简化税制,统一税政,加强税收征收管理,2006 年 12 月 27 日国务院颁布《中华人民共和国车船税暂行条例》(以下简称《车船税暂行条例》),自 2007 年 1 月 1 日起施行。《车船使用牌照税暂行条例》和《中华人民共和国车船使用税暂行条例》同时废止。2015 年 5 月 7 日财政部、国家税务总局、工业和信息化部出台《关于节约能源、使用新能源车船车船税优惠政策的通知》(财税[2015]51 号文件),对节约能源车船,减半征收车船税;对使用新能源车船,免征车船税。

车船税的特点:

(1)征收范围单一。

(2)征收环节单一。

(3)征税具有特定目的。

(4)价外征收,不转嫁税负。

二、车船税的纳税人和征税范围

(一)车船税的纳税人

车船税的纳税人,是指在中国境内拥有或者管理车辆、船舶的单位和个人。车辆所有人或者管理人未缴纳车船税的,使用人应当代为缴纳车船税。一般情况下,拥有并且使用车船的单位和个人是统一的,纳税人既是车船的拥有人,又是车船的使用人。有租赁关系,拥有人与使用人不一致时,如车辆拥有人未缴纳车船税的,使用人应当代为缴纳车船税。

外商投资企业、外国企业,华侨和香港、澳门、台湾同胞投资兴办的企业,外籍人员和香港、澳门、台湾同胞等适用《车船税暂行条例》,属于车船税的纳税人。

从事机动车交通事故责任强制保险业务的保险机构为机动车车船税的扣缴义务人。

(二)车船税的征税范围

车船税的征税范围,包括依法在公安、交通、农业等车船管理部门登记的车船,具体可分为车辆和船舶两大类。

1. 车辆

车辆是指依靠燃油、电力等能源作为动力运行的机动车辆,包括载客汽车(含电车)、载货汽车(含半挂牵引车、挂车)、三轮汽车、低速货车、摩托车、专业作业车和轮式专用机械车等。

2. 船舶

船舶包括机动船舶和非机动驳船。这里所说的机动船舶,是指依靠燃料等能源作为动力运行的船舶,如客轮、货船等;非机动驳船,是指没有动力装置,由拖轮拉着或推着运行的船舶。

三、车船税的计税依据、税率和应纳税额的计算

(一)车船税的计税依据

车船税的计税依据,按车船的种类和性能,分别确定为辆、自重吨位和净吨位三种。

(1)载客汽车、电车、摩托车,以每辆为计税依据。

(2)载货汽车、三轮汽车、低速货车,按自重每吨为计税依据。

(3)船舶,按净吨位每吨为计税依据。

(二)车船税的税率

车船税采用定额税率,又称固定税额。根据《车船税暂行条例》的规定,对应税车船实行有幅度的定额税率,即对各类车船分别规定一个最低到最高限度的年税额,同时授权国务院财政部门、税务主管部门可以根据实际情况在法定的税目范围和税额幅度内,划分子税目,并明确车辆的子税目税额幅度和船舶的具体适用税额;车辆的具体适用税额由省级人民政府在规定的子税目税额幅度内确定。车船税税目税额见表4—1。

表 4—1　车船税税目税额表

<table>
<tr><th colspan="2">税　目</th><th>计税单位</th><th>年基准税额</th><th>备　注</th></tr>
<tr><td rowspan="7">乘用车[按发动机气缸容量（排气量）分档]</td><td>1.0升（含）以下</td><td rowspan="7">每辆</td><td>60元至360元</td><td rowspan="7">核定载客人数9人（含）以下</td></tr>
<tr><td>1.0升至1.6升（含）</td><td>300元至540元</td></tr>
<tr><td>1.6升至2.0升（含）</td><td>360元至660元</td></tr>
<tr><td>2.0升至2.5升（含）</td><td>660元至1 200元</td></tr>
<tr><td>2.5升至3.0升（含）</td><td>1 200元至2 400元</td></tr>
<tr><td>3.0升至4.0升（含）</td><td>2 400元至3 600元</td></tr>
<tr><td>4.0升以上</td><td>3 600元至5 400元</td></tr>
<tr><td rowspan="2">商用车</td><td>客车</td><td>每辆</td><td>480元至1 440元</td><td>核定载客人数9人以上，包括电车</td></tr>
<tr><td>货车</td><td>整备质量每吨</td><td>16元至120元</td><td>包括半牵引车、三轮汽车和低速载货汽车等</td></tr>
<tr><td>挂车</td><td></td><td>整备质量每吨</td><td>按照货车税额的50%计算</td><td></td></tr>
<tr><td rowspan="2">其他车辆</td><td>专业作业车</td><td rowspan="2">整备质量每吨</td><td rowspan="2">16元至120元</td><td rowspan="2">不包括拖拉机</td></tr>
<tr><td>轮式专用机械车</td></tr>
<tr><td>摩托车</td><td></td><td>每辆</td><td>36元至180元</td><td></td></tr>
<tr><td rowspan="2">船舶</td><td>机动船舶</td><td>净吨位每吨</td><td>3元至6元</td><td>拖船、非机动驳船分别按照机动船舶税额的50%计算</td></tr>
<tr><td>游艇</td><td>艇身长度每米</td><td>600元至2 000元</td><td></td></tr>
</table>

注：专项作业车、轮式专用机械车的计税单位及每年税额由国务院财政部门、税务主管部门参照本表确定。

（三）车船税应纳税额的计算

车船税应纳税额的计算公式为：

载客汽车和摩托车的应纳税额＝辆数×适用年税额

载货汽车、三轮汽车、低速货车的应纳税额＝自重吨位数×适用年税额

船舶的应纳税额＝净吨位数×适用年税额

拖船和非机动驳船的应纳税额＝净吨位数×适用年税额×50%

四、减半征收税收优惠

减半征收车船税的节约能源乘用车应同时符合以下标准：

（1）获得许可在中国境内销售的排量为1.6升以下（含1.6升）的燃用汽油、柴油的乘用车（含非插电式混合动力乘用车和双燃料乘用车）；

（2）综合工况燃料消耗量应符合标准；

（3）污染物排放符合《轻型汽车污染物排放限值及测量方法（中国第五阶段）》（gb18352.5-2013）标准中i型试验的限值标准。

五、车船税纳税义务发生时间、纳税地点、纳税期限

（一）纳税义务发生时间

车船税的纳税义务发生时间，为车船管理部门核发的车船登记证书或者行驶证中记载日

期的当月。

(二)纳税地点

车船税的纳税地点,由省、自治区、直辖市人民政府根据当地实际情况确定。跨省、自治区、直辖市使用的车船,纳税地点为车船的登记地。

(三)纳税期限

车船税按年申报缴纳。具体纳税期限由省、自治区、直辖市人民政府确定。

第三节 印花税法律制度

一、印花税的概念

印花税,是对经济活动和经济交往中书立、领受、使用税法规定应税凭证的单位和个人征收的一种行为税。凡发生书立、领受、使用应税凭证行为的,都应按照规定缴纳印花税。

印花税具有覆盖面广、税率低、纳税人自行完税的特点。所谓纳税人自行完税,是指纳税人在书立、领受、使用应税凭证、发生纳税义务的同时,先根据凭证所载计税金额和应适用的税目税率,自行计算其应纳税额,再由纳税人自行购买印花税票,并一次足额粘贴在应税凭证上,最后由纳税人按规定对已粘贴的印花税票自行注销或者划销。

1988 年 8 月 6 日,国务院颁布并于同年 10 月 1 日起实施《中华人民共和国印花税暂行条例》(以下简称《印花税暂行条例》),同年 9 月 29 日,财政部印发《印花税暂行条例实施细则》,12 月 12 日,国家税务总局印发《关于印花税若干具体问题的规定》,之后,财政部、国家税务总局又陆续发布了一些有关印花税的规定、办法,如 2006 年 11 月 27 日财政部、国家税务总局印发《关于印花税若干政策的通知》,这些构成了我国印花税法律制度。

二、印花税的纳税人和征税范围

(一)印花税的纳税人

印花税的纳税人,是指在中国境内书立、领受、使用税法所列举凭证的单位和个人。这里所说的单位和个人,是指国内各类企业、事业单位、国家机关、社会团体、部队及中外合资经营企业、中外合作经营企业、外资企业、外国企业和其他经济组织及其在华机构等单位和个人。如果一份合同或应税凭证由两方或两方以上当事人共同签订,签订合同或应税凭证的各方都是纳税人,应各就其所持合同或应税凭证的计税金额履行纳税义务。

根据书立、领受、使用应税凭证的不同,纳税人可分为立合同人、立账簿人、立据人、领受人和使用人等。

(1)立合同人。立合同人是指合同的当事人,即对凭证有直接权利义务关系的单位和个人,但不包括合同的担保人、证人、鉴定人。所谓合同,是指根据《合同法》的规定订立的各类合同,包括购销、加工承揽、建筑工程、财产租赁、货物运输、仓储保管、借款、财产保险以及具有合同性质的凭证。

当事人的代理人有代理纳税义务。

(2)立账簿人。立账簿人是指开立并使用营业账簿的单位和个人。如某企业因生产需要,设立了若干营业账簿,该企业即为印花税的纳税人。

(3)立据人。立据人是指书立产权转移书据的单位和个人。

(4)领受人。领受人是指领取并持有权利、许可证照的单位和个人。如领取房屋产权证的单位和个人，即为印花税的纳税人。

(5)使用人。使用人是指在国外书立、领受，但在国内使用应税凭证的单位和个人。

纳税人情况见表4－2。

表4－2　　印花税纳税人

<table>
<tr><th>纳税人</th><th>具体情况</th><th>注意问题</th></tr>
<tr><td>立合同人</td><td>指各类合同的当事人，即对凭证有直接权利义务关系的单位和个人，但不包括合同的担保人、证人、鉴定人
当事人的代理人有代理纳税的义务</td><td rowspan="6">凡由两方或两方以上当事人共同书立的应税凭证，其当事人各方都是印花税的纳税人，应各就其所持凭证的计税金额履行纳税义务</td></tr>
<tr><td>立据人</td><td>订立产权转移书据的单位和个人</td></tr>
<tr><td>立账簿人</td><td>设立并使用营业账簿的单位和个人</td></tr>
<tr><td>领受人</td><td>领取或接受并持有权利、许可证照的单位和个人</td></tr>
<tr><td>使用人</td><td>在国外书立、领受，但在国内使用应税凭证的单位和个人</td></tr>
<tr><td>电子凭证签订人</td><td>纳税人以电子形式签订的各类应税凭证按规定征收</td></tr>
</table>

【例4－3】 关于印花税纳税人的下列表述中，正确的有(　　)。

A. 会计账簿以立账簿人为纳税人　　B. 产权转移书据以立据人为纳税人

C. 建筑工程合同以合同当事人为纳税人　　D. 房屋产权证以领受人为纳税人

［答案］ ABCD

［解析］ 根据书立、领受、使用应税凭证的不同，纳税人可分为立合同人、立账簿人、立据人、领受人和使用人等。

(二)印花税的征税范围

印花税的征税范围具体包括：

(1)购销、加工承揽、建设工程勘察设计、建筑安装工程承包、财产租赁、货物运输、仓储保管、借款、财产保险、技术合同或具有合同性质的凭证。这里所说的具有合同性质的凭证，是指具有合同效力的协议、契约、合约、单据、确认书及其他各种名称的凭证。融资租赁合同属于借款合同。

(2)产权转移书据。产权转移书据是指单位和个人产权的买卖、继承、赠与、交换、分割等所立的书据，包括财产所有权、版权、商标专用权、专利权、专有技术使用权等转移时所书立的转移书据。财产所有权转移所立的书据，是指经政府管理机关登记注册的动产、不动产的所有权转移所立的书据，以及企业股权转让所立的书据。税法规定，土地使用权出让合同、土地使用权转让合同、商品房销售合同按照产权转移书据征收印花税。

自2008年9月19日起，对买卖、继承、赠与所书立的A股、B股股权转让书据的出让方按1‰的税率征收证券(股票)交易印花税，对受让方不再征税。从2008年11月1日起，对个人销售或购买住房暂免征收印花税。

(3)营业账簿。营业账簿是指单位和个人从事生产经营活动所设立的各种财务会计核算账簿。营业账簿按其反映的内容不同，可分为记载资金的账簿和其他账簿。记载资金的账簿，是指反映生产经营单位资本金额增减变化的账簿；其他账簿，是指除上述账簿以外的有关其他生产经营活动内容的账簿，包括日记账簿和各种明细分类账簿。

(4)权利、许可证照。包括政府部门发给的房屋产权证、工商营业执照、商标注册证、专利证、土地使用证等。

(5)经财政部确定征税的其他凭证。

需要说明的是,印花税的征税范围,不仅限于在我国境内书立、领受的凭证,还包括在境外书立、领受但在我国境内使用、在我国境内具有法律效力、受我国法律保护的凭证。

纳税人以电子形式签订的上述各类应税凭证,按规定征收印花税。

【例 4—4】 根据印花税法律制度的规定,下列各项中,不征收印花税的是( )。

A. 工商营业执照 B. 房屋产权证 C. 土地使用证 D. 税务登记证

[答案] D

[解析] 应缴纳印花税的权利、许可证照包括政府部门发给的房屋产权证、工商营业执照、商标注册证、专利证、土地使用证。

三、印花税的税率

印花税的税率有两种形式,即比例税率和定额税率。

(一)比例税率

对载有金额的凭证,如各类合同、资金账簿等,采用比例税率。按照凭证所标明的确定的金额按比例计算应纳税额,既能保证财政收入,又能体现合理负担的原则。在印花税的 13 个税目中,各类合同以及具有合同性质的凭证、产权转移书据、营业账簿中记载资金的账簿,适用比例税率。

(1)借款合同,适用税率为 0.05‰。

(2)购销合同、建筑安装工程承包合同、技术合同等,适用税率为 0.3‰。

(3)加工承揽合同、建设工程勘察设计合同、货物运输合同、产权转移书据合同、记载资金数额的营业账簿等,适用税率为 0.5‰。

(4)财产租赁合同、仓储保管合同、财产保险合同等,适用税率为 1‰。

(5)因股票买卖、继承、赠与而书立“股权转让书据”(包括 A 股和 B 股),适用税率为 1‰。此税率系后增加的,《印花税税目税率表》上没有此税率。

(二)定额税率

为了简化征管手续,便于操作,对无法计算金额的凭证,或虽载有金额,但作为计税依据不合理的凭证,采用定额税率,以件为单位缴纳一定数额的税款。权利、许可证照,营业账簿中的其他账簿,均为按件贴花,税额为每件 5 元。

印花税税目税率见表 4—3。

表 4—3 **印花税税目税率表**

序号	税 目	范 围	税 率	纳税义务人	说 明
1	购销合同	包括供应、预购、采购、购销结合及协作、调剂、补偿、易货等合同	按购销金额万分之三贴花	立合同人	
2	加工承揽合同	包括加工、定作、修缮、修理、印刷、广告、测绘、测试等合同	按加工或承揽收入万分之五贴花	立合同人	
3	建设工程勘察设计合同	包括勘察、设计合同	按收取费用万分之五贴花	立合同人	
4	建筑安装工程承包合同	包括建筑、安装工程承包合同	按承包金额万分之三贴花	立合同人	

续表

序号	税　目	范　围	税　率	纳税义务人	说　明
5	财产租赁合同	包括租赁房屋、船舶、飞机、机动车辆、机械、器具、设备等	按租赁金额千分之一贴花。税额不足 1 元的按 1 元贴花	立合同人	
6	货物运输合同	包括民用航空、铁路运输、海上运输、内河运输、公路运输和联运合同	按运输费用万分之五贴花	立合同人	单据作为合同使用的，按合同贴花
7	仓储保管合同	包括仓储、保管合同	按仓储保管费用千分之一贴花	立合同人	仓单或栈单作为合同使用的，按合同贴花
8	借款合同	银行及其他金融组织和借款人(不包括银行同业拆借)所签订的借款合同	按借款金额万分之零点五贴花	立合同人	单据作为合同使用的，按合同贴花
9	财产保险合同	包括财产、责任、保证、信用等保险合同	按投保金额千分之一贴花	立合同人	单据作为合同使用的，按合同贴花
10	技术合同	包括技术开发、转让、咨询、服务等合同	按所载金额万分之三贴花	立合同人	
11	产权转移书据	包括财产所有权和版权、商标专用权、专利权、专有技术使用权等转移书据	按所载金额万分之五贴花	立据人	
12	营业账簿	生产经营用账册	记载资金的账簿，按实收资本和资本公积合计的万分之五贴花。其他账簿按件贴花 5 元	立账簿人	
13	权利、许可证照	包括政府部门发给的房屋产权证、工商营业执照、商标注册证、专利证、土地使用证	按件贴花 5 元	领受人	

四、印花税的计税依据和应纳税额的计算

(一)印花税的计税依据

印花税的计税依据见表 4—4。

表 4—4　　印花税的计税依据

合同类凭证	计税依据
购销合同	合同记载购销金额
加工承揽合同	加工或承揽收入
建设工程勘察设计合同	收取的费用
建筑安装工程承包合同	承包金额
财产租赁合同	租赁金额
货物运输合同	运输费用，但不包括装卸费用和保险费
仓储保管合同	保管费
借款合同	借款金额
财产保险合同	支付(收取)的保险费

续表

合同类凭证	计税依据
技术合同	价款、报酬和使用费

《印花税暂行条例》按照应税凭证种类，对计税依据分别规定如下：

(1)合同或具有合同性质的凭证，以凭证所载金额作为计税依据。具体包括购销合同中记载的购销金额、加工承揽合同中的加工或承揽收入、建设工程勘察设计合同中的收取费用、建筑安装工程合同中的承包金额、财产租赁合同中的租赁金额、货物运输合同中的运输费用(运费收入)、仓储保管费用、借款合同中的借款金额、保险合同中的保险费等。上述凭证以"金额""费用"作为计税依据的，应当全额计税，不得作任何扣除。

载有两个或两个以上应适用不同税目税率经济事项的同一凭证，分别记载金额的，应分别计算应纳税额，相加后按合计税额贴花；未分别记载金额的，按税率高的计算贴花。

(2)营业账簿中记载资金的账簿，以"实收资本"与"资本公积"两项的合计金额为计税依据。

(3)不记载金额的房屋产权证、工商营业执照、专利证等权利许可证照，以及日记账簿和各种明细分类账簿等辅助性账簿，以凭证或账簿的件数作为计税依据。

(4)纳税人有以下情形的，地方税务机关可以核定纳税人印花税计税依据：

①未按规定建立印花税应税凭证登记簿，或未如实登记和完整保存应税凭证的；

②拒不提供应税凭证或不如实提供应税凭证致使计税依据明显偏低的；

③采用按期汇总缴纳办法的，未按地方税务机关规定的期限报送汇总缴纳印花税情况报告，经地方税务机关责令限期报告，逾期仍不报告的或者地方税务机关在检查中发现纳税人有未按规定汇总缴纳印花税情况的。

地方税务机关核定征收印花税的，应当根据纳税人的实际生产经营收入，参考纳税人各期印花税情况及同行业合同签订情况，确定科学合理的数额或比例作为纳税人印花税计税依据。

(二)印花税应纳税额的计算

(1)实行比例税率的凭证，印花税应纳税额的计算公式为：

$$应纳税额=应税凭证计税金额\times比例税率$$

(2)实行定额税率的凭证，印花税应纳税额的计算公式为：

$$应纳税额=应税凭证件数\times定额税率$$

(3)营业账簿中记载资金的账簿，印花税应纳税额的计算公式为：

$$应纳税额=(实收资本+资本公积)\times0.5‰$$

其他账簿按件贴花，每件5元。

【例4-5】 某公司2003年8月开业，领受房屋产权证、工商营业执照、商标注册证、土地使用证各一件；与其他企业订立加工承揽合同一份，合同载明W公司提供的原材料金额为300万元，需支付的加工承揽费为20万元；另订立财产保险合同一份，保险金额为1 000万元，保险费12万元。计算该公司2003年8月份应纳印花税税额。

[解析] 根据印花税法律制度的规定，该公司应区分不同性质的凭证，分别计算缴纳印花税。其中，加工承揽合同的计税依据是加工或承揽收入，财产保险合同的计税依据为支付(收取)的保险费，不记载金额的房屋产权证、工商营业执照等权利、许可证照的计税依据为凭证的件数。因此，该公司应缴纳的印花税为：

(1)有关合同应缴纳的印花税税额＝200 000×0.5‰＋120 000×1‰＝220(元)

(2)有关权利、许可证照应缴纳的印花税税额＝5×4＝20(元)

(3)该公司2003年8月实际应缴纳的印花税总额＝220＋20＝240(元)

【例4－6】 2006年8月,A企业与B企业签订了一份合同,由A向B提供货物并运输到B指定的地点,合同标的金额为300万元,其中包括货款和货物运输费用。已知:购销合同适用的印花税税率为0.3‰,货物运输合同适用的印花税税率为0.5‰,计算A企业8月份应缴纳印花税税额是多少?

[解析] 根据印花税法律制度的规定,载有两个或两个以上应适用不同税目税率的经营事项的同一凭证,分别记载金额的,应分别计算应纳税额,相加后按合计税额贴花;未分别记载金额的,按税率高的计算贴花。该公司签订的合同,未分别计载货款和货物运输费用金额,应按税率高的计算贴花,即按货物运输合同适用的印花税税率5‰,计算贴花。

该公司应缴纳的印花税税额＝300×0.5‰＝0.15(万元)

五、印花税纳税义务发生时间、纳税地点、纳税期限

(一)纳税义务发生时间

印花税应当在书立或领受时贴花。具体是指在合同签订时、账簿启用时和证照领受时贴花。如果合同是在国外签订,并且不便在国外贴花的,应在将合同带入境时办理贴花纳税手续。

(二)纳税地点

印花税一般实行就地纳税。对于全国性商品物资订货会(包括展销会、交易会等)上所签订合同应纳的印花税,由纳税人回其所在地后及时办理贴花完税手续;对地方主办、不涉及省际关系的订货会、展销会上所签合同的印花税,其纳税地点由各省、自治区、直辖市人民政府自行确定。

(三)纳税期限

印花税的纳税方法较其他税种不同,其特点是由纳税人根据税法规定,自行计算应纳税额,自行购买印花税税票,自行完成纳税义务。同时,对特殊情况采取特定的纳税贴花方法。税法规定,印花税完税凭证应在书立、领受时即行贴花完税,不得延至凭证生效日期贴花。同一种类应纳印花税凭证若需要频繁贴花的,纳税人可向当地税务机关申请按期汇总缴纳印花税,经税务机关核准发给许可证后,按税务机关确定的限期(最长不超过1个月)汇总计算纳税。

第四节　契税法律制度

一、契税的概念

契税,是指国家在土地、房屋权属转移时,按照当事人双方签订的合同(契约),以及所确定价格的一定比例,向权属承受人征收的一种税。契税是一个古老的税种,最早起源于东晋的"古税",至今已有1 600多年的历史。中华人民共和国成立以后颁布的第一个《契税暂行条例》规定:"凡土地、房屋之买卖、典当、赠与和交换,均应凭土地、房屋的产权证明,在当事人双方订

立契约时，由产权承受人缴纳契税。"之后，契税法律制度不断修订和调整。1997 年 7 月 7 日，国务院颁布并于同年 10 月 1 日起施行《中华人民共和国契税暂行条例》(以下简称《契税暂行条例》)，同年 10 月 28 日，财政部印发《契税暂行条例实施细则》，之后，财政部、国家税务总局又陆续发布了一些有关契税的规定、办法，这些构成了我国契税法律制度。

二、契税的纳税人和征税范围

(一)契税的纳税人

契税的纳税人，是指在我国境内承受土地、房屋权属转移的单位和个人。

契税由权属的承受人缴纳。这里所说的"承受"，是指以受让、购买、受赠、交换等方式取得的土地、房屋权属的行为，土地、房屋权属，是指土地使用权和房屋所有权；单位，是指企业单位、事业单位、国家机关、军事单位和社会团体以及其他组织；个人，是指个体经营者及其他个人。

(二)契税的征税范围

契税以在我国境内转移土地、房屋权属的行为作为征税对象。土地、房屋权属未发生转移的，不征收契税。

契税的征税范围主要包括：

(1)国有土地使用权出让。国有土地使用权出让是指土地使用者向国家交付土地使用权出让费用，国家将国有土地使用权在一定年限内让与土地使用者的行为。出让费用包括出让金、土地收益等项。

(2)土地使用权转让。土地使用权转让是指土地使用者以出售、赠与、交换或者其他方式将土地使用权转移给其他单位和个人的行为。土地使用权的转让不包括农村集体土地承包经营权的转移。

(3)房屋买卖。房屋买卖是指房屋所有者将其房屋出售，由承受者支付货币、实物、无形资产或其他经济利益的行为。

(4)房屋赠与。房屋赠与是指房屋所有者将其房屋无偿转让给受赠者的行为。

(5)房屋交换。房屋交换是指房屋所有者之间相互交换房屋的行为。

除上述情形外，在实际中还有其他一些转移土地、房屋权属的形式，如以土地、房屋权属作价投资、入股，以土地、房屋权属抵债；以获奖方式承受土地、房屋权属；以预购方式或者预付集资建房款方式承受土地、房屋权属等。对于这些转移土地、房屋权属的形式，可以分别视同土地使用权转让、房屋买卖或者房屋赠与征收契税。再如土地使用权受让人通过完成土地使用权转让方约定的投资额度或投资特定项目，以此获取低价转让或无偿赠与的土地使用权的，属于契税征收范围，其计税价格由征收机关参照纳税义务发生时当地的市场价格核定。此外，公司增资扩股中，对以土地、房屋权属作价入股或作为出资投入企业的，征收契税；企业破产清算期间，对非债权人承受破产企业土地、房屋权属的，征收契税。

土地、房屋权属变动还有其他一些不同的形式，如典当、继承、出租或者抵押等，这些均不属于契税的征税范围。

【例 4—7】 周某向谢某借款 80 万元，后因谢某急需资金，周某以一套价值 90 万元的房产抵偿所欠谢某债务，谢某取得该房产产权的同时支付周某差价款 10 万元。已知契税税率为 3%。关于此次房屋交易缴纳契税的下列表述中，正确的是(　　)。

A. 周某应缴纳契税 3 万元　　　　B. 周某应缴纳契税 2.4 万元

C. 谢某应缴纳契税 2.7 万元　　　　D. 谢某应缴纳契税 0.3 万元

［答案］ C

［解析］ 契税的纳税人，是指在我国境内“承受”土地、房屋权属转移的单位和个人，本题中承受房屋权属转移的为谢某，因此 A、B 选项不正确；应纳税额＝90×3%＝2.7(万元)，C 选项正确。

三、契税的计税依据、税率和应纳税额的计算

(一)契税的计税依据

按照土地、房屋权属转移的形式、定价方法的不同，契税的计税依据确定如下：

(1)国有土地使用权出让、土地使用权出售、房屋买卖，以成交价格作为计税依据。成交价格是指土地、房屋权属转移合同确定的价格，包括承受者应交付的货币、实物、无形资产或其他经济利益。

(2)土地使用权赠与、房屋赠与，由征收机关参照土地使用权出售、房屋买卖的市场价格核定。

(3)土地使用权交换、房屋交换，以所交换的土地使用权、房屋的价格差额为计税依据。计税依据只考虑其价格的差额，交换价格不相等的，由多交付货币、实物、无形资产或其他经济利益的一方缴纳契税；交换价格相等的，免征契税。土地使用权与房屋所有权之间相互交换，也应按照上述办法确定计税依据。

(4)以划拨方式取得土地使用权，经批准转让房地产时应补交的契税，以补交的土地使用权出让费用或土地收益作为计税依据。

为了防止纳税人隐瞒、虚报成交价格以偷、逃税款，对成交价格明显低于市场价格而无正当理由的，或所交换的土地使用权、房屋价格的差额明显不合理并且无正当理由的，征收机关参照市场价格核定计税依据。

【例 4－8】 根据契税法律制度的规定，下列各项中，以成交价格作为契税计税依据的有(　　)。

A. 房屋买卖　　　　B. 土地使用权交换

C. 房屋赠与　　　　D. 土地使用权转让

［答案］ AD

［解析］ 国有土地使用权出让、土地使用权出售、房屋买卖，以成交价格作为计税依据，因此选项 A 和 D 正确；土地使用权赠与、房屋赠与，由征收机关参照土地使用权出售、房屋买卖的市场价格核定；土地使用权交换、房屋交换，以交换土地使用权、房屋的价格差额为计税依据。

(二)契税的税率

契税采用比例税率，并实行 3%～5%的幅度税率。具体税率由省、自治区、直辖市人民政府在幅度税率规定范围内，按照本地区的实际情况确定，以适应不同地区纳税人的负担水平和调控房地产交易的市场价格。

(三)契税应纳税额的计算

契税应纳税额依照省、自治区、直辖市人民政府确定的适用税率和税法规定的计税依据计算征收。其计算公式为：

$$应纳税额＝计税依据×税率$$

【例 4—9】 2006 年，黄某获得单位奖励房屋一套，黄某得到该房屋后又将其与李某拥有的一套房屋进行交换。房地产评估机构评估奖励黄某的房屋价值 30 万元，李某房屋价值 35 万元，协商后，黄某实际向李某支付房屋交换价格差额款 5 万元。

税务机关核定奖励黄某的房屋价值 28 万元。已知当地规定的契税税率为 4%。计算黄某 2006 年应缴纳的契税。

［解析］ 根据契税法律制度的规定，以获奖方式取得房屋权属的应视同房屋赠与征收契税，计税依据为税务机关参照市场价格核定的价格，即 28 万元。房屋交换且交换价格不相等的，应由多支付货币的一方缴纳契税，计税依据为所交换的房屋价格的差额，即 5 万元。因此，黄某应就其获奖承受该房屋权属行为和房屋交换行为分别缴纳契税：

(1)黄某获奖承受房屋权属行为应缴纳的契税税额＝280 000×4%＝11 200(元)

(2)黄某房屋交换行为应缴纳的契税税额＝50 000×4%＝2 000(元)

(3)黄某 2006 年实际应缴纳的契税税额总额＝11 200＋2 000＝13 200(元)

四、契税纳税义务发生时间、纳税地点、纳税期限

(一)契税的纳税义务发生时间

契税纳税义务发生的时间，是纳税人签订土地、房屋权属转移合同的当天，或者纳税人取得其他具有土地、房屋权属转移合同性质凭证的当天。

(二)契税纳税地点

契税实行属地征收管理。纳税人发生契税纳税义务时，应向土地、房屋所在地的税收征收机关申报纳税。

(三)契税纳税期限

纳税人应当自纳税义务发生之日起 10 日内，向土地、房屋所在地的税收征收机关办理纳税申报，并在税收征收机关核定的期限内缴纳税款。

(1)对个人购买家庭唯一住房(家庭成员范围包括购房人、配偶以及未成年子女)，面积为 90 平方米及以下的，减按 1%的税率征收契税；面积为 90 平方米以上的，减按 1.5%的税率征收契税。

(2)对个人购买家庭第二套改善性住房，面积为 90 平方米及以下的，减按 1%的税率征收契税，面积为 90 平方米以上的，减按 2%的税率征收契税。

第五节 城镇土地使用税法律制度

一、城镇土地使用税的概念

城镇土地使用税是国家在城市、县城、建制镇和工矿区范围内，对使用土地的单位和个人，以其实际占用的土地面积为计税依据，按照规定的税额计算征收的一种税。开征城镇土地使用税，有利于通过经济手段，加强对土地的管理，变土地的无偿使用为有偿使用，促进合理、节约使用土地，提高土地使用效益；有利于适当调节不同地区、不同地段之间的土地级差收入，促进企业加强经济核算，理顺国家与土地使用者之间的分配关系。1988 年 9 月 27 日国务院颁布、自 1988 年 11 月 1 日起施行《中华人民共和国城镇土地使用税暂行条例》(以下简称《城镇

土地使用税暂行条例》),同年10月24日,国家税务总局印发《关于土地使用税若干具体问题的解释和暂行规定》。2006年12月,国务院颁布《国务院关于修改〈中华人民共和国城镇土地使用税暂行条例〉的规定》,自2007年1月1日起施行。这些构成了我国城镇土地使用税法律制度。

二、城镇土地使用税的纳税人和征税范围

(一)城镇土地使用税的纳税人

城镇土地使用税的纳税人,是指在税法规定的征税范围内使用土地的单位和个人。单位,包括国有企业、集体企业、私营企业、股份制企业、外商投资企业、外国企业以及其他企业和事业单位、社会团体、国家机关、军队以及其他单位;个人,包括个体工商户以及其他个人。

国家对城镇土地使用税的纳税人,根据用地者的不同情况分别确定为:

(1)城镇土地使用税由拥有使用权的单位或个人缴纳。

(2)拥有土地使用权的纳税人不在土地所在地的,由代管人或实际使用人缴纳。

(3)土地使用权未确定或权属纠纷未解决的,由实际使用人纳税。

(4)土地使用权共有的,由共有各方分别纳税。

(二)城镇土地使用税的征税范围

城镇土地使用税的征税对象是税法规定的纳税区域内的土地。根据《城镇土地使用税暂行条例》的规定,凡在城市、县城、建制镇、工矿区范围内的土地,不论是属于国家所有的土地,还是集体所有的土地,都是城镇土地使用税的征税对象。

城镇土地使用税的征税范围为城市、县城、建制镇、工矿区。

城市,是指国务院批准设立的市,城市的征税范围包括市区和郊区。县城,是指县人民政府所在地,县城的征税范围为县人民政府所在地的城镇。建制镇,是经省级人民政府批准设立的建制镇,建制镇的征税范围为镇人民政府所在地的地区,但不包括镇政府所在地所辖行政村。工矿区,是指工商业比较发达,人口比较集中,符合国务院规定的建制镇标准,但尚未设立建制镇的大中型工矿企业所在地。工矿区的设立必须经省级人民政府批准。城市、县城、建制镇和工矿区虽然有行政区域和城建区域之分,但区域中的不同地方,其自然条件和经济繁荣程度各不相同,情况非常复杂,各省级人民政府可根据税法的规定,具体划定本地城市、县城、建制镇和工矿区的具体征税范围。

三、城镇土地使用税的计税依据

城镇土地使用税的计税依据是纳税人实际占用的土地面积。具体按以下办法确定:

(1)凡由省级人民政府确定的单位组织测定土地面积的,以测定的土地面积为准。

(2)尚未组织测定,但纳税人持有政府部门核发的土地使用证书的,以证书确定的土地面积为准。

(3)尚未核发土地使用证书的,应由纳税人据实申报土地面积,待核发土地使用证书后再做调整。

四、城镇土地使用税的税率和应纳税额的计算

(一)城镇土地使用税的税率

城镇土地使用税采用定额税率,即采取有幅度的差别税额。按大、中、小城市和县城、建制

镇、工矿区分别规定每平方米城镇土地使用税年应纳税额。大、中、小城市以公安部门登记在册的非农业正式户口人数为依据，按照国务院颁布的《城市规划条例》中规定的标准划分。人口在50万以上的为大城市；人口在20万～50万的为中等城市；人口在20万以下的为小城市。城镇土地使用税每平方米年税额标准如下：

(1)大城市1.5～30元；

(2)中等城市1.2～24元；

(3)小城市0.9～18元；

(4)县城、建制镇、工矿区0.6～12元。

城镇土地使用税规定幅度税额，而且每个幅度税额的差距为20倍。这主要考虑我国各地存在着悬殊的土地级差收益，同一地区内不同地段的市政建设情况和经济发展程度也有较大的差别。省、自治区、直辖市人民政府，应当在上述规定的税额幅度内，根据市政建设情况、经济繁荣程度等条件，确定所辖地区的适用税额幅度。各地在确定不同地段的等级和适用税额时，有选择余地，应尽可能平衡税额。

(二)城镇土地使用税应纳税额的计算

城镇土地使用税是以纳税人实际占用的土地面积为计税依据，按照规定的适用税额计算征收。其应纳税额计算公式为：

年应纳税额＝实际占用应税土地面积(平方米)×适用税额

【例4－10】 某企业实际占地面积为25 000平方米，经税务机关核定，该企业所处地段适用城镇土地使用税税率每平方米年税额为2元。计算该企业全年应缴纳的城镇土地使用税税额。

［解析］ 该企业年应缴纳的城镇土地使用税税额＝实际占用应税土地面积(平方米)×适用税额＝25 000×2＝50 000(元)。

五、城镇土地使用税纳税义务发生时间、纳税地点、纳税期限

(一)城镇土地使用税纳税义务发生时间

(1)纳税人购置新建商品房，自房屋交付使用之次月起，缴纳城镇土地使用税。

(2)纳税人购置存量房，自办理房屋权属转移、变更登记手续、房地产权属登记机关签发房屋权属证书之次月起，缴纳城镇土地使用税。

(3)纳税人出租、出借房产，自交付出租、出借房产之次月起，缴纳城镇土地使用税。

(4)房地产开发企业自用、出租、出借本企业建造的商品房，自房屋使用或交付之次月起，缴纳城镇土地使用税。

(5)纳税人新征用的耕地，自批准征用之日起满1年时，开始缴纳城镇土地使用税。

(6)纳税人新征用的非耕地，自批准征用次月起，缴纳城镇土地使用税。

(7)通过招标、拍卖、挂牌方式取得的建设用地，不属于新征用的耕地，纳税人应按照《财政部国家税务总局关于房产税城镇土地使用税有关政策的通知》(财税[2006]186号)第二条规定，从合同约定交付土地时间的次月起缴纳城镇土地使用税，合同未约定交付土地时间的，从合同签订的次月起缴纳城镇土地使用税。

(二)纳税地点

城镇土地使用税在土地所在地缴纳。

纳税人使用的土地不属于同一省、自治区、直辖市管辖的，由纳税人分别向土地所在地税

务机关缴纳城镇土地使用税；在同一省、自治区、直辖市管辖范围内，纳税人跨地区使用的土地，其纳税地点由各省、自治区、直辖市地方税务局确定。

（三）纳税期限

城镇土地使用税实行按年计算、分期缴纳的征收方法，具体纳税期限由省、自治区、直辖市人民政府确定。

第六节　城市维护建设税法律制度

一、城市维护建设税的概念

城市维护建设税，是指以单位和个人实际缴纳的增值税、消费税（以下简称“二税”）的税额为计税依据而征收的一种税。城市维护建设税的特征：一是具有附加税性质。它以纳税人实际缴纳的“二税”税额为计税依据，附加于“二税”税额，本身并没有类似于其他税种的特定、独立的征税对象。二是具有特定目的。城市维护建设税税款专门用于城市的公用事业和公共设施的维护建设。

1985 年 2 月 8 日，国务院发布《中华人民共和国城市维护建设税暂行条例》（以下简称《城市维护建设税暂行条例》），从 1985 年度起施行。同年 2 月 15 日和 3 月 22 日，财政部先后印发《关于〈城市维护建设税暂行条例〉执行日期等问题的通知》《关于执行〈城市维护建设税暂行条例〉几个具体问题的通知》，之后，财政部、国家税务总局又陆续发布了一些有关城市维护建设税的规定、办法，这些构成了我国城市维护建设税法律制度。

二、城市维护建设税的纳税人和征税范围

城市维护建设税的纳税人是缴纳增值税、消费税的单位和个人，包括国有企业、集体企业、私营企业、股份制企业、其他企业和行政事业单位、军事单位、社会团体、其他单位，以及个体工商户及其他个人。自 2010 年 12 月 1 日起，对外商投资企业和外国企业及外籍个人开始征收城市维护建设税。

三、城市维护建设税计税依据

城市维护建设税的计税依据是纳税人实际缴纳的增值税、消费税的税额。

纳税人违反“二税”有关税法而加收的滞纳金和罚款，是税务机关对纳税人违法行为的经济制裁，不作为城市维护建设税的计税依据，但纳税人在被查补“二税”和被处以罚款时，应同时对其偷漏的城市维护建设税进行补税、征收税收滞纳金和罚款。

城市维护建设税以“二税”税额为计税依据并同时征收，如果要免征或者减征“二税”，也要同时免征或者减征城市维护建设税。

对出口产品退还增值税、消费税的，不退还已缴纳的城市维护建设税。自 2005 年 1 月 1 日起，经国家税务总局审核批准的当期免抵的增值税税额应纳入城市维护建设税和教育费附加的计税范围。

四、城市维护建设税的税率和应纳税额的计算

城市维护建设税的税率，是指纳税人应缴纳的城市维护建设税税额与纳税人实际缴纳的

“二税”税额之间的比率。城市维护建设税按纳税人所在地的不同，设置了三档地区差别比例税率，即：

(1)纳税人所在地为市区的，税率为7%；

(2)纳税人所在地为县城、镇的，税率为5%；

(3)纳税人所在地不在市区、县城或者镇的，税率为1%。

城市维护建设税的适用税率，应当按纳税人所在地的规定税率执行。但是，对下列情况，可按缴纳“三税”所在地的规定税率就地缴纳城市维护建设税：

(1)由受托方代扣代缴、代收代缴“二税”的单位和个人，其代扣代缴、代收代缴的城市维护建设税按受托方所在地适用税率执行。

(2)流动经营等无固定纳税地点的单位和个人，在经营地缴纳“二税”的，其城市维护建设税的缴纳按经营地适用税率执行。

由于城市维护建设税实行纳税人所在地差别比例税率，在计算应纳税额时，应注意根据纳税人所在地来确定适用税率。城市维护建设税纳税人的应纳税额大小是由纳税人实际缴纳的“二税”税额决定的，其计算公式为：

应纳税额＝(实际缴纳的增值税税额＋实际缴纳的消费税税额＋实际缴纳的营业税税额)×适用税率

【例 4－11】 A市区某企业为增值税一般纳税人。2006年8月份实际缴纳增值税300 000元，缴纳消费税400 000元，缴纳营业税200 000元。因故被加收滞纳金21 00元。已知该地区城市维护建设税税率为7%。计算该企业8月份应缴纳的城市维护建设税税额。

［解析］ 该企业应缴纳城市维护建设税税额
＝(实际缴纳的增值税税额＋实际缴纳的消费税税额)×适用税率
＝(300 000＋400 000)×7%
＝49 000(元)

五、城市维护建设税纳税义务发生时间、纳税期限、纳税地点

城市维护建设税的纳税义务发生时间，就是纳税人缴纳“二税”的时间。纳税人只要发生“二税”的纳税义务，就应同时计算缴纳城市维护建设税。同样，城市维护建设税的纳税期限与“二税”的纳税期限也是一致的。除特殊规定外，城市维护建设税的纳税地点与“二税”是一致的。

第七节 车辆购置税法律制度

一、车辆购置税的概念

车辆购置税，是国家对购置应税车辆的单位和个人，以其购置应税车辆的计税价格为计税依据，按照规定的税率计算并一次性征收的一种税。2000年10月22日国务院颁布、自2001年1月1日起施行《中华人民共和国车辆购置税暂行条例》(以下简称《车辆购置税暂行条例》)，2001年3月12日，国家税务总局、交通部印发《关于车辆购置税若干政策及管理问题的通知》，2002年9月11日，国家税务总局印发《关于车辆购置税有关问题的通知》，2014年12

月2日，《车辆购置税征收管理办法》公布。之后，国家税务总局等有关部门又陆续发布了一些有关车辆购置税的办法、文件等，这些构成了我国车辆购置税法律制度。

二、车辆购置税的纳税人

车辆购置税的纳税人，是指在中华人民共和国境内购置《车辆购置税暂行条例》规定的车辆(以下简称应税车辆)的单位和个人。这里所说的购置，包括购买、进口、自产、受赠、获奖或者以其他方式取得并自用应税车辆的行为；单位，包括国有企业、集体企业、私营企业、股份制企业、外商投资企业、外国企业以及其他企业和事业单位、社会团体、国家机关、部队以及其他单位；个人，包括个体工商户以及其他个人。购置已征车辆购置税的车辆，不再征收车辆购置税。

三、车辆购置税的征税范围

《车辆购置税暂行条例》规定，车辆购置税的征税范围包括：

(1)汽车。包括各类汽车。

(2)摩托车。包括轻便摩托车、二轮摩托车和三轮摩托车。这里所说的轻便摩托车，是指最高设计时速不大于50千米/小时，发动机汽缸总排量不大于50立方厘米的两个或者三个车轮的机动车；二轮摩托车，是指最高设计车速大于50千米/小时，或者发动机汽缸总排量大于50立方厘米的两个车轮的机动车；三轮摩托车，是指最高设计车速大于50千米/小时，或者发动机汽缸总排量大于50立方厘米，空车重量不大于400千克的三个车轮的机动车。

(3)电车。包括无轨电车和有轨电车。这里所说的无轨电车，是指以电能为动力，由专用输电电缆线供电的轮式公共车辆；有轨电车，是指以电能为动力，在轨道上行驶的公共车辆。

(4)挂车。包括全挂车和半挂车。这里所说的全挂车，是指无动力设备，独立承载，由牵引车辆牵引行驶的车辆；半挂车，是指无动力设备，与牵引车辆共同承载，由牵引车辆牵引行驶的车辆。

(5)农用运输车。包括三轮农用运输车和四轮农用运输车。这里所说的三轮农用运输车，是指采用柴油发动机，功率不大于7.4千瓦，载重量不大于500千克，最高车速不大于40千米/小时的三个车轮的机动车；四轮农用运输车，是指采用柴油发动机，功率不大于28千瓦，载重量不大于500千克，最高车速不大于50千米/小时的四个车轮的机动车。

车辆购置税征收范围的调整，由国务院决定并公布。

四、车辆购置税的计税依据

车辆购置税的计税依据是车辆的计税价格。根据《车辆购置税暂行条例》的规定，车辆购置税的计税价格根据不同情况，按照下列规定确定：

(1)纳税人购买自用的应税车辆的计税价格，为纳税人购买应税车辆而支付给销售者的全部价款和价外费用，不包括增值税税款。这里所说的价外费用，是指销售方在价外向购买方收取的手续费、基金、违约金、包装费、运输费、保管费、代收款项、代垫款项和其他各种性质的价外收费，但不包括增值税税款。其计算公式为：

计税价格＝(全部价款＋价外费用)/(1＋增值税税率或征收率)

(2)纳税人进口自用的应税车辆的计税价格的计算公式为：

计税价格＝关税完税价格＋关税＋消费税

(3)纳税人自产、受赠、获奖或者以其他方式取得并自用的应税车辆的计税价格，由主管税务机关参照最低计税价格核定。这里所说的最低计税价格，是指国家税务总局参照应税车辆市场平均交易价格，规定的不同类型应税车辆的最低计税价格。

根据国家税务总局的规定，有关车辆的最低计税价格按如下办法确定：

①国产车辆的最低计税价格，暂按交通部于2000年印发的《关于核定部分国产车辆和进口车辆计征车辆购置附加费最低征费额的通知》中规定的最低征费额换算确定。换算公式为：

最低计税价格＝最低征费额÷10％

②进口车辆的最低计税价格，暂按国家税务总局规定的《进口车辆最低计税价格目录》执行。

③对已经缴纳车辆购置税并办理了登记注册手续的车辆，其发动机和底盘发生更换的，其最低计税价格按同类型新车最低计税价格的70％计算。

④免税、减税车车辆因转让、改变用途等原因不再属于免税、减税范围，需要依法缴纳车辆购置税的，最低计税价格按以下公式计算：

最低计税价格＝同类型新车最低计税价格×(1－已使用年限/规定使用年限)×100％

其中，规定使用年限为：国产车辆按10年计算；进口车辆按15年计算。超过规定使用年限的车辆，不再征收车辆购置税。

⑤非贸易渠道进口车辆的最低计税价格，为同类型新车的最低计税价格。但非贸易渠道进口的旧车，车辆购置税计税价格按照下列公式计算：

计税价格＝关税完税价格＋关税＋消费税

纳税人购买自用或者进口的自用应税车辆，申报的计税价格低于同类型应税车辆的最低计税价格，又无正当理由的，按照最低计税价格征收车辆购置税。

五、车辆购置税的税率和应纳税额的计算

(一)车辆购置税的税率

车辆购置税的税率采用固定比例税率，税率为10％。

车辆购置税税率的调整，由国务院决定并公布。

(二)车辆购置税应纳税额的计算

车辆购置税应纳税额的计算。

车辆购置税实行从价定率的办法计算应纳税额，其应纳税额的计算公式为：

应纳税额＝计税价格×税率

纳税人以外汇结算应税车辆价款的，按照申报纳税之日中国人民银行公布的人民币基准汇价，折合成人民币计算应纳税额。

【例4－12】 某公司进口的一辆免税车辆现因改变用途不再属于免税范围。已知该车原价10万元，同类型新车最低计税价格为15万元，该车已使用3年，规定使用年限为15年，车辆购置税税率为10％。计算该公司应缴纳的车辆购置税税额。

[解析] 根据税法规定，免征或减征车辆购置税的车辆，因转让、改变用途等原因不再属于免税、减税范围，需要依法缴纳车辆购置税，其最低计税价格计算公式为：

最低计税价格＝同类型新车最低计税价格×(1－已使用年限/规定使用年限)×100％

该公司应缴纳的车辆购置税税额＝计税价格×税率

＝[15×(1－3÷15)]×10％＝1.2(万元)

六、车辆购置税纳税义务发生时间、纳税地点、纳税期限

（一）车辆购置税纳税义务发生时间和纳税期限

纳税人购买自用应税车辆的，应当自购买之日起60日内申报纳税；进口自用应税车辆的，应当自进口之日起60日内申报纳税；自产、受赠、获奖或者以其他方式取得并自用应税车辆的，应当自取得之日起60日内申报纳税。

（二）纳税地点

纳税人购置应税车辆，应当向车辆登记注册地的主管税务机关申报纳税；购置不需要办理车辆登记注册手续的应税车辆，应当向纳税人所在地的主管税务机关申报纳税。

第八节　土地增值税法律制度

一、土地增值税的概念

土地增值税是对转让国有土地使用权、地上建筑物及其附着物（以下简称转让房地产）并取得收入的单位和个人，就其转让房地产所取得的增值额征收的一种税。土地增值税的作用：一是增强国家对房地产开发和房地产市场的调控力度；二是抑制炒买炒卖土地投机获取暴利的行为；三是规范国家参与土地增值收益的分配方式，增加国家财政收入。1993年12月13日国务院颁布、自1994年1月1日起施行《中华人民共和国土地增值税暂行条例》（以下简称《土地增值税暂行条例》），1995年1月财政部印发《土地增值税暂行条例实施细则》，1995年5月25日，财政部、国家税务总局联合印发《关于土地增值税一些具体问题规定的通知》，之后，财政部、国家税务总局又陆续发布了一些有关土地增值税的规定、办法，这些构成了我国土地增值税法律制度。

土地增值税的特点：

（1）在房地产转让环节征收；

（2）以房地产转让实现的增值额为计税依据；

（3）征税范围比较广；

（4）采用扣除法和评估法计算增值额；

（5）实行超率累进税率。

二、土地增值税的纳税人

土地增值税的纳税人，是指转让国有土地使用权、地上建筑物及其附着物并取得收入的单位和个人。这里所说的单位，包括各类企业、事业单位、国家机关和社会团体及其他组织；个人，包括个体经营者及其他个人。外商投资企业、外国企业及外国驻华机构以及外国公民、华侨、港澳台同胞等，均属纳税人之列。区分土地增值税的纳税人与非纳税人的关键在于看其是否因转让房地产的行为而取得了收益，只要以出售或其他方式有偿转让房地产而取得收益的单位和个人，就是土地增值税的纳税人。

三、土地增值税的征税范围

(一)《土地增值税暂行条例》及其实施细则规定的征税范围

(1)转让国有土地使用权。这里所说的国有土地,是指按国家法律规定属于国家所有的土地。

(2)地上的建筑物及其附着物连同国有土地使用权一并转让。这里所说的地上的建筑物,是指建于土地上的一切建筑物,包括地上、地下的各种附属设施。这里所说的附着物,是指附着于土地上的不能移动或一经移动即遭损坏的物品。

准确界定土地增值税的征税范围十分重要。在实际工作中,可以通过以下几条标准来判定:

(1)转让的土地使用权必须是国家所有。

(2)土地使用权、地上的建筑物及其附着物的产权必须发生转让。

(3)必须取得转让收入。

因此,以继承、赠与方式无偿转让房地产的行为,以及房地产出租、抵押等未转让房产产权、土地使用权的行为不属于土地增值税的征税范围。

(二)征税范围的具体和特殊规定

(1)以房地产进行投资联营。以房地产进行投资联营一方以土地作价入股进行投资或者作为联营条件,免征收土地增值税。其中如果投资联营的企业从事房地产开发,或者房地产开发企业以其建造的商品房进行投资联营的就不能暂免征税。

(2)房地产开发企业将开发的房产转为自用或者用于出租等商业用途,如果产权没有发生转移,不征收土地增值税。

(3)房地产的互换,由于发生了房产转移,因此属于土地增值税的征税范围。但是对于个人之间互换自有居住用房的行为,经过当地税务机关审核,可以免征土地增值税。

(4)合作建房,对于一方出地,另一方出资金,双方合作建房,建成后按比例分房自用的,暂免征收土地增值税;但建成后转让的,应征收土地增值税。

(5)房地产的出租,指房产所有者或土地使用者,将房产或土地使用权租赁给承租人使用,由承租人向出租人支付租金的行为。房地产所有者虽然取得了收入,但没有发生房产产权、土地使用权的转让,因此,不属于土地增值税的征税范围。

(6)房地产的抵押,指房产所有者或土地使用者作为债务人或第三人向债权人提供不动产作为清偿债务的担保而不转移权属的法律行为。这种情况下房产的产权、土地使用权在抵押期间并没有发生权属的变更,因此对房地产的抵押,在抵押期间不征收土地增值税。

(7)企业兼并转让房地产,在企业兼并中,对被兼并企业将房地产转让到兼并企业中的,免征收土地增值税。

(8)房地产的代建行为,是指房地产开发公司代客户进行房地产的开发,开发完成后向客户收取代建收入的行为。对于房地产开发公司而言,虽然取得了收入,但没有发生房地产权属的转移,其收入属于劳务性质,故不在土地增值税征税范围。

(9)房地产的重新评估,按照财政部门的规定,国有企业在清产核资时对房地产进行重新评估而产生的评估增值,因其既没有发生房地产权属的转移,房产产权、土地使用权人也未取得收入,所以不属于土地增值税征税范围。

(10)土地使用者处置土地使用权,土地使用者转让、抵押或置换土地,无论其是否取得了该土地的使用权属证书，无论其在转让、抵押或置换土地过程中是否与对方当事人办理了土地使用权属证书变更登记手续，只要土地使用者享有占用、使用收益或处分该土地的权利，具有合同等证据表明其实质转让、抵押或置换了土地并取得了相应的经济利益，土地使用者及其对方当事人就应当依照税法规定缴纳营业税、土地增值税和契税等。

四、土地增值税的计税依据

土地增值税的计税依据是纳税人转让房地产所取得的增值额。

从 1999 年 8 月 1 日起，对居民个人拥有的普通住宅，在其转让时暂免征收土地增值税。个人因工作调动或改善居住条件而转让原自用住房(非普通住宅)，经向税务机关申报核准，凡居住满 5 年或 5 年以上的，免于征收土地增值税；居住满 3 年未满 5 年的，减半征收土地增值税；居住未满 3 年的，按规定计征土地增值税。

(一)增值额

增值额，是指纳税人在转让房地产所取得的收入(包括货币收入、实物收入和其他收入)，减去取得土地使用权时所支付的土地价款、土地开发成本、地上建筑物成本及有关费用、销售税金等规定的扣除项目后的余额。如果纳税人转让房地产的收入减除规定的扣除项目后没有余额，则不需要缴纳土地增值税。

增值额的计算公式为：

增值额＝转让房地产取得的收入－扣除项目

根据《土地增值税暂行条例》的规定，纳税人有下列情形之一的，土地增值税按照房地产评估价格计算征收：

(1)隐瞒、虚报房地产成交价格的；

(2)提供扣除项目金额不实的；

(3)转让房地产的成交价格低于房地产评估价格，又无正当理由的。

隐瞒、虚报房地产成交价格的，是指纳税人不报或有意低报转让土地使用权、地上建筑物及其附着物价款的行为。对于这种情形，应由评估机构参照同类房地产的市场交易价格进行评估。税务机关根据评估价格确定转让房地产的收入。

提供扣除项目金额不实的，是指纳税人在纳税申报时不据实提供扣除项目金额的行为。对于这种情形，应由评估机构按照房屋重置成本价乘以成新度折扣率计算的房屋成本价和取得土地使用权时的基准地价进行评估。税务机关根据评估价格确定扣除项目金额。

转让房地产的成交价格低于房地产评估价格，又无正当理由的，是指纳税人申报的转让房地产的实际成交价低于房地产评估机构评定的交易价，纳税人又不能提供凭据或无正当理由的行为。对于这种情形，应由税务机关参照房地产评估价格确定转让房地产的收入。

(二)转让房地产取得的收入

根据《土地增值税暂行条例》及其实施细则的规定，纳税人转让房地产取得的收入，包括转让房地产的全部价款及有关的经济收益；从收入的形式来看，包括货币收入、实物收入和其他收入。

(三)扣除项目

根据《土地增值税暂行条例》的规定，土地增值税的扣除项目包括：

(1)取得土地使用权所支付的金额；

(2)开发土地的成本、费用；

(3)新建房及配套设施的成本、费用,或者旧房及建筑物的评估价格;

(4)与转让房地产有关的税金;

(5)财政部规定的其他扣除项目。

取得土地使用权所支付的金额,是指纳税人为取得土地使用权所支付的地价款和按国家统一规定缴纳的有关费用。凡通过行政划拨方式无偿取得土地使用权的企业和单位,则以转让土地使用权时按规定补交的出让金及有关费用,作为取得土地使用权所支付的金额。

开发土地和新建房及配套设施(简称"房地产开发")的成本,是指纳税人在房地产开发项目中实际发生的成本(简称"房地产开发成本"),包括土地征用及拆迁补偿费、前期工程费、建筑安装工程费、基础设施费、公共配套设施费、开发间接费用。

开发土地和新建房及配套设施的费用(简称"房地产开发费用"),是指与房地产开发项目有关的销售费用、管理费用和财务费用。新建房是指建成后未使用的房产。凡是已使用一定时间或达到一定磨损程度的房产均属于旧房。

旧房及建筑物的评估价格,是指在转让已使用的房屋及建筑物时,由政府批准设立的房地产评估机构评定的重置成本价乘以成新度折扣率后的价格。

与转让房地产有关的税金,是指在转让房地产时已缴纳的城市维护建设税、印花税。因转让房地产缴纳的教育费附加也可视同税金予以扣除。

此外,纳税人转让旧房及建筑物时因计算纳税的需要而对房地产进行评估,其支付的评估费用允许在计算土地增值额时予以扣除。

五、土地增值税的税率及应纳税额的计算

(一)土地增值税的税率

《土地增值税暂行条例》规定,土地增值税实行四级超率累进税率,具体税率见表4—5。

表4—5 土地增值税税率速算扣除数表

<table>
<tr><th>级数</th><th>计税依据</th><th>税率</th><th>速算扣除系数</th><th>税额计算公式</th><th>说 明</th></tr>
<tr><td>1</td><td>增值额未超过扣除项目金额50%的部分</td><td>30%</td><td>0</td><td>增值额 30%</td><td rowspan="4">扣除项目指取得土地使用权所支付的金额;开发土地的成本、费用;新建房及配套设施的成本、费用或旧房及建筑物的评估价格;与转让房地产有关的税金;财政部规定的其他扣除项目</td></tr>
<tr><td>2</td><td>增值额超过扣除项目金额50%,未超过100%的部分</td><td>40%</td><td>5%</td><td>增值额40%—扣除项目金额5%</td></tr>
<tr><td>3</td><td>增值额超过扣除项目金额100%,未超过200%的部分</td><td>50%</td><td>15%</td><td>增值额50%—扣除项目金额15%</td></tr>
<tr><td>4</td><td>增值额超过扣除项目金额200%的部分</td><td>60%</td><td>35%</td><td>增值额60%—扣除项目金额35%</td></tr>
</table>

上述四级超率累进税率,每级"增值额未超过扣除项目金额"的比例,均包括本比例数。

(二)土地增值税应纳税额的计算

根据《土地增值税暂行条例》的规定,土地增值税按照纳税人转让房地产所取得的增值额和规定的税率计算征收。在转让房地产的增值额确定之后,按照规定的四级超率累进税率,以增值额中属于每一税率级别部分的金额,乘以该级的税率,再将由此而得出的每一级的应纳税额相加,得到的总数就是纳税人应缴纳的土地增值税税额。

土地增值税的计算公式为:

$$应纳税额=\sum(每级距的土地增值额\times适用税率)$$

为了简便土地增值税的计算,一般可采用速算扣除法计算,即可按总的增值额乘以适用的

税率，减去扣除项目金额乘以速算扣除系数的简单方法，直接得出土地的应纳税额。具体的计算公式分别是：

(1)增值额未超过扣除项目金额50%的：

土地增值税税额＝增值额×30%

(2)增值额超过扣除项目金额50%、未超过100%的：

土地增值税税额＝增值额×40%－扣除项目金额×5%

(3)增值额超过扣除项目金额100%、未超过200%的：

土地增值税税额＝增值额× 50%－扣除项目金额× 15%

(4)增值额超过扣除项目金额200%的：

土地增值税税额＝增值额×60%－扣除项目金额× 35%

以上公式中的5%、15%和35%，均为速算扣除系数。

【例4－13】 某公司2004年转让一处旧房地产取得收入1 600万元，该公司取得土地使用权所支付的金额为200万元，当地税务机关确认的房屋的评估价格为800万元，该公司支付给房地产评估机构评估费20万元，支付给中介人卖房中介费10万元，缴纳的与转让该房地产有关的税金10万元。计算该公司转让该房地产应缴纳的土地增值税税额。

[解析]

方法一：

(1)计算扣除项目金额。根据《土地增值税暂行条例》等有关规定，公司转让该旧房地产允许扣除的项目包括取得土地使用权所支付的金额、房屋的评估价格、支付给房地产评估机构的评估费、缴纳的与转让该房地产有关的税金，支付给中介人的卖房中介费不允许扣除。

扣除项目金额＝200＋800＋20＋10＝1 030(万元)

(2)计算增值额，即纳税人转让房地产所取得的收入，减去扣除项目金额后的余额。

增值额＝1 600－1 030＝570(万元)

(3)计算增值额占扣除项目金额的百分比。

570÷1 030×100%＝55.3%，说明增值额超过了扣除项目金额的50%，但未超过100%。

(4)分别计算各级次土地增值税税额，即按照规定的四级超率累进税率，以增值额中属于每一税率级别部分的金额，乘以该级的税率。

①增值额未超过扣除项目金额50%的部分，适用30%的税率。

这部分的增值额＝515×30%＝154.5(万元)

②增值额超过扣除项目金额50%、未超过扣除项目金额100%的部分，适用40%的税率。

这部分的增值额＝(570－515)×40%＝22(万元)

(5)计算应纳税额总额，即将各级次土地增值税税额相加之和。

公司应纳土地增值税总额＝154.5＋22＝176.5(万元)

方法二：

(1)、(2)、(3)计算步骤及方法同方法一中的(1)、(2)、(3)。

(4)根据速算扣除法，增值额超过扣除项目金额50%、未超过扣除项目金额100%的，计算公式为：

土地增值税税额＝增值额×40%－扣除项目金额×5%

代入本题相关数据计算：

公司应纳土地增值税税额＝570×40%－1 030×5%＝176.5(万元)

【例 4—14】 某房地产公司 2004 年 11 月发生如下经济业务：

(1)签订一份写字楼销售合同，合同规定以预收货款方式结算。本月收到全部预收款，共计18 000万元，该写字楼经税务机关审核可以扣除的项目为：开发成本5 000万元；缴纳的土地使用权转让费3 000万元；利息支出 150 万元；相关税金 990 万元；其他费用 800 万元；加计扣除额为1 600万元。

(2)采用直接收款方式销售现房，取得价款收入 200 万元；以预收款方式销售商品房，合同规定的价款为 500 万元，当月取得预收款 100 万元。(此两项业务不考虑土地增值税)

(3)将空置商品房出租取得租金收入 20 万元。

要求：计算该公司销售该写字楼应缴纳的土地增值税。

[解析]

(1)扣除项目金额合计＝5 000＋3 000＋150＋990＋800＋1 600

＝11 540(万元)

(2)销售写字楼增值额＝转让房地产取得的收入－扣除项目

＝18 000－11 540＝6 460(万元)

(3)计算增值额占扣除项目金额的百分比：6 460÷11 540×100％＝56.0％

说明增值额超过了扣除项目金额的 50％，但未超过 100％。

该公司销售写字楼应缴纳的土地增值税税额：

土地增值税税额＝11 540×50％×30％＋(6 460－11 540×50％)×40％

＝1 731＋276

＝2 007(万元)

六、土地增值税纳税义务发生时间、纳税地点、纳税期限

(一)土地增值税纳税义务发生时间

土地增值税的纳税人应在转让房地产合同签订之日起的 7 日内，到房地产所在地主管税务机关办理纳税申报，同时向税务机关提交房屋及建筑物产权、土地使用权证书，土地转让、房产买卖合同，房地产评估报告及其他与转让房地产有关的资料，然后在税务机关核定的期限内缴纳土地增值税。纳税人因经常发生房地产转让行为而难以在每次转让后申报的，可按月或按各省、自治区、直辖市和计划单列市地方税务局规定的期限缴纳。纳税人选择定期申报方式的，应向纳税所在地的地方税务机关备案，定期申报方式确定后，1 年之内不得变更。经税务机关审核同意后，可以定期进行纳税申报，具体期限由税务机关根据情况确定。

(二)纳税地点

土地增值税的纳税人应向房地产所在地主管税务机关办理纳税申报，并在税务机关核定的期限内缴纳土地增值税。

房地产所在地，是指房地产的坐落地。纳税人转让房地产坐落在两个或两个以上地区的，应按房地产所在的不同地区分别申报纳税。

需要注意的是，纳税人是自然人的，当其转让的房地产坐落地与其居住所在地不一致时，在办理过户手续所在地的税务机关申报纳税。

(三)纳税期限

土地增值税按照转让房地产所取得的实际收益计算征收，由于计税时要涉及房地产开发的成本和费用，有时还要进行房地产评估等，因此，其纳税期限不同于其他税种有统一规定，而

是根据房地产的不同情况，由主管税务机关具体确定。主要有以下情况：

(1)以一次交割、付清价款方式转让房地产的，主管税务机关可在纳税人办理纳税申报后，根据其应纳税额的大小及向有关部门办理过户、登记手续的期限等，规定其在办理过户、登记手续前数日内一次性缴纳全部土地增值税。

(2)以分期收款方式转让房地产的，主管税务机关可根据合同规定的收款日期来确定具体的纳税期限，即先计算出应缴纳的全部土地增值税税额，再按总税额除以转让房地产的总收入，求得应纳税额占总收入的比例。然后，在每次收到价款时，按收到的价款的数额乘以这个比例来确定每次应纳的税额，并规定其应在每次收款后数日内缴纳土地增值税。

(3)项目全部竣工结算前转让房地产的，纳税人在项目全部竣工结算前转让房地产的收入，由于涉及成本核算或其他原因，无法据实计算土地增值税的，可以预征土地增值税，在该项目全部竣工办理结算后再进行清算，根据应征税额和已征税额进行结算，多退少补。

第九节 资源税法律制度

一、资源税的概念

资源税是为了调节资源开发过程中的级差收入，以自然资源为征税对象的一种税。1993年12月25日国务院颁布、自1994年1月1日起施行《中华人民共和国资源税暂行条例》(以下简称《资源税暂行条例》)，同年12月30日，财政部印发《资源税暂行条例实施细则》(以下简称实施细则)，1994年1月8日，国家税务总局印发《资源税若干问题的规定》，2011年9月30日，国务院发布《关于修改〈中华人民共和国资源税暂行条例〉的决定》，自2011年11月1日起施行新的暂行条例。之后，财政部、国家税务总局又陆续发布了一些有关资源税的规定、办法，这些构成了我国资源税法律制度。

二、资源税的纳税人和征税范围

(一)资源税的纳税人

根据《资源税暂行条例》的规定，资源税的纳税人，是指在中华人民共和国领域及管辖海域开采或生产应税产品的单位和个人。这里所说的单位，是指国有企业、集体企业、私营企业、股份制企业、其他企业和行政单位、事业单位、军事单位、社会团体及其他单位；个人，是指个体经营者及其他个人，包括负有纳税义务的中国公民和在中国境内的外国公民。

收购未税矿产品的单位为资源税的扣缴义务人，具体包括独立矿山、联合企业及其他收购未税矿产品的单位。

(二)资源税的征税范围

就资源而言，其范围很广，我国目前资源税的征税范围仅包括矿产品和盐类，具体包括：

(1)原油。原油是指开采的天然原油，不包括人造石油。

(2)天然气。天然气是指专门开采或与原油同时开采的天然气，暂不包括煤矿生产的天然气。

(3)煤炭。煤炭是指原煤，不包括洗煤、选煤及其他煤炭制品。

(4)其他非金属矿原矿。其他非金属矿原矿是指原油、天然气、煤炭以外的非金属矿原矿。

(5)黑色金属矿原矿。

(6)有色金属矿原矿。

(7)盐,包括固体盐、液体盐(卤水)。这里所说的固体盐,是指海盐原盐、湖盐原盐和井矿盐;液体盐,是指氯化钠含量达到一定浓度的溶液,是用于生产碱和其他产品的原料。

黑色金属矿原矿和有色金属矿原矿,是指纳税人开采后自用、销售的,用于直接入炉冶炼或作为主产品先入选精矿、制造人工矿,再最终入炉冶炼的金属矿石原矿。

根据《资源税暂行条例》的规定,纳税人有下列情形之一的,减征或免征资源税:

(1)开采原油过程中用于加热、修井的原油,免税。

(2)纳税人开采或生产应税产品过程中,因意外事故或自然灾害等原因遭受重大损失的,由省、自治区、直辖市人民政府酌情决定减税或免税。

(3)国务院规定的其他减税、免税项目。

三、资源税的税目和税率

资源税采用从价定率或从量定额征收。为了发挥资源税调节资源级差收入的功能,《资源税暂行条例》及其实施细则在确定不同资源的适用税额时,遵循了资源条件好、级差收入大的品种适用高税额,资源条件差、级差收入小的品种适用低税额的基本原则。各税目和税额幅度如下:

(1)原油销售额的 6%～10%。

(2)天然气销售额的 6%～10%。

(3)煤炭销售额的 2%～10%。

(4)其他非金属矿原矿 0.5～20 元/吨或立方米或千克或每克拉。

(5)黑色金属矿原矿 2～30 元/吨。

(6)有色金属矿原矿,钨矿销售额的 6.5%,钼矿销售额的 11%,轻稀土矿按地区差别比例税率,中重稀土矿销售额的 27%,其他有色金属矿原矿 0.4～30 元/吨。

(7)盐:固体盐 10～60 元/吨;液体盐 2～10 元/吨。

资源税税目、税额幅度的调整,由国务院确定。资源税应税产品的具体适用税额,按照《资源税暂行条例实施细则》所附的《资源税税目税额明细表》以及有关规定执行。

四、资源税的计税依据和应纳税额的计算

(一)资源税的计税依据

1. 从价定率征收的计税依据

从价定率征收的资源税的计税依据是销售额。销售额为纳税人销售应税产品向购买方收取的全部价款和价外费用,但不包括收取的增值税销项税额。

2. 从量定额征收的计税依据

从量定额征收的资源税的计税依据是销售数量。

(1)销售数量,包括纳税人开采或者生产应税产品的实际销售数量和视同销售的自用数量。

(2)纳税人不能准确提供应税产品销售数量的,以应税产品的产量或者主管税务机关确定的折算比换算成的数量为计征资源税的销售数量。

(3)纳税人开采或者生产应税产品自用于连续生产应税产品的,不缴纳资源税;自用于其

他方面的，视同销售，依法缴纳资源税。

(4)以液体盐加工固体盐的，按固体盐税额征税，以加工的固体盐数量为课税数量。如果纳税人以外购的液体盐加工固体盐，其加工固体盐所耗用液体盐的已纳税额准予在其应纳固体盐税额中抵扣。

(5)纳税人在资源税纳税申报时，除财政部、国家税务总局另有规定外，应当将其应税和减免税项目分别计算和报送。

(二)资源税应纳税额的计算

1. 从价定率征收资源税的应纳税额计算

应纳税额＝销售额×适用税率

2. 从量定额征收资源税的应纳税额计算

应纳税额＝课税数量×单位税额

在计算资源税应纳税额时，还应注意：

(1)纳税人开采或生产不同税目应税产品的，应当分别核算不同税目应税产品的征税数量；未分别核算或不能准确提供不同税目应税产品的征税数量的，从高适用税额。

(2)纳税人的减税、免税项目，应当单独核算征税数量；未单独核算或不能准确提供征税数量的，不予减税或免税。

【例4－15】 某矿业公司开采销售应税矿产品，资源税实行从量计证，则该公司计征资源税的课税数量是(　　)。

A. 实际产量　　B. 发货数量　　C. 计划产量　　D. 销售数量

［答案］ D

［解析］ 纳税人开采或者生产应税产品销售的，以销售数量为课税数量；纳税人开采或者生产应税产品自用的，以自用(非生产用)数量为课税数量。

五、资源税纳税义务发生时间、纳税地点、纳税期限

(一)纳税人销售应税产品的纳税义务发生时间

(1)纳税人采取分期收款结算方式的，其纳税义务发生时间，为销售合同规定的收款日期的当天。

(2)纳税人采取预收货款结算方式的，其纳税义务发生时间，为发出应税产品的当天。

(3)纳税人采取其他结算方式的，其纳税义务发生时间，为收讫销售款或者取得索取销售款凭据的当天。

(4)纳税人自产自用应税产品的纳税义务发生时间，为移送使用应税产品的当天。

(5)扣缴义务人代扣代缴税款的纳税义务发生时间，为支付首笔货款或者开具应支付货款凭据的当天。

(二)纳税地点

(1)凡是缴纳资源税的纳税人，都应当向应税产品的开采或者生产所在地主管税务机关缴纳税款。

(2)如果纳税人在本省、自治区、直辖市范围内开采或者生产应税产品，其纳税地点需要调整的，由所在地省、自治区、直辖市税务机关决定。

(3)如果纳税人应纳的资源税属于跨省开采，其下属生产单位与核算单位不在同一省、自治区、直辖市的，其开采的矿产品一律在开采地纳税，其应纳税款由独立核算、自负盈亏的单

位，按照开采地的实际销售量(或者自用量)及适用的单位税额计算划拨。

(4)扣缴义务人代扣代缴的资源税，也应当向收购地主管税务机关申报缴纳。

(三)纳税期限

资源税的纳税期限为1日、3日、5日、10日、15日或者1个月，纳税人的纳税期限由主管税务机关根据实际情况具体核定。不能按固定期限计算纳税的，可以按次计算纳税。

纳税人以1个月为一期纳税的，自期满之日起10日内申报纳税；以1日、3日、5日、10日或者15日为一期纳税的，自期满之日起5日内预缴税款，于次月1日起10日内申报纳税并结清上月税款。

税收筹划案例

利用分劈手段进行土地增值税的筹划

房地产开发企业的管理通常比较复杂，纳税人可以利用分劈手段，将房地产开发项目进行分解，这样可以有效减轻纳税人的负担。

某房地产公司出售一栋房屋，房屋总售价为1 000万元，该房屋进行了简单装修并安装了简单必备设施。根据相关税法的规定，该房地产开发业务允许扣除项目金额为400万元，增值额为600万元。该房地产公司应该缴纳土地增值税、营业税、城市维护建设税、教育费附加以及企业所得税。假设该房屋的出售可以分为两个合同，即：第一个合同为房屋出售合同，不包括装修费用，房屋出售价格为700万元，允许扣除项目金额为300万元；第二个合同为房屋装修合同，装修费用300万元，允许扣除的成本为100万元。问该如何筹划才能节税？

【综合分析】

(1)若就整个开发项目签订合同，则土地增值率为：600/400×100%＝150%，根据《土地增值税暂行条例实施细则》规定，增值额超过扣除项目金额的100%，未超过200%的土地增值税税额运用速算公式等于增值额×50%－扣除项目金额×15%，因此，应当缴纳土地增值税＝600×50%－400×15%＝240(万元)。

(2)如果进行税收筹划，将该房屋的出售分为房屋出售合同和房屋装修合同，则土地增值率为：400/300×100%＝133%。该缴纳的土地增值税＝400×50%－300×15%＝155(万元)。

根据计算结果可以看出经过税收筹划的税收负担明显减少。

本章练习题

一、思考题

1. 房产税、城镇土地使用税、土地增值税有何异同？

2. 某企业因转产，转让其一处厂房。该企业是否属于契税纳税人。就此行为判断，该企业一定是印花税纳税人吗？

3. 税法对各类印花税应税凭证的计税依据是如何规定的？

4. 税法对土地增值税扣除项目有何规定？如何正确计算土地增值税增值额和土地增值税应纳税额？

5. 分析比较税法对房产税、车船税、印花税、契税、资源税、城镇土地使用税、车辆购置税、土地增值税有关纳税义务发生时间、纳税地点和纳税期限的规定有何异同。

二、单项选择题

1. 下列税种中可以委托区、乡人民政府甚至基础村民委员会代为征收的是（　　）。

A. 农业税　　B. 筵席税　　C. 印花税　　D. 屠宰税

2. 我国公布《契税暂行条例》、开征契税的年份为（　　）。

A. 1949 年　　B. 1950 年　　C. 1953 年　　D. 1958 年

3. 下列各选项中，根据规定不需缴纳契税的是（　　）。

A. 国家机关承受用于办公的土地、房屋　　B. 国有土地使用权出让

C. 房屋赠与　　D. 房屋交换

4. 下列选项中，属于财产税制的是（　　）。

A. 增值税　　B. 契税　　C. 盐税　　D. 印花税

5. 下列选项中，属于动态财产税的税种是（　　）。

A. 契税　　B. 遗产税　　C. 财富税　　D. 房产税

6. 车船使用税的计税依据中按辆征收的是（　　）。

A. 载货汽车　　B. 机动船　　C. 乘人汽车　　D. 非机动船

7. 下列属于房产税纳税人的是（　　）。

A. 房屋的出典人　　B. 房屋的承典人

C. 拥有农村房产的农民　　D. 房屋的承租人

8. 车船税的纳税地点为（　　）。

A. 车船登记地　　B. 车船行驶地　　C. 纳税人所在地　　D. 车船所在地

9. 在车船拥有人将车船出租给使用人时，则车船使用税的纳税人是（　　）。

A. 使用人　　B. 拥有人

C. 租赁双方当事人　　D. 租赁双方商定的当事人

10. 依照房产余值计算房产税的税率是（　　）。

A. 1.2%　　B. 2.1%　　C. 12%　　D. 21%

11. 下列各项中，属于车船使用税征税范围的是（　　）。

A. 企业的机动车　　B. 载重不超过 1 吨的渔船

C. 救护车　　D. 消防车

12. 土地增值税实行超率累进税率分为（　　）。

A. 3 级　　B. 5 级　　C. 4 级　　D. 6 级

13. 下列属于免征土地使用税的土地是（　　）。

A. 军队自用土地　　B. 校园用地　　C. 商业用地　　D. 工厂用地

14. 以下资源中，属于资源税应税产品的是（　　）。

A. 加热、修井原油　　B. 柴油　　C. 人造石油　　D. 天然原油

三、多项选择题

1. 下列各项中可以免交印花税的是（　　）。

A. 政府贴息贷款合同　　B. 将财产赠与社会福利机构订立的书据

C. 农牧业保险合同　　D. 技术咨询合同

2. 下列属于印花税缴纳方法的是（　　）。

A. 源泉扣缴办法　　B. 汇贴或汇缴办法
C. 委托代征办法　　D. 自行贴花办法

3. 根据我国税法的规定，下列税种的税率包括定额税率的是(　　)。
A. 资源税　　B. 印花税
C. 所得税　　D. 屠宰税

4. 下列行为中应计征契税的有(　　)。
A. 国有土地使用权出让　　B. 房屋买卖
C. 房屋赠与　　D. 房屋交换
E. 转让土地使用权

5. 下列免征车船税的有(　　)。
A. 警用车船　　B. 捕捞、养殖渔船
C. 学校用车　　D. 非机动车
E. 商用车船

6. 根据契税法规规定，下列行为中，应征收契税的有(　　)。
A. 从他人处换得的等值的有产权的住房一套
B. 在房屋交易会上购得拥有产权的住房一套
C. 接受房屋所有人赠与的有产权的住房一套
D. 以预付集资建房款方式取得的有产权的住房一套
E. 从开发商处购买的拥有产权的住房一套

7. 房产税的计税依据是(　　)。
A. 房租收入　　B. 房产原值
C. 房产净值　　D. 房产余值
E. 房产售价

8. 下列选项中，属于房产税的纳税义务人的是(　　)。
A. 承租人　　B. 承典人
C. 出典人　　D. 产权所有人
E. 房产代管人

9. 土地增值税纳税人在确定扣除项目金额时，可以扣除的与房地产转让有关的税金有(　　)。
A. 营业税　　B. 城市维护建设税
C. 印花税　　D. 企业所得税
E. 教育费附加

10. 城镇土地使用税以纳税人实际占用的土地面积为计税依据。下列各项中，关于实际占用的土地面积规定正确的有(　　)。
A. 凡由省、自治区、直辖市人民政府确定的单位组织测定土地面积的，以测定的面积为计税依据
B. 尚未组织测量，但纳税人持有政府部门核发的土地使用证书的，以证书确认的土地面积为计税依据
C. 尚未核发土地使用证书的，应由纳税人申报土地面积据以纳税，待核发土地使用证后再作调整

D. 尚未核发土地使用证书的，应由税务机关核定土地面积作为计税依据

E. 尚未核发土地使用证书的，应等政府有关部门核发证书后按证书确定的面积为计税依据

四、简答题

1. 在我国开征土地增值税的作用有哪些？
2. 请论述房产税的改革。

第五章　税收征收管理法律制度

【本章知识点简介】

本章介绍了税收程序法——税收征收管理法律制度，主要讲解征收缴纳税款所涉及的方法、手段等程序性问题。

【本章主要内容】

一是税收征收管理概述。税收征收管理法律制度是国家税收法律体系中重要的组成部分。为适应我国分税制财政体制，国家在省以下分设国家税务局和地方税务局，分别负责中央税、中央与地方共享税和地方税的征收管理工作，形成国家税务局和地方税务局两个相对独立的税收管理组织体系。此外，海关也负责部分税种的征收管理工作。税务机关和纳税人（包括扣缴义务人，下同）在税收征收管理过程中根据法律规定享有各自的权利和义务。

二是税务管理。纳税人从事生产、经营应当办理税务登记。税务登记包括设立登记、变更登记、注销登记，此外还包括外出经营报验登记和停业、复业登记。纳税人必须按法律、行政法规和财政、税务部门的规定设置账簿，根据合法、有效的凭证进行核算，并认真保管账簿、凭证。国家特别对发票的印制、领购、开具和保管制定了发票管理办法及其实施细则进行管理。纳税人应按税法规定，按期向税务机关申报纳税。

三是税款征收。为保证税款足额缴纳入库，国家对税款征收方式作了规定，并赋予主管部门在必要时采取调整应纳税额、责令缴纳、加收滞纳金、责令提供纳税担保、采取税收保全措施和强制执行措施以及阻止出境等权力，此外，对税收优先权、税收代位权与撤销权、税款的追缴与退还、纳税人涉税事项的公告与报告等作了规定。

四是税务检查。税务机关根据情况，可以对纳税人履行纳税义务的情况进行检查，以确保国家财政收入和税收法律法规的贯彻落实。

五是税收法律责任。法律对纳税人和税务机关违反税法行为的法律后果做出了规定。

第一节　税收征收管理概述

一、税收征收管理体制

税收征收管理法律制度是国家税收法律体系的重要组成部分。为了加强税收征收管理，规范税款征收和缴纳行为，保障国家税收收入，保护纳税人的合法权益，促进经济和社会发展，1992年9月4日第七届全国人民代表大会常务委员会第27次会议通过了《中华人民共和国税收征收管理法》（以下简称《税收征管法》），于1993年1月1日起施行。1995年2月28日第八届全国人民代表大会常务委员会第12次会议对《税收征管法》进行了修正。2001年4月28日第九届全国人民代表大会常务委员会第21次会议对《税收征管法》进行了修订。修订后的《税收征管法》自2001年5月1日起施行。《税收征管法》适用于依法由税务机关征收的各种税收的征收管理。

从1994年开始，我国实行分税制财政管理体制。所谓分税制，是指在划分中央与地方政府事权的基础上，按照税种划分中央与地方财政收入的一种财政管理体制，即分权、分税、分管。按照分税制的要求，将国家开征的全部税种划分为中央税、中央与地方共享税和地方税。把需要由全国统一管理、影响全国性的商品流通和税源集中、收入较大的税种划为中央税；把与地方资源、经济状况联系比较紧密，对全国性商品生产和流通影响小或者没有影响，税源比较分散的税种划为地方税；把一些税源具有普遍性但征管难度较大的税种划为中央和地方共享税。

在省以下，国家按税种征管分设国家税务局和地方税务局，分别负责中央税、中央与地方共享税和地方税的征收管理工作，形成国家税务局和地方税务局两个相对独立的税收管理组织体系。

国家税务总局在各省、自治区、直辖市设国家税务局；各省、自治区、直辖市下属地区、省辖市、自治州（盟）设国家税务局；各地区、省辖市、自治州（盟）在下属县（市）、自治县（旗）设国家税务局（分局）。与国家税务局相对应的是地方税务局，各省、自治区、直辖市设地方税务局，归属地方人民政府领导；各省、自治区、直辖市下属地区、省辖市、自治州（盟）设地方税务局；各地区、省辖市、自治州（盟）在下属县（市）、自治县（旗）设地方税务局（分局）。国家税务局系统实行垂直领导管理体制。从1998年起，省以下地方税务局也实行垂直管理。

国家税务局系统主要负责下列税种的征收和管理：(1)增值税；(2)消费税；(3)进口产品增值税、消费税，直接对台贸易调节税（委托海关代征）；(4)中国铁路总公司、各银行总行、保险总公司集中缴纳的所得税和城市维护建设税；(5)中央企业所得税（从2002年1月1日起，新注册登记的企业，所得税一律由国家税务局征收管理）；(6)地方银行和外资银行及非银行金融企业所得税；(7)海洋石油企业所得税、资源税；(8)证券交易税（未开征，目前对在上海、深圳证券交易所交易的证券征收印花税）；(9)境内外商投资企业和外国企业的增值税、消费税、企业所得税；(10)出口产品退税的管理；(11)集贸市场和个体户的增值税、消费税；(12)中央税的滞纳金、补税、罚款收入；(13)按中央税、中央与地方共享税附征的教育费附加（属于中国铁路总公司、各银行总行、保险总公司集中缴纳的入中央库，其他入地方库）。

地方税务局系统主要负责下列税种的征收和管理（不包括已明确由国家税务局系统负责

征收的地方税部分)：(1)营业税；(2)个人所得税；(3)土地增值税；(4)城市维护建设税；(5)车船税；(6)房产税；(7)屠宰税；(8)资源税；(9)城镇土地使用税；(10)固定资产投资方向调节税(现已暂停征收)；(11)地方企业所得税(包括地方国有、集体、私营企业)；(12)印花税；(13)筵席税；(14)地方税的滞纳金、补税、罚款收入；(15)地方营业税附征的教育费附加；(16)烟叶税。

根据《国务院关于印发所得税收入分享改革方案的通知》，自 2002 年 1 月 1 日起，在工商行政管理部门办理设立(开业)登记的企业，除特殊规定外，其企业所得税由国家税务局负责征收管理，企业所得税中央与地方按一定比例分享。

除税务机关外，海关也负责部分税种的征收管理工作。海关系统主要负责下列税收的征收和管理：(1)进出口关税；(2)对入境旅客行李物品和个人邮递物品征收的进口关税；(3)委托代征的进口环节消费税、增值税、船舶吨税等。

二、征纳双方的权利和义务

根据《税收征管法》及其他有关行政法规及规章的规定，征纳双方在税收征收管理中既享有各自的权利，也须承担各自的义务。

(一)税务机关的权利和义务

1. 税务机关的权利

税务机关作为国家税收征收管理的职能部门，享有的行政权利主要有：

(1)税务管理。包括对纳税人进行税务登记管理、账簿和凭证管理、纳税申报管理等。

(2)税款征收。这是税务机关拥有的最基本、最主要的权利。税法赋予税务机关其他权利的核心目标就是为了确保税款征收的顺利进行。税款征收权主要包括：

①依法计征权。税务机关可以根据各税种的不同特点和征纳双方的具体条件，依法确定计算征收税款的形式和方法。

②核定税款权。税务机关有权对确无记账能力或有记账能力但管理混乱而导致税务机关难以查账征收税款的纳税人，按照一定方式核定其应纳税额。

③税收保全和强制执行权。经县以上税务局(分局)局长批准，税务机关可以采取税收保全措施和强制执行措施征收税款。

④追征税款权。对因各种原因造成税款未缴或者少缴的，税务机关可以追征税款。

(3)在法律、行政法规规定的权限内，对纳税人的减、免、退税及延期缴纳税款的申请予以审批。

(4)税务检查。这是税务机关查处税收违法行为的职权，包括查账权、场地检查权、询问权、责成提供资料权、存款账户核查权等。

(5)行政处罚。即对税收违法行为依照法定标准予以行政制裁的权利，如罚款等。

(6)其他权利。如委托代征权、估税权、代位权与撤销权、阻止欠税纳税人离境的权利、定期对纳税人欠缴税款情况予以公告的权利、上诉权等。

2. 税务机关的义务

税收征收管理机关在行使职权时，也要承担相应的义务：

(1)宣传税法，辅导纳税人依法纳税的义务。

(2)保密义务。税务机关应当依法为纳税人、扣缴义务人的情况保守秘密，为检举违反税法行为者保密。

(3)为纳税人办理税务登记、开具完税凭证的义务。

(4)受理减、免、退税及延期缴纳税款申请的义务。

(5)进行回避的义务。税务人员在核定应纳税额、调整税收定额、进行税务检查、实施税务行政处罚、办理税务行政复议时，与纳税人、扣缴义务人或者其法定代表人、直接责任人有利害关系，包括夫妻关系、直系血亲关系、三代以内旁系血亲关系、近姻亲关系、可能影响公正执法的其他利害关系的，应当回避。

(6)其他义务。如出示税务检查证明的义务、多征税款立即返还的义务、实施税收保全中的义务、保护纳税人合法权益的义务、受理税务行政复议的义务等。

(二)纳税人、扣缴义务人的权利和义务

在税收法律关系中，纳税人处于行政管理相对人的地位，除须承担纳税义务外，也仍然享有自己相应的法定权利。

1. 纳税人、扣缴义务人的权利

(1)知情权。纳税人、扣缴义务人有权向税务机关了解国家税收法律、行政法规的规定，以及与纳税程序有关的情况。

(2)要求保密权。纳税人、扣缴义务人有权要求税务机关对自己的生产经营和财务状况及有关资料保守秘密。

(3)享受税法规定的减税、免税和出口退税优待权。

(4)延期申报和延期缴纳税款请求权。纳税人不能按期办理纳税申报，或有特殊困难不能按期缴纳税款的，有权提出申请，经税务机关核准，可以延期申报和延期缴纳税款。

(5)多缴税款申请退还权。纳税人超过应纳税额缴纳的税款，税务机关发现后应当立即退还；纳税人自结算缴纳税款之日起 3 年内发现的，可以向税务机关要求退还多缴的税款并加算银行同期存款利息，税务机关及时查实后应立即退还；涉及从国库中退库的，依照法律、行政法规有关国库管理的规定退还。

(6)陈述权、申辩权。纳税人、扣缴义务人对税务机关做出的决定，享有采用一定的方式表达自己的意见，对自己的行为做出陈述与辩护的权利，如要求听证、申请行政复议和向法院提起诉讼等。

(7)要求税务机关承担赔偿责任权。纳税人、扣缴义务人认为税务机关具体行政行为不当，致使自己的合法利益遭受损失时，有权要求税务机关进行赔偿。

(8)其他权利。如当税务人员未出示税务检查证和税务通知书时，被检查人有权拒绝税务检查的权利；对税务机关及其工作人员的各种不法行为进行揭露、检举和控告的权利；纳税人按规定没有代收、代扣、代缴义务的，有权依法拒绝税务机关要求其代收、代扣、代缴等。

2. 纳税人、扣缴义务人的义务

(1)按期办理税务登记，并按规定使用税务登记证件的义务。

(2)按规定设置账簿，并正确使用、保管有关凭证的义务。

(3)按期办理纳税申报的义务。

(4)按期缴纳或解缴税款的义务。

(5)滞纳税款须缴纳滞纳金的义务。

(6)接受税务检查的义务。

(7)纳税人、扣缴义务人、纳税担保人同税务机关在纳税上发生争议时，必须先依照税务机关的纳税决定缴纳或者解缴税款及滞纳金，或者提供相应的担保，然后才可以申请行政复议和起诉。

(8)其他义务。如向税务机关报告的义务;欠缴税款数额较大的纳税人在处分其不动产或者大额资产之前,应当向税务机关报告等。

【例 5—1】 会计小刘认为,在税收征收管理法律关系中,税务机关是行政主管部门,享有征收税款的行政权利,没有义务;纳税人负有纳税义务,没有权利。分析小刘的观点是否正确。

[解析] 小刘的观点不正确。税务机关与纳税人的确是征税主体与纳税主体的关系,但税务机关在行使征税权利的同时,也必须履行法律规定的义务;纳税人在尽纳税义务的同时,也享有法律赋予的保护自己合法权益的权利。

【例 5—2】 在税款征收过程中,纳税人依法享有一定的权利。下列各项中,属于纳税人权利的有( )。

A. 要求税务机关对纳税人情况保密

B. 对税务机关所做出的决定,享有陈述权、申辩权

C. 要求税务机关退还多缴纳的税款并加算银行同期存款利息

D. 对税务机关的处罚决定,可以申请行政复议,也可以提起诉讼

[答案] ABCD

[解析] 纳税人有权要求税务机关对其情况进行保密;对税务机关所做出的决定,纳税人享有陈述权、申辩权;对多缴纳的税款,可要求税务机关退还并加算银行同期存款利息;不服税务机关的处罚决定,可以申请行政复议,也可以提起行政诉讼(但法律规定应当先申请行政复议的,应当先申请行政复议)。

第二节 税务管理

税务管理是指税收征收管理机关为了贯彻、执行国家税收法律制度,加强税收工作,协调征税关系而开展的一项有目的的活动。税务管理是税收征收管理的重要内容,是税款征收的前提和基础性工作。

税务管理主要包括税务登记、账簿和凭证管理、纳税申报等方面的管理。

一、税务登记管理

(一)税务登记的概念与范围

1. 税务登记的概念

税务登记,是指纳税人为履行纳税义务就有关纳税事宜依法向税务机关办理登记的一种法定手续。反过来也可以说,税务登记是税务机关对纳税人的开业、变更、注销、外出经营报验、停业、复业以及生产经营情况进行登记管理的法定程序。税务登记是整个税收征收管理的起点。税务登记的作用在于掌握纳税人的基本情况和税源分布情况。从税务登记开始,纳税人进入税务管理的视野,纳税人的身份及征纳双方的法律关系得到了确认。

2. 税务登记范围、税务登记证件及使用

(1)税务登记范围。

企业,企业在外地设立的分支机构和从事生产、经营的场所,个体工商户和从事生产、经营的事业单位(以下统称从事生产、经营的纳税人),均应当办理税务登记。前款规定以外的纳税人,除国家机关、个人和无固定生产经营场所的流动性农村小商贩外(以下统称非从事生产经

营但依照规定负有纳税义务的单位和个人)，也应当办理税务登记。

【例 5－3】 企业在外地设立从事生产、经营的场所不需要办理税务登记。(　　)

[答案]　×

[解析]　企业在外地设立的分支机构和从事生产、经营的场所，个体工商户和从事生产、经营的事业单位，都应当办理税务登记。

根据税收法律、行政法规的规定负有扣缴税款义务的扣缴义务人(国家机关除外)，应当办理扣缴税款登记。

【例 5－4】 下岗职工赵某开办了一个商品经销部，按规定享受一定期限内的免税优惠。他认为既然免税就不需要办理税务登记。分析赵某的观点是否正确。

[解析]　赵某的观点不正确。根据我国税法的有关规定，凡是从事生产经营的单位和个体工商户均应当办理税务登记。

[答案]　A

[解析]　从事生产、经营的纳税人应当自领取税务登记证件之日起 15 日内，将其财务、会计制度或者财务、会计处理办法报送主管税务机关备案。

(2)税务登记证件及使用。

税务登记证件包括税务登记证及其副本、临时税务登记证及其副本。扣缴税款登记证件包括扣缴税款登记证及其副本。

纳税人办理下列事项时，必须提供税务登记证件：①开立银行账户；②领购发票。纳税人办理其他税务事项时，应当出示税务登记证件，经税务机关核准相关信息后办理手续，包括：①申请减税、免税、退税；②申请办理延期申报、延期缴纳税款；③申请开具外出经营活动税收管理证明；④办理停业、歇业；⑤其他有关税务事项。

纳税人应当按照国家有关规定，持税务登记证件，在银行或者其他金融机构开立基本存款账户和其他存款账户，并自开立基本存款账户或者其他存款账户之日起 15 日内，将其全部账号向主管税务机关报告。发生变化的，应当自变化之日起 15 日内，向主管税务机关书面报告。银行和其他金融机构应当在从事生产、经营的纳税人的账户中登录税务登记证件号码，并在税务登记证件中登录从事生产、经营的纳税人的账户账号。

纳税人应当按照国务院税务主管部门的规定使用税务登记证件。税务登记证件不得转借、涂改、损毁、买卖或者伪造。

税务机关对税务登记证件实行定期验证和换证制度。纳税人应当在规定的期限内持有关证件到主管税务机关办理验证或者换证手续。

纳税人应当将税务登记证件正本在其生产、经营或者办公场所公开悬挂，接受税务机关检查。纳税人遗失税务登记证件的，应当在 15 日内书面报告主管税务机关，并登报声明作废。

【例 5－5】 小刘在学习税法时注意到，从事生产、经营的纳税人到银行开立存款账户时要持税务登记证件，开立账户后要将账号向税务机关报告。小刘想，法律做这样规定的意义，一定是为了防止个别纳税人逃避税务机关的监管进行偷税吧。

分析小刘的想法是否正确。

[解析]　小刘的想法正确。利用银行系统降低税收管理成本，防止偷税已经被许多国家的实践证明是有效的。《税收征管法》规定纳税人需持税务登记证件开设账户，并向税务机关报告其全部账号，在账户和税务登记证件中互相登记号码，将设立账户与税务登记管理联系起来，增强了银行在税源监控中的作用，提高了税务登记证的法律地位。

3. 税务登记主管机关

县以上(含本级,下同)国家税务局(分局)、地方税务局(分局)是税务登记的主管税务机关,负责税务登记的设立登记、变更登记、注销登记和税务登记证验证、换证以及非正常户处理、报验登记等有关事项。

国家税务局(分局)、地方税务局(分局)按照国务院规定的税收征收管理范围,实施属地管理,采取联合登记或分别登记的方式办理税务登记。有条件的城市,国家税务局(分局)、地方税务局(分局)可以按照"各区分散受理、全市集中处理"的原则办理税务登记。国家税务局(分局)、地方税务局(分局)联合办理税务登记的,应当对同一纳税人核发同一份加盖国家税务局(分局)、地方税务局(分局)印章的税务登记证。

国家税务局(分局)、地方税务局(分局)执行统一税务登记代码。税务登记代码由省级国家税务局、地方税务局联合编制,统一下发各地执行。

各级工商行政管理机关应当向同级国家税务局和地方税务局定期通报办理开业、变更、注销登记以及吊销营业执照的情况。

(二)税务登记的内容

我国现行税务登记制度包括设立(开业)税务登记、变更税务登记、注销税务登记、外出经营报验登记以及停业、复业登记等。

1. 设立税务登记

设立税务登记是指纳税人依法成立并经工商行政管理机关登记后,为确认其纳税人的身份,纳入国家税务管理体系而到税务机关进行的登记。

(1)办理设立税务登记的地点。

从事生产、经营的纳税人,向生产、经营所在地税务机关办理税务登记。

税务机关对纳税人税务登记地点发生争议的,由其共同的上级税务机关指定管辖。

(2)申报办理税务登记的时限要求。

①从事生产、经营的纳税人领取工商营业执照(含临时工商营业执照)的,应当自领取工商营业执照之日起30日内申报办理税务登记,税务机关核发税务登记证及副本(纳税人领取临时工商营业执照的,税务机关核发临时税务登记证及副本);

②从事生产、经营的纳税人未办理工商营业执照但经有关部门批准设立的,应当自有关部门批准设立之日起30日内申报办理税务登记,税务机关核发税务登记证及副本;

③从事生产、经营的纳税人未办理工商营业执照也未经有关部门批准设立的,应当自纳税义务发生之日起30日内申报办理税务登记,税务机关核发临时税务登记证及副本;

④有独立的生产经营权、在财务上独立核算并定期向发包人或者出租人上交承包费或租金的承包承租人,应当自承包承租合同签订之日起30日内,向其承包承租业务发生地税务机关申报办理税务登记,税务机关核发临时税务登记证及副本;

⑤从事生产、经营的纳税人外出经营,自其在同一县(市)实际经营或提供劳务之日起,在连续的12个月内累计超过180日的,应当自期满之日起30日内,向生产、经营所在地税务机关申报办理税务登记,税务机关核发临时税务登记证及副本;

⑥境外企业在中国境内承包建筑、安装、装配、勘探工程和提供劳务的,应当自项目合同或协议签订之日起30日内,向项目所在地税务机关申报办理税务登记,税务机关核发临时税务登记证及副本;

⑦非从事生产经营但依照规定负有纳税义务的单位和个人,除国家机关、个人和无固定生

产经营场所的流动性农村小商贩外，均应当自纳税义务发生之日起 30 日内，向纳税义务发生地税务机关申报办理税务登记，税务机关核发临时税务登记证及副本。

（3）申报办理税务登记需提供的资料及《税务登记表》填写内容。

纳税人在申报办理税务登记时，应当根据不同情况向税务机关如实提供以下证件和资料：①工商营业执照或其他核准执业证件；②有关合同、章程、协议书；③组织机构统一代码证书；④法定代表人或负责人或业主的居民身份证、护照或者其他合法证件。

其他需要提供的有关证件、资料，由省、自治区、直辖市税务机关确定。

纳税人在申报办理税务登记时，应当如实填写税务登记表。

税务登记表的格式参见表 5－1。主要内容包括：①单位名称、法定代表人或者业主姓名及其居民身份证、护照或者其他合法证件的号码；②住所、经营地点；③登记类型；④核算方式；⑤生产经营方式；⑥生产经营范围；⑦注册资金（资本）、投资总额；⑧生产经营期限；⑨财务负责人、联系电话；⑩国家税务总局确定的其他有关事项。

表 5－1　　　　税务登记表

纳税人名称					
法定代表人（负责人）		身份证件名称		证件号码	
注册地址				邮政编码	
生产经营地址				邮政编码	
生产经营范围	主营				
	兼营				
所属主管单位					
发照工商机关	工商机关名称				
	营业执照名称		营业执照字号		
	发照日期	年　月　日	开业日期	年　月　日	
开户银行名称	银行账号		币种	是否缴税账号	
生产经营期限		从业人数			
经营方式		登记注册类型		行业	
财务负责人		办税人员		联系电话	
隶属关系		注册资本			
投资方名称	投资金额	投资币种	与美元汇率比价	所占投资比例	分配比例

续表

会计报表种类					
低值易耗品摊销方法					
折旧方式					
所属非独立核算机构的分支机构	纳税人识别号	纳税人名称	生产经营地址	负责人	
E-MAIL 地址					

法定代表人(负责人)签章：　　　　　　　　纳税人(签章)

填表日期：　　年　月　日

以下由受理登记税务机关填写

税务登记证发放日期：　　年　月　日

税务登记有效期限：

税务登记机关(公章)　　　　　　　　税务登记经办人(签章)

(4)税务登记证件的发放。

纳税人提交的证件和资料齐全且税务登记表的填写内容符合规定的，税务机关应及时发放税务登记证件。

纳税人提交的证件和资料不齐全或税务登记表的填写内容不符合规定的，税务机关应当场通知其补正或重新填报。纳税人提交的证件和资料明显有疑点的，税务机关应进行实地调查，核实后予以发放税务登记证件。

税务登记证件的主要内容包括：纳税人名称、税务登记代码、法定代表人或负责人、生产经营地址、登记类型、核算方式、生产经营范围(主营、兼营)、发证日期、证件有效期等。

已办理税务登记的扣缴义务人应当自扣缴义务发生之日起 30 日内，向税务登记地税务机关申报办理扣缴税款登记。税务机关在其税务登记证件上登记扣缴税款事项，不再发给扣缴税款登记证件。根据税收法律、行政法规的规定可不办理税务登记的扣缴义务人，应当自扣缴义务发生之日起 30 日内，向机构所在地税务机关申报办理扣缴税款登记。税务机关核发扣缴税款登记证件。

2. 变更税务登记

变更税务登记是指纳税人办理设立税务登记后，因登记内容发生变化，需要对原有登记内容进行更改，而向主管税务机关申请办理的税务登记。变更税务登记的主要目的在于及时掌握纳税人的生产经营情况，减少税款的流失。

纳税人已在工商行政管理机关办理变更登记的，应当自工商行政管理机关变更登记之日起 30 日内，向原税务登记机关如实提供下列证件、资料，申请办理变更税务登记：①工商登记变更表及工商营业执照；②纳税人变更登记内容的有关证明文件；③税务机关发放的原税务登记证件(登记证正、副本和税务登记表等)；④其他有关资料。

纳税人按照规定不需要在工商行政管理机关办理变更登记，或者其变更登记的内容与工商登记内容无关的，应当自税务登记内容实际发生变化之日起 30 日内，或者自有关机关批准或者宣布变更之日起 30 日内，持下列证件到原税务登记机关申报办理变更税务登记：①纳税人变更登记内容的有关证明文件；②税务机关发放的原税务登记证件(登记证正、副本和税务登记表等)；③其他有关资料。

纳税人提交的有关变更登记的证件、资料齐全的，应如实填写《税务登记变更表》(参见表 5—2)，经税务机关审核，符合规定的，税务机关予以受理；不符合规定的，税务机关应通知其补正。

表 5—2 **税务登记变更表**

纳税人识别号：□□□□□□□□□□□□□□□

纳税人名称：

变更登记事项			
序号	变更项目	变更前内容	变更后内容
送缴证件情况：			
纳税人(签章) 法定代表人(负责人)： 办税人员： 年 月 日			
主管税务机关审批意见： (公章) 负责人： 经办人： 年 月 日			

注：适用范围：涉及税务登记内容变化的，均应办理变更登记。

税务机关应当自受理之日起 30 日内，审核办理变更税务登记。纳税人税务登记表和税务登记证中的内容都发生变更的，税务机关按变更后的内容重新核发税务登记证件；纳税人税务登记表的内容发生变更而税务登记证中的内容未发生变更的，税务机关不重新核发税务登记证件。

3. 停业、复业登记

停业、复业登记，是指实行定期定额征收方式的纳税人，因自身经营的需要暂停经营或者恢复经营而向主管税务机关申请办理的一种税务登记手续。

实行定期定额征收方式的个体工商户需要停业的，应当在停业前向税务机关申报办理停业登记。纳税人的停业期限不得超过1年。

纳税人在申报办理停业登记时，应如实填写停业登记表（参见表5—3），说明停业理由、停业期限、停业前的纳税情况和发票的领、用、存情况，并结清应纳税款、滞纳金、罚款。税务机关应收存其税务登记证件及副本、发票领购簿、未使用完的发票和其他税务证件。

表5—3　　停业登记表

纳税人识别号：□□□□□□□□□□□□□□□

纳税人名称：

<table>
<tr><td colspan="8">停业原因：</td></tr>
<tr><td rowspan="2">批准机关</td><td colspan="2">名　称</td><td colspan="5"></td></tr>
<tr><td colspan="2">批准文号及日期</td><td colspan="5"></td></tr>
<tr><td colspan="3">申请停业期限</td><td colspan="5">年　月　日至　年　月　日</td></tr>
<tr><td colspan="8">纳税人（签章）
法定代表人（负责人、业主）：
办税人员：　　年　月　日</td></tr>
<tr><td colspan="8">以下由税务机关填写</td></tr>
<tr><td rowspan="5">税务登记环节</td><td rowspan="3">封存税务机关发放证件情况</td><td colspan="2">税务登记证正本</td><td colspan="2">税务登记证副本</td><td colspan="2">其他有关证件</td></tr>
<tr><td>数量</td><td>证件号码</td><td>数量</td><td>证件号码</td><td>数量</td><td>证件号码</td></tr>
<tr><td></td><td></td><td></td><td></td><td></td><td></td></tr>
<tr><td colspan="2">核准停业期限</td><td colspan="5">年　月　日至　年　月　日</td></tr>
<tr><td colspan="7">负责人：
经办人：　　年　月　日</td></tr>
<tr><td rowspan="9">发票收缴情况</td><td>发票种类</td><td colspan="2">发票数量（本）</td><td colspan="2">发票数量（组）</td><td colspan="2">发票起止号码</td></tr>
<tr><td></td><td colspan="2"></td><td colspan="2"></td><td colspan="2"></td></tr>
<tr><td></td><td colspan="2"></td><td colspan="2"></td><td colspan="2"></td></tr>
<tr><td></td><td colspan="2"></td><td colspan="2"></td><td colspan="2"></td></tr>
<tr><td></td><td colspan="2"></td><td colspan="2"></td><td colspan="2"></td></tr>
<tr><td></td><td colspan="2"></td><td colspan="2"></td><td colspan="2"></td></tr>
<tr><td></td><td colspan="2"></td><td colspan="2"></td><td colspan="2"></td></tr>
<tr><td></td><td colspan="2"></td><td colspan="2"></td><td colspan="2"></td></tr>
<tr><td colspan="7">负责人：
经办人：　　年　月　日</td></tr>
</table>

续表

批准 意见	主管税务机关： （公章） 局长签字： 年　月　日

注：本表一式三份，税务机关二份，纳税人一份。

纳税人在停业期间发生纳税义务的，应当按照税收法律、行政法规的规定申报缴纳税款。

纳税人应当于恢复生产、经营之前，向税务机关申报办理复业登记，如实填写停、复业报告书，领回并启用税务登记证件、发票领购簿及其停业前领购的发票。

纳税人停业期满不能及时恢复生产经营的，应当在停业期满前向税务机关提出延长停业登记申请，并如实填写停、复业报告书。

4. 外出经营报验登记

外出经营报验登记，是指从事生产经营的纳税人到外县（市）进行临时性的生产经营活动时，按规定向经营地税务机关申报办理的一种税务登记手续。

纳税人到外县（市）临时从事生产经营活动的，应当在外出生产经营以前，持税务登记证向主管税务机关申请开具《外出经营活动税收管理证明》（以下简称外管证）。

税务机关按照一地一证的原则，核发外管证，外管证的有效期限一般为 30 日，最长不得超过 180 日。在同一地累计超过 180 日的，应当在营业地办理税务登记手续。

纳税人应当在外管证注明地进行生产经营前向当地税务机关报验登记，并提交下列证件、资料：①税务登记证件副本；②外管证。纳税人在外管证注明地销售货物的，除提交以上证件、资料外，还应如实填写外出经营货物报验单，申报查验货物。纳税人外出经营活动结束，应当向经营地税务机关填报外出经营活动情况申报表，并结清税款、缴销发票。

纳税人应当在外管证有效期届满后 10 日内，持外管证回原税务登记地税务机关办理外管证缴销手续。

5. 注销税务登记

注销税务登记是指纳税人由于法定的原因终止纳税义务时，向原税务机关申请办理的取消税务登记的手续。办理注销税务登记后，该当事人不再接受原税务机关的管理。

纳税人发生解散、破产、撤销以及其他情形，依法终止纳税义务的，应当在向工商行政管理机关或者其他机关办理注销登记前，持有关证件和资料向原税务登记机关申报办理注销税务登记。按规定不需要在工商行政管理机关或者其他机关办理注册登记的，应当自有关机关批准或者宣告终止之日起 15 日内，持有关证件和资料向原税务登记机关申报办理注销税务登记。

纳税人被工商行政管理机关吊销营业执照或者被其他机关予以撤销登记的，应当自营业执照被吊销或者被撤销登记之日起 15 日内，向原税务登记机关申报办理注销税务登记。

纳税人因住所、经营地点变动，涉及改变税务登记机关的，应当在向工商行政管理机关或者其他机关申请办理变更、注销登记前，或者住所、经营地点变动前，持有关证件和资料，向原税务登记机关申报办理注销税务登记，并自注销税务登记之日起 30 日内向迁达地税务机关申报办理税务登记。

境外企业在中国境内承包建筑、安装、装配、勘探工程和提供劳务的，应当在项目完工、离开中国前 15 日内，持有关证件和资料，向原税务登记机关申报办理注销税务登记。

纳税人办理注销税务登记前，应当向税务机关提交相关证明文件和资料，结清应纳税款、多退(免)税款、滞纳金和罚款，缴销发票、税务登记证件和其他税务证件，经税务机关核准后，办理注销税务登记手续。

【例 5—6】 王某在北京市丰台区设立甲个人独资企业，其住所即为其经营地点。后根据经营情况，王某将企业搬至北京市大兴区。分析王某要办理何种税务登记。

[解析] 已办理税务登记的纳税人因税务登记内容发生变化，应办理变更税务登记；但若纳税人因住所、经营地点发生变动，涉及改变税务登记机关的，应向原税务登记机关申报办理注销税务登记，并自注销税务登记之日起 30 日内向迁达地税务机关申报办理税务登记。所以，王某应先到北京市丰台区税务局办理注销登记，再到北京市大兴区税务局办理设立税务登记。

(三)税务登记的管理

1. 证照管理

税务机关应当加强税务登记证件的管理，采取实地调查、上门验证等方法，或者结合税务部门和工商部门之间，以及国家税务局(分局)、地方税务局(分局)之间的信息交换比对进行税务登记证件的管理。

税务登记证式样改变，需统一换发税务登记证的，由国家税务总局确定。

纳税人、扣缴义务人遗失税务登记证件的，应当自遗失税务登记证件之日起 15 日内，书面报告主管税务机关，如实填写税务登记证件遗失报告表，并将纳税人的名称、税务登记证件名称、税务登记证件号码、税务登记证件有效期、发证机关名称在税务机关认可的报刊上作遗失声明，凭报刊上刊登的遗失声明向主管税务机关申请补办税务登记证件。

2. 非正常户处理

已办理税务登记的纳税人未按照规定的期限申报纳税，在税务机关责令其限期改正后，逾期不改正的，税务机关应当派员实地检查，查无下落并且无法强制其履行纳税义务的，由检查人员制作非正常户认定书，存入纳税人档案，税务机关暂停其税务登记证件、发票领购簿和发票的使用。

纳税人被列入非正常户超过 3 个月的，税务机关可以宣布其税务登记证件失效，其应纳税款的追征仍按《税收征管法》及其实施细则的规定执行。

二、账簿、凭证管理

账簿是纳税人连续地登记各种经济业务的账册或簿籍；凭证是记录经济业务、明确经济责任的书面证明。账簿、凭证是纳税人进行生产经营活动和核算财务收支的重要依据，它能够为课税提供基础计算依据，所以也是税务机关对纳税人进行征税、管理、核查的重要依据。因此，账簿、凭证管理就成为税收管理的基础性工作，是保证税务机关进行有效的财务监督与税务管理的需要。

(一)设置账簿的范围

纳税人、扣缴义务人应按照有关法律、行政法规和国务院财政、税务主管部门的规定设置账簿，根据合法、有效凭证记账，进行核算。

(1)从事生产、经营的纳税人应当自领取营业执照或者发生纳税义务之日起15日内，按照国家有关规定设置账簿。所谓账簿，是指总账、明细账、日记账以及其他辅助性账簿。总账、日记账应当采用订本式。

(2)生产经营规模小又确无建账能力的纳税人，可以聘请经批准从事会计代理记账业务的专业机构或者经税务机关认可的财会人员代为建账和办理账务。聘请上述机构或者人员有实际困难的，经县以上税务机关批准，可以按照税务机关的规定，建立收支凭证粘贴簿、进货销货登记簿或者使用税控装置。

(3)扣缴义务人应当自税收法律、行政法规规定的扣缴义务发生之日起10日内，按照所代扣、代收的税种，分别设置代扣代缴、代收代缴税款账簿。

纳税人、扣缴义务人会计制度健全，能够通过计算机正确、完整计算其收入和所得或者代扣代缴、代收代缴税款情况的，其计算机输出的完整的书面会计记录，可视同会计账簿。纳税人、扣缴义务人会计制度不健全，不能通过计算机正确、完整计算其收入和所得或者代扣代缴、代收代缴税款情况的，应当建立总账及与纳税或者代扣代缴、代收代缴税款有关的其他账簿。

(二)对纳税人财务会计制度及其处理办法的管理

(1)纳税人的财务、会计制度及其处理办法，是其进行会计核算的依据，直接关系到计税依据是否真实合理。从事生产、经营的纳税人应当自领取税务登记证件之日起15日内，将其财务、会计制度或者财务、会计处理办法报送主管税务机关备案。

图5—1图示了设账、税务登记、备案的相关时间。

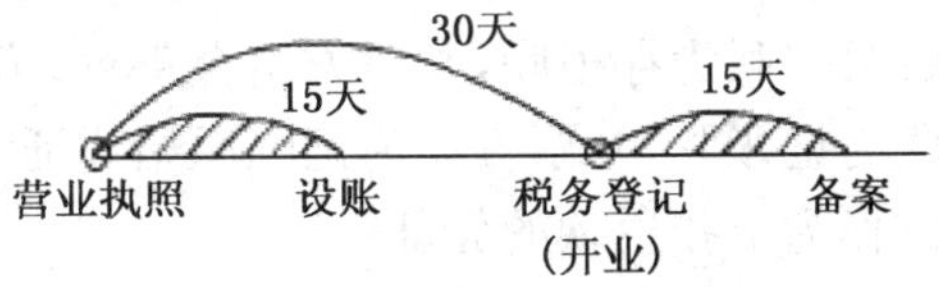

图5—1　设账、税务登记、备案的相关时间

(2)纳税人使用计算机记账的，应当在使用前将会计电算化系统的会计核算软件、使用说明书及有关资料报送主管税务机关备案。纳税人建立的会计电算化系统应当符合国家有关规定，并能正确、完整核算其收入或者所得。

(3)纳税人、扣缴义务人的财务、会计制度或者财务、会计处理办法与国务院或者国务院财政、税务主管部门有关税收的规定抵触的，依照国务院或者国务院财政、税务主管部门有关税收的规定计算应纳税款、代扣代缴和代收代缴税款。

账簿、会计凭证和报表应当使用中文。民族自治地方可以同时使用当地通用的一种民族文字。外商投资企业和外国企业可以同时使用一种外国文字。

【例5—7】 根据《税收征管法》的规定，从事生产、经营的纳税人应当自领取税务登记证件之日起的一定期限内，将其财务、会计制度或者财务、会计处理办法报送税务机关备案。该期限为(　　)。

A. 7日　　B. 15日　　C. 30日　　D. 45日

[答案]　B

[解析]　从事生产、经营的纳税人应当自领取税务登记证件之日起15日内，将其财务、会

计制度或者财务、会计处理办法报送主管税务机关备案。

（三）发票管理

发票，是指在购销商品、提供或者接受服务以及从事其他经营活动中，开具、收取的收付款凭证。它是确定经济收支行为发生的法定凭证，是会计核算的原始依据，也是税务稽查的重要依据。

税务机关是发票的主管机关，负责发票印刷、领购、开具、取得、保管、缴销的管理和监督。财政、审计、工商行政管理、公安等有关部门在各自职责范围内，配合税务机关做好发票管理工作。

对国有金融、邮电、铁路、民用航空、公路和水上运输等单位的专业发票，经国家税务总局或者国家税务总局省、自治区、直辖市分局（即现在的省国税局、地税局）批准，可以由国务院有关部门或者省、自治区、直辖市人民政府有关主管部门自行管理。所谓专业发票，是指国有金融、保险企业的存贷、汇兑、转账凭证、保险凭证；国有邮政、电信企业的邮票、邮单、话务、电报收据；国有铁路、民用航空企业和交通部门国有公路、水上运输企业的客票、货票等。上述单位承包、租赁给非国有单位和个人经营或采取国有民营形式所用的专业发票，以及上述单位的其他发票均应套印全国统一发票监制章，由税务机关统一管理。

1. 发票的种类、样式和内容

发票的种类、联次、内容及使用范围由国家税务总局规定。全国统一发票监制章是税务机关管理发票的法定标志，其形状、规格、内容、印色由国家税务总局规定。除经国家税务总局或省级税务机关依据各自的职责批准外，发票均应套印全国统一发票监制章。发票种类的划分，由省级以上税务机关确定。

发票的基本联次为三联：第一联为存根联，开票方留存备查；第二联为发票联，收执方作为付款或收款原始凭证；第三联为记账联，开票方作为记账原始凭证。增值税专用发票的基本联次还应包括抵扣联，由收执方作为抵扣税款的凭证。

除增值税专用发票外，县（市）以上税务机关根据需要可适当增减联次并确定其用途。

发票的基本内容包括：发票的名称、字轨号码、联次及用途；客户名称；开户银行及账号；商品名称或经营项目；计量单位、数量、单价、大小写金额；开票人；开票日期；开票单位（个人）名称（章）等。有代扣、代收、委托代征税款的，其发票内容应包括代扣、代收、委托代征税种的税率和代扣、代收、委托代征税额。

在全国范围内统一式样的发票，由国家税务总局确定。在省、自治区、直辖市范围内统一式样的发票，由省级税务机关确定。所谓发票的式样，包括发票所属的种类、各联用途、具体内容、版面排列、规格、使用范围等。

有固定生产经营场所、财务和发票管理制度健全、发票使用量较大的单位，可以申请负责制印有本单位名称的发票；如统一发票式样不能满足业务需要，也可以自行设计本单位的发票式样，但均须报经县（市）以上税务机关批准，其中增值税专用发票由国家税务总局另定。

2. 发票的印制

发票由省、自治区、直辖市税务机关指定的企业印制；增值税专用发票由国家税务总局指定的企业统一印制。禁止私印、伪造、变造发票。发票防伪专用品由国家税务总局指定的企业生产。禁止非法制造发票防伪专用品。发票应当套印全国统一发票监制章。全国统一发票监制章的式样和发票版面印刷的要求，由国家税务总局规定。发票监制章由省、自治区、直辖市税务机关制作。禁止伪造发票监制章。

发票实行不定期换版制度。

3. 发票的领购

(1)领购发票的对象。依法办理税务登记的单位和个人,在领取税务登记证件后,可以向主管税务机关申请领购发票。依法不需办理税务登记但需要使用发票的单位,可以按规定程序向主管税务机关申请领购发票。

临时到本省、自治区、直辖市行政区域以外从事经营活动的单位或者个人,应当凭所在地税务机关的证明,向经营地税务机关申请领购经营地的发票。临时在本省、自治区、直辖市以内跨市、县从事经营活动领购发票的办法,由省、自治区、直辖市税务机关规定。税务机关收取保证金应当开具收据。

(2)领购发票的程序。申请领购发票的单位和个人必须先提出购票申请,提供经办人身份证明、税务登记证件或者其他有关证明,以及财务印章(指单位的财务专用章或其他财务印章)或者发票专用章的印模,经主管税务机关审核后,发给发票领购簿。领购发票的单位和个人凭发票领购簿核准的种类、数量以及购票方式,向主管税务机关领购发票。发票专用章,是指没有或者不便使用财务印章的单位和个体工商户按税务机关的统一规定刻制的,在领购或开具发票时加盖有其名称、税务登记号、发票专用章字样的印章。发票专用章的式样和使用办法由省级税务机关确定。购票方式是指批量供应、交旧购新或者验旧购新等方式。

税务机关对外省、自治区、直辖市来本辖区从事临时经营活动的单位和个人申请领购发票的,可以要求其提供保证人或者根据所领购发票的票面限额及数量交纳不超过 1 万元的保证金,并限期缴销发票。按期缴销发票的,解除保证人的担保义务或者退还保证金;未按期缴销发票的,由保证人或者以保证金承担法律责任。这里所说的“提供保证人”或“保证金”的情形,是指外地单位和个人来本辖区从事临时经营的,不包括来本辖区办理税务登记从事固定经营者;所谓“保证人”,是指在中国境内具有担保能力的公民、法人或者其他经济组织。国家机关不得作保证人。保证人同意为领购发票的单位和个人提供担保的,应当填写担保书。担保书内容包括:担保对象、范围、期限和责任以及其他有关事项。担保书须经购票人、保证人和税务机关签字盖章后方为有效。由保证人或者以保证金承担法律责任,是指责令保证人缴纳罚款或者以保证金缴纳罚款。

需要临时使用发票的单位和个人,可以直接向税务机关申请办理。凡需向税务机关申请开具发票的单位和个人,均应提供发生购销业务,提供、接受服务或者其他经营活动的书面证明。对税法规定应当缴纳税款的,税务机关应当在开具发票的同时征税。

4. 发票的开具和保管

销售商品、提供服务以及从事其他经营活动的单位和个人,对外发生经营业务收取款项,收款方应向付款方开具发票;收购单位和扣缴义务人支付个人款项时,由付款方向收款方开具发票。所有单位和从事生产、经营活动的个人在购买商品、接受服务以及从事其他经营活动支付款项时,应当向收款方取得发票。取得发票时,不得要求变更品名和金额。不符合规定的发票,不得作为财务报销凭证,任何单位和个人有权拒收。不符合规定的发票是指开具或取得的发票是应经而未经税务机关监制,或填写项目不齐全,内容不真实,字迹不清楚,没有加盖财务印章或发票专用章,伪造、作废以及其他不符合税务机关规定的发票。

填开发票的单位和个人应在发生经营业务确认营业收入时开具发票。未发生经营业务一律不准开具发票。

单位和个人在开具发票时,必须做到按号码顺序填开,填写项目齐全,内容真实,字迹清楚，逐栏、全部联次一次复写、打印，内容完全一致，并在发票联和抵扣联加盖单位财务印章或者发票专用章。开具发票应当使用中文。民族自治地区可以同时使用当地通用的一种民族文字。外商投资企业和外国企业可以同时使用一种外国文字。

使用电子计算机开具发票，须经主管税务机关批准，并使用税务机关统一监制的机制发票（是指经税务机关批准，在指定印制发票企业印制的供计算机开具的发票），开具后的存根联应当按照顺序号装订成册。

任何单位和个人不得转借、转让、代开发票；未经税务机关批准，不得拆本使用发票；不得自行扩大专业发票使用范围。禁止倒买倒卖发票、发票监制章和发票防伪专用品。

发票限于领购单位和个人在本省、自治区、直辖市内开具。省、自治区、直辖市税务机关可以规定跨市、县开具发票的办法。对根据税收管理需要，须跨省、自治区、直辖市开具发票的，由国家税务总局确定。省际毗邻市县之间是否允许跨省、自治区、直辖市开具发票的，由有关省级税务机关确定。任何单位和个人未经批准，不得跨规定的使用区域携带、邮寄、运输空白发票。禁止携带、邮寄或者运输空白发票出入境。

开具发票的单位和个人应当建立发票使用登记制度，设置发票登记簿，并定期向主管税务机关报告发票使用情况。开具发票的单位和个人应当按照税务机关的规定妥善存放和保管发票，不得丢失。已开具的发票存根联和发票登记簿应当保存 5 年。保存期满，报经税务机关查验后销毁。发票丢失，应于丢失当日书面报告主管税务机关，并在报刊和电视等传播媒介上公告声明作废。

【例 5－8】 根据《发票管理办法》及其实施细则的规定，纳税人已开具的发票存根联和发票登记簿的保存期限是（　　）。

A. 3 年　　B. 5 年　　C. 10 年　　D. 15 年

［答案］ B

［解析］ 已开具的发票存根联和发票登记簿应当保存 5 年。要注意发票的保存期限与发票存根联和发票登记簿的保存期限是不同的。

5. 发票的检查

根据《发票管理办法》及其实施细则的规定，税务机关在发票管理中有权进行下列检查：

（1）检查印制、领购、开具、取得和保管发票的情况；

（2）调出发票查验；

（3）查阅、复制与发票有关的凭证、资料；

（4）向当事各方询问与发票有关的问题和情况；

（5）在查处发票案件时，对与案件有关的情况和资料，可以记录、录音、录像、照相和复制。

印制、使用发票的单位和个人，必须接受税务机关依法检查，如实反映情况，提供有关资料，不得拒绝、隐瞒。税务人员进行检查时，应当出示税务检查证。

税务机关需要将已开具的发票调出查验时，应当向被查验的单位和个人开具发票换票证。发票换票证与所调出查验的发票有同等的效力。被调出查验发票的单位和个人不得拒绝接受。发票换票证仅限于在本县（市）范围内使用。

需要调出外县（市）的发票查验时，应与该县（市）税务机关联系，使用当地的换票证。发票的真伪由税务机关鉴定。

税务机关需要将空白发票调出查验时，应当开具收据；经查无问题的，应当及时发还。

单位和个人从中国境外取得的与纳税有关的发票或者凭证，税务机关在纳税审查时有疑义的，可以要求其提供境外公证机构或者注册会计师的确认证明，经税务机关审核认可后，方可作为记账核算的凭证。

税务机关在发票检查中需要核对发票存根联与发票联填写情况时，可以向持有发票或者发票存根联的单位发出“发票填写情况核对卡”，有关单位应在接到税务机关“发票填写情况核对卡”后 15 日内如实填写有关情况报告。

6. 违反发票管理规定的行为及其处罚

纳税人应当按照发票管理的有关规定，切实履行有关义务。《发票管理办法》及其实施细则详细列举了违反发票管理法规的行为，包括 6 类。

(1)未按规定印制发票、生产发票防伪专用品的行为有：

①未经省级税务机关指定的企业私自印制发票；

②未经国家税务总局指定的企业私自生产发票防伪专用品、私自印制增值税专用发票；

③伪造、私刻发票监制章，伪造、私造发票防伪专用品；

④印制发票的企业未按“发票印制通知书”印制发票，生产发票防伪专用品的企业未按“发票防伪专用品生产通知书”生产防伪专用品；

⑤转借、转让发票监制章和发票防伪专用品；

⑥印制发票和生产发票防伪专用品的企业未按规定销毁废(次)品而造成流失；

⑦用票单位私自印制发票；

⑧未按税务机关的规定制定印制发票和生产发票防伪专用品管理制度；

⑨其他未按规定印制发票和生产发票防伪专用品的行为。

(2)未按规定领购发票的行为有：

①向税务机关以外的单位和个人领购发票；

②私售、倒买倒卖发票；

③贩运、窝藏假发票；

④向他人提供发票或者借用他人发票；

⑤盗取(用)发票；

⑥其他未按规定领购发票的行为。

(3)未按规定开具发票的行为有：

①应开具而未开具发票；

②单联填开或上下联金额、增值税销项税额等内容不一致；

③填写项目不齐全；

④涂改发票；

⑤转借、转让、代开发票；

⑥未经批准拆本使用发票；

⑦虚构经营业务活动，虚开发票；

⑧开具票物不符发票；

⑨开具作废发票；

⑩未经批准，跨规定的使用区域开具发票；

⑪以其他单据或白条代替发票开具；

⑫扩大专业发票或增值税专用发票开具范围；

⑬未按规定报告发票使用情况；

⑭未按规定设置发票登记簿；

⑮其他未按规定开具发票的行为。

(4)未按规定取得发票的行为有：

①应取得而未取得发票；

②取得不符合规定的发票；

③取得发票时，要求开票方或自行变更品名、金额或增值税税额；

④自行填开发票入账；

⑤其他未按规定取得发票的行为。

(5)未按规定保管发票的行为有：

①丢失发票；

②损(撕)毁发票；

③丢失或擅自销毁发票存根联以及发票登记簿；

④未按规定缴销发票；

⑤印制发票的企业和生产发票防伪专用品的企业丢失发票或发票监制章及发票防伪专用品等；

⑥未按规定建立发票保管制度；

⑦其他未按规定保管发票的行为。

(6)未按规定接受税务机关检查的行为有：

①拒绝检查；

②隐瞒真实情况；

③刁难、阻挠税务人员进行检查；

④拒绝接受发票换票证；

⑤拒绝提供有关资料；

⑥拒绝提供境外公证机构或者注册会计师的确认证明；

⑦拒绝接受有关发票的询问；

⑧其他未按规定接受税务机关检查的行为。

对有上述所列行为之一的单位和个人，由税务机关责令限期改正，没收非法所得，可以并处1万元以下的罚款。有上述所列两类或两类以上行为的，可以分别处罚。

对非法携带、邮寄、运输或者存放空白发票的，包括经税务机关监制的空白发票和伪造的假空白发票，由税务机关收缴发票，没收非法所得，可以并处1万元以下罚款。

私自印制、伪造变造、倒买倒卖发票(包括发票防伪专用品和假发票)，私自制作发票监制章、发票防伪专用品的，由税务机关予以查封、扣押或者销毁，没收非法所得和作案工具，可以并处1万元以上5万元以下的罚款；构成犯罪的，依法追究刑事责任。

违反发票管理法规，导致其他单位或者个人未缴、少缴或者骗取税款的，由税务机关没收非法所得，可以并处未缴、少缴或者骗取的税款1倍以下的罚款。

上述所谓没收非法所得，是指没收因伪造和非法印制、生产、买卖、转让、代开、不如实开具以及非法携带、邮寄、运输或者存放发票、发票监制章或者发票防伪专用品和其他违反规定的行为所取得的收入。

税务机关对违反发票管理法规的行为进行处罚，应将处理决定书面通知当事人；对违反发票管理法规的案件，应立案查处。对违反发票管理法规的行政处罚，由县以上税务机关决定；

罚款额或没收非法所得款额在1 000元以下的，可由税务所自行决定。

上述“以上”“以下”均含本数。

（四）账簿、凭证等涉税资料的保存和管理

从事生产、经营的纳税人、扣缴义务人必须按照国务院财政、税务主管部门规定的保管期限保管账簿、记账凭证、完税凭证及其他有关资料。除法律、行政法规另有规定外，账簿、记账凭证、报表、完税凭证、发票、出口凭证以及其他有关涉税资料应当保存10年，法律、行政法规另有规定的除外。上述资料应当合法、真实、完整，不得伪造、变造或者擅自损毁。

三、纳税申报

（一）纳税申报的概念

纳税申报，是指纳税人按照税法规定，定期就计算缴纳税款的有关事项向税务机关提交书面报告的一种法定手续。纳税申报是纳税人履行纳税义务、界定法律责任的主要依据。

纳税人必须依照法律、行政法规规定或者税务机关依照法律、行政法规的规定确定的申报期限、申报内容如实办理纳税申报，报送纳税申报表、财务会计报表以及税务机关根据实际需要要求纳税人报送的其他纳税资料。

扣缴义务人必须依照法律、行政法规规定或者税务机关依照法律、行政法规的规定确定的申报期限、申报内容如实报送代扣代缴、代收代缴税款报告表以及税务机关根据实际需要要求扣缴义务人报送的其他有关资料。

（二）纳税申报的内容

纳税人、扣缴义务人的纳税申报或者代扣代缴、代收代缴税款报告表的主要内容包括：税种、税目，应纳税项目或者应代扣代缴、代收代缴税款项目，计税依据，扣除项目及标准，适用税率或者单位税额，应退税项目及税额，应减免税项目及税额，应纳税额或者应代扣代缴、代收代缴税额，税款所属期限、延期缴纳税款、欠税、滞纳金等。

纳税人办理纳税申报时，应当如实填写纳税申报表，并根据不同的情况相应报送下列有关证件、资料：(1)财务会计报表及其说明材料；(2)与纳税有关的合同、协议书及凭证；(3)税控装置的电子报税资料；(4)外出经营活动税收管理证明和异地完税凭证；(5)境内或者境外公证机构出具的有关证明文件；(6)税务机关规定应当报送的其他有关证件、资料。

（三）纳税申报的方式

纳税申报方式，是指纳税人和扣缴义务人在纳税申报期限内，依照规定到指定税务机关进行申报纳税的形式。纳税申报的方式主要有以下几种：

1. 自行申报

也称直接申报。是指纳税人、扣缴义务人按照规定的期限自行直接到主管税务机关(报税大厅)办理纳税申报手续。这是目前主要的纳税申报方式。

2. 邮寄申报

是指经税务机关批准，纳税人、扣缴义务人使用统一规定的纳税申报特快专递专用信封，通过邮政部门办理交寄手续，并以邮政部门收据作为申报凭据的方式。这种申报方式比较适宜边远地区的纳税人。

3. 数据电文

数据电文是指以税务机关确定的电话语音、电子数据交换和网络传输等电子方式进行纳税申报。这种方式运用了新的电子信息技术，代表着纳税申报方式的发展方向，使用范围逐渐扩大。但由于采用数据电文申报方式，其数据的可靠性尚不够稳定，因此税法要求纳税人采取电子方式办理纳税申报的，应当按照税务机关规定的期限和要求保存有关(纸质)资料，并定期书面报送主管税务机关。

4. 其他方式

《税收征管法》及其实施细则规定，实行定期定额缴纳税款的纳税人可以实行简易申报、简并征期等申报纳税方式。所谓简易申报，就是由实行定期定额征收方式的个体工商户(或个人独资企业)在税务机关规定的期限内按照法律、行政法规规定缴清应纳税款，当期(纳税期)可以不办理申报手续。在定额执行期结束后，再将每月实际发生的经营额、所得额一并向税务机关申报。这种方法既节省了时间，降低了纳税成本，也符合及时、足额征收税款的原则。也就是说，按期纳税即视同申报，未按期纳税，也构成未进行纳税申报。简易申报实际上是纳税申报的一种变通方法，不能算是一种独立的纳税申报方式。所谓简并征期，是将实行定期定额征收方式的个体工商户(或个人独资企业)若干纳税期的应纳税额集中在一个纳税期限内缴纳。简并征期最大程度地简化了税款征收程序。适用于实行定期定额征收方式的个体工商户(或个人独资企业)经营地点偏远、缴纳税款数额较小，或者税务机关征收税款有困难的情况。简并征期相当于延长了纳税期限，本身并不是一种纳税申报方式。

除上述方式以外，纳税人、扣缴义务人还可以委托注册税务师等有税务代理资质的中介机构或者他人代理申报纳税。

【例 5－9】 纳税人在减免税期间不需办理纳税申报。(　　)

［答案］ ×

［解析］ 根据规定，纳税人享受减税、免税待遇的，在减税、免税期间仍应当按照规定办理纳税申报。

(四)纳税申报期限

纳税申报期限由具体的税收法律、行政法规规定。每个纳税人、扣缴义务人适用的具体申报时间主要由其纳税期限或扣缴税款的期限限定。

各主要税种的纳税申报期限如下：

(1)增值税、消费税，纳税人以 1 个月为一期纳税的，自期满之日起 10 日内申报纳税；以 1 日、3 日、5 日、10 日或者 15 日为一期纳税的，自期满之日起 5 日内预缴税款，于次月 1 日起 10 日内申报纳税并结清上月应纳税款。

(2)企业所得税纳税人不论经营情况如何，应在季度终了后 10 日内，年度终了后 35 日内，向当地税务机关报送会计报表和所得税申报表。纳税人预缴税款采用按月结算的，于月度终了后 10 日内报送纳税申报表办理结算；采用按季结算的，于季度终了后 20 日内报送季度纳税申报表办理结算。

(3)外商投资企业和外国企业在中国境内设立的从事生产、经营的机构、场所应当在每次预缴所得税的期限内，向当地税务机关报送预缴所得税申报表；年度终了后的 4 个月内，报送年度所得税申报表和会计决算报表。

(4)个人所得税纳税人一般应在次月 7 日内向主管税务机关申报所得并缴纳税款：纳税人一次性取得承包经营、承租经营所得的，自取得收入之日起 30 日内申报纳税；从中国境外取得所得的纳税人，其来源于中国境外的应纳税所得，如在境外以纳税年度计算缴纳个人所得税，应在所得来源的纳税年度终了，结清税款后的 30 日内，向中国主管税务机关申报纳税；如在取得境外所得时结清税款的，应于次年 1 月 1 日起 30 日内向中国主管税务机关申报纳税。

申报期限的确定与申报方式也有一定的联系。如以邮寄方式申报纳税的，以邮件寄出的邮戳日期为实际申报日期；以数据电文方式办理纳税申报的，以税务机关计算机网络系统收到该数据电文的时间为申报日期。

【例 5－10】 某市一居民企业 11 月被查补增值税50 000元、消费税20 000元、所得税30 000元，被加收滞纳金2 000元，被处罚8 000元，该企业应补缴城市维护建设税和教育费附加（　　）元。

［答案］ 城市维护建设税和教育费附加的计税依据是纳税人实际缴纳的增值税、消费税税额，纳税人违反"二税"有关规定而加收的滞纳金和罚款，不作为计税依据。应补缴的城市维护建设税和教育费附加＝(50 000＋20 000)×(7％＋3％)＝7 000(元)

（五）纳税申报的其他要求

(1)纳税人、扣缴义务人不论当期是否发生纳税义务，除经税务机关批准外，均应按规定办理纳税申报或者报送代扣代缴、代收代缴税款报告表。

(2)纳税人享受减税、免税待遇的，在减税、免税期间应当按照规定办理纳税申报。

(3)纳税人、扣缴义务人按照规定的期限办理纳税申报或者报送代扣代缴、代收代缴税款报告表确有困难，需要延期的，应当在规定的期限内向税务机关提出书面延期申请，经税务机关核准，在核准的期限内办理。经税务机关核准可以延期办理纳税申报、报送事项的，应当在纳税期内按照上期实际缴纳的税额或者税务机关核定的税额预缴税款，并在核准的延期内办理税款结算。纳税人、扣缴义务人因不可抗力，不能按期办理纳税申报或者报送代扣代缴、代收代缴税款报告表的，可以延期办理；但是，应当在不可抗力情形消除后立即向税务机关报告。税务机关应当查明事实，予以核准。经核准延期办理前述申报、报送事项的，应当在纳税期内按照上期实际缴纳的税额或者税务机关核定的税额预缴税款，并在核准的延期内办理税款结算。

【例 5－11】 赵某在享受免税优惠期间，是否还需要办理纳税申报？

［解析］ 赵某在享受免税优惠期间，仍需办理纳税申报。法律做这样的规定，既有助于提高国民的纳税意识，也有利于税务机关及时掌握、分析税源情况。

【例 5－12】 小刘与小王就延期纳税申报问题进行了热烈的讨论。小刘说，因不可抗力造成申报困难的，纳税人、扣缴义务人无须申请即可延期申报，但需事后报告；纳税人、扣缴义务人遇有其他困难难以按时申报的，要先向税务机关提出延期申请，经税务机关核准后才能延期申报。小王说，延期申报的含义也就包含了延期纳税。分析小刘、小王的观点是否正确。

［解析］ 小刘的观点正确，小王的观点不正确。延期申报与延期纳税没有必然的联系，被核准延期申报并不意味着延期缴纳税款。经税务机关核准可以延期办理纳税申报、报送事项的，应当在纳税期内按照上期实际缴纳的税额或者税务机关核定的税额预缴税款，并在核准的延期内办理税款结算。

第三节　税款征收

税款征收是税务机关依照税收法律、法规的规定将纳税人应当缴纳的税款组织入库的一系列活动的总称。它是税收征收管理工作的中心环节，在整个税收征收管理工作中占有极其重要的地位。《税收征管法》规定，税务机关依照法律、行政法规的规定征收税款，不得违反法律、行政法规的规定开征、停征、多征、少征、提前征收、延缓征收或者摊派税款。纳税人、扣缴义务人按照法律、行政法规的规定或者税务机关依照法律、行政法规的规定确定的期限，缴纳或者解缴税款。除税务机关、税务人员以及经税务机关依照法律、行政法规委托的单位和人员外，任何单位和个人不得进行税款征收活动。

一、税款征收方式

税款征收方式，是指税务机关根据各税种的不同特点和纳税人的具体情况而确定的计算、征收税款的形式和方法。

(一)税款的确定方式

1. 查账征收

查账征收，是指税务机关对财务健全的纳税人，依据其报送的纳税申报表、财务会计报表和其他有关纳税资料，计算应纳税额，填写缴款书或完税证，由纳税人到银行划解税款的征收方式。这种征收方式较为规范，符合课税法定性的基本原则，适合于经营规模较大、财务会计制度健全、能够如实核算和提供生产经营情况、正确计算应纳税款的纳税人。扩大查账征收纳税人的范围，一直是税务管理的努力方向。

2. 查定征收

查定征收，是指对账务不全，但能控制其材料、产量或进销货物的纳税单位或个人，由税务机关依据正常条件下的生产能力对其生产的应税产品查定产量、销售额并据以征收税款的征收方式。这种征收方式适用于生产经营规模较小、产品零星、税源分散、会计账册不健全的小型厂矿和作坊。

3. 查验征收

查验征收，是指税务机关对纳税人的应税商品、产品，通过查验数量，按市场一般销售单价计算其销售收入，并据以计算应纳税款的一种征收方式。这种征收方式适用于纳税人财务制度不健全，生产经营不固定，零星分散、流动性大的税源。

4. 定期定额征收

定期定额征收，是指对小型个体工商户在一定经营地点、一定经营时期、一定经营范围内的应纳税经营额(包括经营数量)或所得额(简称定额)进行核定，并以此为计税依据，确定其应纳税额的一种征收方式。这种征收方式适用于经主管税务机关认定和县以上税务机关(含县级)批准的生产、经营规模小，达不到《个体工商户建账管理暂行办法》规定的设置账簿标准，难以查账征收，不能准确计算计税依据的个体工商户(包括个人独资企业，简称定期定额户)。

(二)税款的缴纳方式

1. 纳税人直接向国库经收处缴纳

纳税人在申报前，先向税务机关领取税票，自行填写，然后到国库经收处缴纳税款，以国库经收处的回执联和纳税申报等资料，向税务机关申报纳税。这种缴库方式，适用于在设有国库经收处的银行和其他金融机构开设账户，并且向税务机关申报的纳税人。

2. 税务机关自收税款并办理入库手续

这是由税务机关直接收取税款并办理入库手续的缴纳方式，适用于由税务机关代开发票的纳税人缴纳的税款；临时发生纳税义务，需向税务机关直接缴纳的税款；税务机关采取强制执行措施，以拍卖所得或变卖所得缴纳的税款。

3. 代扣代缴

代扣代缴是指按照税法规定，负有扣缴税款义务的单位和个人，负责对纳税人应纳的税款进行代扣代缴的一种方式。即由支付人在向纳税人支付款项时，从所支付的款项中依法直接扣收税款并代为缴纳。其目的是对零星分散、不易控制的税源实行源泉控制。

4. 代收代缴

代收代缴是指按照税法规定，负有收缴税款义务的单位和个人，负责对纳税人应纳的税款进行代收代缴的一种方式。即由与纳税人有经济业务往来的单位和个人在向纳税人收取款项时，依法收取税款。这种方式一般适用于税收网络覆盖不到或很难控制的领域，如受托加工应缴消费税的消费品，由受托方代收代缴的消费税。

5. 委托代征

委托代征是指受委托的有关单位按照税务机关核发的代征证书的要求，以税务机关的名义向纳税人征收零散税款的一种征收方式。这种方式的适当使用有利于控制税源，方便征纳双方，降低征收成本。

二、税款征收措施

为了保证税款征收的顺利进行，《税收征管法》规定税务机关在税款征收中根据不同情况可以采取以下措施：

(一)由主管税务机关调整应纳税额

1. 核定应纳税额的对象

根据《税收征管法》的规定，纳税人有下列情形之一的，税务机关有权核定其应纳税额：

(1)依照法律、行政法规的规定可以不设置账簿的；

(2)依照法律、行政法规的规定应当设置但未设置账簿的；

(3)擅自销毁账簿或者拒不提供纳税资料的；

(4)虽设置账簿，但账目混乱或者成本资料、收入凭证、费用凭证残缺不全，难以查账的；

(5)发生纳税义务，未按照规定的期限办理纳税申报，经税务机关责令限期申报，逾期仍不申报的；

(6)纳税人申报的计税依据明显偏低，又无正当理由的；

(7)未按照规定办理税务登记的从事生产、经营的纳税人以及临时经营的纳税人。

2. 核定应纳税额的方式

为了减少核定应纳税额的随意性，使核定的税额更接近纳税人实际情况和法定负担水平，税务机关按以下方式核定应纳税额：

(1)参照当地同类行业或者类似行业中经营规模和收入水平相近的纳税人的税负水平核定；

(2)按照营业收入或者成本(费用)加合理的利润或其他方法核定；

(3)按照耗用的原材料、燃料、动力等推算或者测算核定；

(4)按照其他合理方法核定。

当其中一种方法不足以正确核定应纳税额时，可以同时采用两种或两种以上的方法核定。

3. 关联企业纳税调整

纳税人与关联企业业务往来时，应当按照独立企业之间的业务往来收取或者支付价款、费用；不按照独立企业之间的业务往来收取或者支付价款、费用，而减少其应纳税的收入或者所得额的，税务机关有权进行合理调整。所谓独立企业之间的业务往来，是指没有关联关系的企业之间按照公平成交价格和营业常规所进行的业务往来。纳税人可以向主管税务机关提出与其关联企业之间业务往来的定价原则和计算方法，主管税务机关审核、批准后，与纳税人预先约定有关定价事项，监督纳税人执行。

(1)关联企业。关联企业是指有下列关系之一的公司、企业和其他经济组织：

①在资金、经营、购销等方面，存在直接或者间接的拥有或者控制关系；

②直接或者间接地同为第三者所拥有或者控制；

③在利益上具有相关联的其他关系。

纳税人有义务就其与关联企业之间的业务往来，向当地税务机关提供有关的价格、费用标准等资料。

(2)适用纳税调整的情形。纳税人与其关联企业之间的业务往来有下列情形之一的，税务机关可以调整其应纳税额：

①购销业务未按照独立企业之间的业务往来作价；

②融通资金所支付或者收取的利息超过或者低于没有关联关系的企业之间所能同意的数额，或者利率超过或者低于同类业务的正常利率；

③提供劳务，未按照独立企业之间业务往来收取或者支付劳务费用；

④转让财产、提供财产使用权等业务往来，未按照独立企业之间业务往来作价或者收取、支付费用；

⑤未按照独立企业之间业务往来作价的其他情形。

(3)税务机关调整应纳税额的方法。纳税人有上述所列情形时，税务机关可以按照下列方法调整计税收入额或者所得额：

①按照独立企业之间进行的相同或者类似业务活动的价格；

②按照再销售给无关联关系的第三者的价格所应取得的收入和利润水平；

③按照成本加合理的费用和利润；

④按照其他合理的方法。

纳税人与其关联企业未按照独立企业之间的业务往来支付价款、费用的，税务机关自该业务往来发生的纳税年度起 3 年内进行调整；有特殊情况的，可以自该业务往来发生的纳税年度起 10 年内进行调整。

(二)责令缴纳，加收滞纳金

纳税人未按照规定期限缴纳税款的，扣缴义务人未按照规定期限解缴税款的，税务机关可责令限期缴纳，并从滞纳税款之日起，按日加收滞纳税款万分之五的滞纳金。

对未按照规定办理税务登记的从事生产、经营的纳税人(包括到外县(市)从事生产、经营而未向营业地税务机关报验登记的纳税人)以及临时从事经营的纳税人，由税务机关核定其应纳税额，责令缴纳；不缴纳的，税务机关可以扣押其价值相当于应纳税款的商品、货物。扣押后缴纳应纳税款的，税务机关必须立即解除扣押，并归还所扣押的商品、货物；扣押后仍不缴纳应纳税款的，经县以上税务局(分局)局长批准，依法拍卖或者变卖所扣押的商品、货物，以拍卖或者变卖所得抵缴税款。

对有些未取得营业执照从事经营的单位或个人，除由工商行政管理机关依法处理外，主管税务机关还应核定其应纳税额，责令缴纳。

加收滞纳金的起止时间，为法律、行政法规规定或者税务机关依照法律、行政法规的规定确定的税款缴纳期限届满次日起至纳税人、扣缴义务人实际缴纳或者解缴税款之日止。

(三)责令提供纳税担保

纳税担保,是指经税务机关同意或确认,纳税人或其他自然人、法人、经济组织以保证、抵押、质押的方式,为纳税人应当缴纳的税款及滞纳金提供担保的行为。

1. 适用纳税担保的情形

(1)税务机关有根据认为从事生产、经营的纳税人有逃避纳税义务行为的,可在规定的纳税期之前,责令限期缴纳应纳税款;在限期内发现纳税人有明显的转移、隐匿其应纳税的商品、货物以及其他财产或者应纳税收入的迹象的,责成纳税人提供纳税担保;

(2)欠缴税款、滞纳金的纳税人或者其法定代表人需要出境的;

(3)纳税人同税务机关在纳税上发生争议而未缴清税款,需要申请行政复议的;

(4)税收法律、行政法规规定可以提供纳税担保的其他情形。

扣缴义务人、纳税担保人同税务机关发生争议,在申请行政复议之前,也须解缴税款及滞纳金或者提供相应的担保。纳税担保人需要提供纳税担保的,只能选择抵押或质押方式,不适用保证方式。

2. 纳税担保的范围

纳税担保范围包括税款、滞纳金和实现税款、滞纳金的费用,费用包括抵押、质押登记费用,质押保管费用,以及保管、拍卖、变卖担保财产等相关费用支出。

用于纳税担保的财产、权利的价值不得低于应当缴纳的税款、滞纳金,并考虑相关的费用。纳税担保的财产价值不足以抵缴税款、滞纳金的,税务机关应当向提供担保的纳税人或纳税担保人继续追缴。用于纳税担保的财产、权利的价格估算,除法律、行政法规另有规定外,参照同类商品的市场价、出厂价或者评估价估算。

3. 纳税担保的具体方式

(1)纳税保证。纳税保证,是指纳税保证人向税务机关保证,当纳税人未按照税收法律、行政法规规定或者税务机关确定的期限缴清税款、滞纳金时,由纳税保证人按照约定履行缴纳税款及滞纳金的行为。税务机关认可的,保证成立;税务机关不认可的,保证不成立。纳税保证为连带责任保证,纳税人和纳税保证人对所担保的税款及滞纳金承担连带责任。

纳税保证人,是指在中国境内具有纳税担保能力的自然人、法人或者其他经济组织。法人或其他经济组织财务报表资产净值超过需要担保的税额及滞纳金 2 倍以上的,自然人、法人或其他经济组织所拥有或者依法可以处分的未设置担保的财产的价值超过需要担保的税额及滞纳金的,为具有纳税担保能力。

国家机关,学校、幼儿园、医院等事业单位、社会团体不得作为纳税保证人。企业法人的职能部门不得为纳税保证人。企业法人的分支机构有法人书面授权的,可以在授权范围内提供纳税担保。此外,有以下情形之一的,也不得作为纳税保证人:①有偷税、抗税、骗税、逃避追缴欠税行为被税务机关、司法机关追究过法律责任未满 2 年的;②因有税收违法行为正在被税务机关立案处理或涉嫌刑事犯罪被司法机关立案侦查的;③纳税信誉等级被评为 C 级以下的;④在主管税务机关所在地的市(地、州)没有住所的自然人或税务登记不在本市(地、州)的企业;⑤无民事行为能力或限制民事行为能力的自然人;⑥与纳税人存在担保关联关系的;⑦有欠税行为的。

保证期间为纳税人应缴纳税款期限届满之日起 60 日,即税务机关自纳税人应缴纳税款的期限届满之日起 60 日内有权要求纳税保证人承担保证责任,缴纳税款、滞纳金。纳税保证期间内税务机关未通知纳税保证人缴纳税款及滞纳金以承担保证责任的,纳税保证人免除担保责任。

履行保证责任的期限为 15 日，即纳税保证人应当自收到税务机关的纳税通知书之日起 15 日内履行保证责任，缴纳税款及滞纳金。纳税保证人未按照规定的履行保证责任的期限缴纳税款及滞纳金的，由税务机关发出责令限期缴纳通知书，责令纳税保证人在限期 15 日内缴纳；逾期仍未缴纳的，经县以上税务局（分局）局长批准，对纳税保证人采取强制执行措施。

（2）纳税抵押。纳税抵押，是指纳税人或纳税担保人不转移对所抵押财产的占有，将该财产作为税款及滞纳金的担保。纳税人逾期未缴清税款及滞纳金的，税务机关有权依法处置该财产以抵缴税款及滞纳金。提供担保的财产为抵押物，提供抵押物的纳税人或者纳税担保人为抵押人，税务机关为抵押权人。

下列财产可以抵押：①抵押人所有的房屋和其他地上定着物；②抵押人所有的机器、交通运输工具和其他财产；③抵押人依法有权处分的国有的房屋和其他地上定着物；④抵押人依法有权处分的国有的机器、交通运输工具和其他财产；⑤经设区的市、自治州以上税务机关确认的其他可以抵押的合法财产。以依法取得的国有土地上的房屋抵押的，该房屋占用范围内的国有土地使用权同时抵押。以乡（镇）、村企业的厂房等建筑物抵押的，其占用范围内的土地使用权同时抵押。

下列财产不得抵押：①土地所有权；②土地使用权，但上面所述情况除外；③学校、幼儿园、医院等以公益为目的的事业单位、社会团体、民办非企业单位的教育设施、医疗卫生设施和其他社会公益设施；④所有权、使用权不明或者有争议的财产；⑤依法被查封、扣押、监管的财产；⑥依法定程序确认为违法、违章的建筑物；⑦法律、行政法规规定禁止流通的财产或者不可转让的财产；⑧经设区的市、自治州以上税务机关确认的其他不予抵押的财产。学校、幼儿园、医院等以公益为目的的事业单位、社会团体，可以其教育设施、医疗卫生设施和其他社会公益设施以外的财产为其应缴纳的税款及滞纳金提供抵押。

纳税抵押财产应当办理抵押物登记。纳税人应当向税务机关提供由以下部门出具的抵押登记的证明及其复印件（简称证明材料）：①以城市房地产或者乡（镇）、村企业的厂房等建筑物抵押的，提供县级以上地方人民政府规定部门出具的证明材料；②以船舶、车辆抵押的，提供运输工具的登记部门出具的证明材料；③以企业的设备和其他动产抵押的，提供财产所在地的工商行政管理部门出具的证明材料或者纳税人所在地的公证部门出具的证明材料。

抵押期间，经税务机关同意，纳税人可以转让已办理登记的抵押物，并告知受让人转让物已经抵押的情况。纳税人转让抵押物所得的价款，应当向税务机关提前缴纳所担保的税款、滞纳金。超过部分，归纳税人所有，不足部分由纳税人缴纳或者提供相应的担保。在抵押物灭失、毁损或者被征用的情况下，抵押权所担保的纳税义务履行期未满的，税务机关可以要求将保险金、赔偿金或补偿金等作为担保财产。纳税人在规定的期限内未缴清税款、滞纳金的，税务机关应当依法拍卖、变卖抵押物，抵缴税款、滞纳金。纳税担保人以其财产为纳税人提供纳税抵押担保的，纳税人在规定的期限届满未缴清税款、滞纳金的，税务机关应当在期限届满之日起 15 日内书面通知纳税担保人自收到纳税通知书之日起 15 日内缴纳担保的税款、滞纳金。纳税担保人未按照前述规定期限缴纳所担保的税款、滞纳金的，由税务机关责令限期在 15 日内缴纳；逾期仍未缴纳的，经县以上税务局（分局）局长批准，税务机关依法拍卖、变卖抵押物，抵缴税款、滞纳金。

（3）纳税质押。纳税质押，是指经税务机关同意，纳税人或纳税担保人将其动产或权利凭证移交税务机关占有，将该动产或权利凭证作为税款及滞纳金的担保。

纳税人逾期未缴清税款及滞纳金的，税务机关有权依法处置该动产或权利凭证以抵缴税款及滞纳金。纳税质押分为动产质押和权利质押。动产质押包括现金以及其他除不动产以外的财产提供的质押。汇票、支票、本票、债券、存款单等权利凭证可以质押。对于实际价值波动很大的动产或权利凭证，经设区的市、自治州以上税务机关确认，税务机关可以不接受其作为纳税质押。

以汇票、支票、本票、公司债券出质的，税务机关应当与纳税人（或纳税担保人）背书清单记载"质押"字样。以存款单出质的，应由签发的金融机构核押。以载明兑现或者提货日期的汇票、支票、本票、债券、存款单出质的，汇票、支票、本票、债券、存款单兑现的日期先于纳税义务履行期或者担保期的，税务机关与纳税人约定将兑现的价款用于缴纳或者抵缴所担保的税款及滞纳金。纳税人在规定的期限内缴清税款及滞纳金的，税务机关应当自纳税人缴清税款及滞纳金之日起 3 个工作日内返还质物，解除质押关系。纳税人在规定的期限内未缴清税款及滞纳金的，税务机关应当依法拍卖、变卖质物，抵缴税款、滞纳金。

纳税担保人以其动产或财产权利为纳税人提供纳税质押担保，纳税人在规定的期限内缴清税款及滞纳金的，税务机关应当在 3 个工作日内将质物返还给纳税担保人，解除质押关系。纳税人在规定的期限内未缴清税款、滞纳金的，税务机关应当在期限届满之日起 15 日内书面通知纳税担保人自收到纳税通知书之日起 15 日内缴纳担保的税款、滞纳金。纳税担保人未按照前述规定的期限缴纳所担保的税款、滞纳金的，由税务机关责令限期在 15 日内缴纳；缴清税款、滞纳金的，税务机关自纳税担保人缴清税款及滞纳金之日起 3 个工作日内返还质物，解除质押关系；逾期仍未缴纳的，经县以上税务局（分局）局长批准，税务机关依法拍卖、变卖质物，抵缴税款、滞纳金。

（四）采取税收保全措施

1. 适用税收保全的情形

税务机关责令具有税法规定情形的纳税人提供纳税担保而纳税人拒绝提供纳税担保或无力提供纳税担保的，经县以上税务局（分局）局长批准，税务机关可以采取下列税收保全措施：

(1)书面通知纳税人开户银行或者其他金融机构冻结纳税人的金额相当于应纳税款的存款。

(2)扣押、查封纳税人的价值相当于应纳税款的商品、货物或者其他财产。其他财产是指纳税人房地产、现金、有价证券等不动产和动产。

纳税人在规定的期限内缴纳税款的，税务机关必须立即解除税收保全措施；限期期满仍未缴纳税款的，经县以上税务局（分局）局长批准，税务机关可以书面通知纳税人开户银行或者其他金融机构从其冻结的存款中扣缴税款，或者依法拍卖或者变卖所扣押、查封的商品、货物或者其他财产，以拍卖或者变卖所得抵缴税款。

2. 不适用税收保全的财产

个人及其所扶养家属维持生活必需的住房和用品，不在税收保全措施的范围之内。个人所扶养家属，是指与纳税人共同居住生活的配偶、直系亲属以及无生活来源并由纳税人扶养的其他亲属。个人及其所扶养家属维持生活必需的住房和用品不包括机动车辆、金银饰品、古玩字画、豪华住宅或者一处以外的住房。税务机关对单价5 000元以下的其他生活用品，不采取税收保全措施和强制执行措施。

3. 税收保全的执行与后果

税务机关执行扣押、查封商品、货物或者其他财产时，应当由两名以上税务人员执行，并通知被执行人。被执行人是自然人的，应当通知被执行人本人或者其成年家属到场；被执行人是法人或者其他组织的，应当通知其法定代表人或者主要负责人到场；拒不到场的，不影响执行。

税务机关实施扣押、查封时，对有产权证件的动产或者不动产，税务机关可以责令当事人将产权证件交税务机关保管，同时可以向有关机关发出协助执行通知书，有关机关在扣押、查封期间不再办理该动产或者不动产的过户手续。对查封的商品、货物或者其他财产，税务机关可以指令被执行人负责保管，保管责任由被执行人承担。继续使用被查封的财产不会减少其价值的，税务机关可以允许被执行人继续使用；因被执行人保管或者使用的过错造成的损失，由被执行人承担。

纳税人在税务机关采取税收保全措施后，按照税务机关规定的期限缴纳税款的，税务机关应当自收到税款或者银行转回的完税凭证之日起 1 日内解除税收保全。

纳税人在限期内已缴纳税款，税务机关未立即解除税收保全措施，或因税务机关滥用职权违法采取税收保全措施以及采取税收保全措施不当，使纳税人的合法利益遭受损失的，税务机关应当承担赔偿责任。

（五）采取强制执行措施

1. 适用强制执行的情形

根据《税收征管法》的规定，从事生产、经营的纳税人、扣缴义务人未按照规定的期限缴纳或者解缴税款，纳税担保人未按照规定的期限缴纳所担保的税款，由税务机关责令限期缴纳，逾期仍未缴纳的，经县以上税务局(分局)局长批准，税务机关可以采取下列强制执行措施：

(1)书面通知其开户银行或者其他金融机构从其存款中扣缴税款。

(2)扣押、查封、依法拍卖或者变卖其价值相当于应纳税款的商品、货物或者其他财产，以拍卖或者变卖所得抵缴税款。

税务机关采取强制执行措施时，对上述纳税人、扣缴义务人、纳税担保人未缴纳的滞纳金同时强制执行。个人及其所扶养家属维持生活必需的住房和用品，不在强制执行措施的范围之内。

2. 强制执行的实施

税务机关将扣押、查封的商品、货物或者其他财产变价抵缴税款时，应当按照拍卖优先的原则委托依法成立的拍卖机构拍卖；无法委托拍卖或者不适于拍卖的，可以委托当地商业企业代为销售，或者责令被执行人限期处理；无法委托商业企业销售，被执行人也无法处理的(包括拒绝处理或者逾期不处理等)，由税务机关变价处理。国家禁止自由买卖的商品、货物、其他财产，应当交由有关单位按照国家规定的价格收购。拍卖、变卖抵税财物进行时，应当通知被执行人到场；被执行人未到场的，不影响执行。税务机关及其工作人员不得参与被拍卖或者变卖商品、货物或者其他财产的竞买或收购，也不得委托他人为其竞买或收购。

拍卖，是指税务机关将抵税财物依法委托拍卖机构，以公开竞价的形式，将特定财物转让给最高应价者的买卖方式。变卖，是指税务机关将抵税财物委托商业企业代为销售、责令纳税人限期处理或由税务机关变价处理的买卖方式。抵税财物，是指被税务机关依法实施税收强制执行而扣押、查封或者按照规定应强制执行的已设置纳税担保物权的商品、货物、其他财产或者财产权利。被执行人，是指从事生产经营的纳税人、扣缴义务人或者纳税担保人等税务行政相对人。

拍卖或者变卖所得抵缴税款、滞纳金、罚款以及扣押、查封、保管、拍卖、变卖等费用后，剩余部分应当在 3 日内退还被执行人。

税务机关滥用职权，违法采取强制执行措施，或者采取强制执行措施不当，使纳税人、扣缴义务人或者纳税担保人的合法权益遭受损失的，应当依法承担赔偿责任。

税收保全措施与税收强制执行措施的比较见表5－4。

表5－4　　税收保全措施与税收强制执行措施的比较

	税收保全措施	税收强制执行措施
被执行人范围不同	只涉及从事生产、经营的纳税人	从事生产、经营的纳税人、扣缴义务人、纳税担保人
执行手段不同	冻结银行存款	从银行存款中扣缴税款
	查封、扣押商品	拍卖、变卖商品
执行范围不同	以应纳税额为限	纳税人、扣缴义务人、纳税担保人未缴纳的税额、滞纳金必须同时强制执行，但不包括罚款
批准级次相同	县以上税务局（分局）局长批准	
基本人权保障相同	个人及其所扶养的家属维持生活必需的住房和用品不在执行范围之内	

【例5－13】 根据税收征收管理法律制度的规定，下列各项中，属于税务机关可以采取税收强制执行措施的有（　　）。

A. 书面通知纳税人开户银行暂停支付纳税人存款

B. 书面通知纳税人开户银行从其存款中扣缴税款

C. 拍卖所扣押的纳税人价值相当于应纳税款的财产，以拍卖所得抵缴税款

D. 扣押纳税人价值相当于应纳税款的财产

［答案］ BC

［解析］ 选项A、D属于税收保全措施。注意税收保全措施与税收强制执行措施的区别。

（六）阻止出境

欠缴税款的纳税人或者法定代表人在出境前未按规定结清应纳税款、滞纳金或者提供纳税担保的，税务机关可以通知出境管理机关阻止其出境。

三、其他关于税款征收的法律规定

为保证税款的顺利征收，除税务机关根据法定情形可以实施的税款征收措施外，《税收征管法》还围绕税款征收做了一些其他规定。

（一）税收优先权

（1）税务机关征收税款，税收优先于无担保债权（法律另有规定的除外）。

（2）纳税人欠缴的税款发生在纳税人以其财产设定抵押、质押或者纳税人的财产被留置之前的，税收应当先于抵押权、质权和留置权执行。

（3）纳税人欠缴税款，同时又被行政机关决定处以罚款、没收违法所得的，税收优先于罚款、没收违法所得。

【例5－14】 甲公司欠缴税款35万元，税务机关在多次催缴无效的情况下，查封了其一处业务楼，准备以其拍卖所得抵缴税款。乙公司闻讯后，以该房产已经抵押给乙公司作为合同担保，并且依法办理了抵押物登记手续为由，对税务机关的查封行为提出异议。分析在该案中，应如何处理税务机关征收税款与乙公司以房产抵押作为合同担保之间的关系。

［解析］ 在该案中要正确地处理税务机关征税与财产抵押的关系，必须看是甲公司欠税

在前，还是该房产设定抵押在前。如果甲公司欠缴的税款发生在甲公司以其房产设定抵押前，则税收应当先于抵押权执行，税务机关有权查封甲公司的房产并以其拍卖所得抵缴税款；如果甲公司欠缴的税款发生在财产抵押后，则应保障债权人（乙公司）的合法权利，税务机关查封该房产的决定应予撤销。

（二）税收代位权与撤销权

为防止欠税的纳税人借债权债务关系逃避纳税，《税收征管法》引入了《合同法》中的代位权与撤销权概念，规定：欠缴税款的纳税人因怠于行使其到期债权，或者放弃到期债权，或者无偿转让财产，或者以明显不合理的低价转让财产而受让人知道该情形，对国家税收造成损害的，税务机关可以依照《合同法》的规定行使代位权、撤销权。欠缴税款的纳税人怠于行使其到期债权，对国家税收造成损害的，税务机关可以向法院请求以自己的名义代位行使纳税人的债权，但该债权专属于纳税人自身的除外，欠缴税款的纳税人放弃其到期债权或者无偿转让其财产，对国家税收造成损害的，税务机关可以请求法院撤销纳税人的行为。欠缴税款的纳税人以明显不合理的低价转让财产，对国家税收造成损害，并且受让人知道该情形的，税务机关也可以请求法院撤销纳税人的行为。

税务机关行使代位权、撤销权的，不免除欠缴税款的纳税人尚未履行的纳税义务和应承担的法律责任。

【例 5－15】 甲企业欠缴税款 20 万元，税务机关在多次催缴无效的情况下，对该企业账簿资料进行了检查，发现该企业账户上确实无钱可付，但甲企业放弃了乙企业应付的一笔刚刚到期的 20 万元货款。经了解，乙企业完全有偿债能力。分析税务机关可以采取何种措施追缴甲企业欠缴的税款，维护国家税收权益。

[解析] 根据法律规定，税务机关可以行使撤销权，请求法院撤销甲企业放弃债权的行为。

（三）税款的追缴与退还

在实际工作中，税款的课征难免有征多或征少的情形，如果对错征的税款不允许调整，就会给纳税人一方或国家一方造成损失。所以，为体现税收法定性原则，对纳税人多缴的税款要予以退还，对纳税人少缴的税款要予以追缴。但为维护税收秩序的稳定，防止无限期地追索可能带来的工作量的巨大增长与证据的难以取得，法律对退还税款和追缴税款都做出了时间限制，见表 5－5。

表 5－5 **税款的追缴与退还**

情形	原因	处理
税款的退还（纳税人多缴税款）	纳税人原因或税务机关原因	税务机关发现后应当立即退还（无限制）
		自结算缴纳税款之日起 3 年内发现的，可以向税务机关要求退还多缴的税款并加算银行同期存款利息，税务机关及时查实后应当立即退还
税款的追征（纳税人少缴税款）	税务机关责任	税务机关在 3 年内可要求纳税人、扣缴义务人补缴税款，但是不得加收滞纳金
	纳税人、扣缴义务人计算失误	税务机关在 3 年内可以追征税款、滞纳金；有特殊情况的追征期可以延长到 5 年
	纳税人偷税、抗税、骗税	税务机关无限期追征其未缴或者少缴的税款、滞纳金或者所骗取的税款

(1)纳税人超过应纳税额缴纳的税款，税务机关发现后应当立即退还；纳税人自结算缴纳税款之日起3年内发现的，可以向税务机关要求退还多缴的税款并加算银行同期存款利息，税务机关及时查实后应当立即退还；涉及从国库中退库的，依照法律、行政法规有关国库管理的规定退还。

税务机关发现纳税人多缴税款的，应当自发现之日起10日内办理退还手续；纳税人发现多缴税款，要求退还的，税务机关应当自接到纳税人退还申请之日起30日内查实并办理退还手续。加算银行同期存款利息的多缴税款退税，不包括依法预缴税款形成的结算退税、出口退税和各种减免退税。退税利息按照税务机关办理退税手续当天中国人民银行规定的活期存款利率计算。

(2)因税务机关的责任，致使纳税人、扣缴义务人未缴或者少缴税款的，税务机关在3年内可以要求纳税人、扣缴义务人补缴税款，但是不得加收滞纳金。因纳税人、扣缴义务人计算错误等失误(是指非主观故意的计算公式运用错误以及明显的笔误)，未缴或者少缴税款的，税务机关在3年内可以追征税款、滞纳金；有特殊情况的，追征期可以延长到5年。所谓“特殊情况”，是指纳税人或者扣缴义务人因计算错误等失误，未缴或者少缴、未扣或者少扣、未收或者少收税款，累计数额在10万元以上的。补缴和追征税款、滞纳金的期限，自纳税人、扣缴义务人应缴未缴或者少缴税款之日起计算。

对偷税、抗税、骗税的，税务机关追征其未缴或者少缴的税款、滞纳金或者所骗取的税款，不受前述规定期限的限制，即税务机关可以无限期追征。

【例5－16】　根据税收征收管理法律制度的规定，下列各项中，税务机关可以无限期追征税款和滞纳金的有(　　)。

A. 纳税人偷税　　B. 纳税人抗税

C. 纳税人骗税　　D. 纳税人计算错误少缴税款

[答案]　ABC

[解析]　对偷税、抗税、骗税的，税务机关追征其未缴或者少缴的税款、滞纳金或者所骗取的税款，不受前述规定期限的限制，即税务机关可以无限期追征。

(3)应退税款与欠缴税款的相互抵扣。在规定的期限内，纳税人多缴税款应当予以退还，少缴税款应当补缴。当纳税人既有多缴税款，也有欠缴税款的情况下，应当如何处理呢？显然，允许多缴税款与少缴税款相互抵扣，既不失公平，又比较有效率，所以，《税收征管法》规定，当纳税人既有应退税款又有欠缴税款的，税务机关可以将应退税款和利息先抵扣欠缴税款；抵扣后有余额的，退还纳税人。

【例5－17】　某公司2016年7月在清查账簿中发现，2015年6月该公司多缴了5 000元税款。于是该公司向税务局请求退还多缴的税款并加算相应的利息。税务局经过核对后，证实该公司多缴税款属实；同时发现，该公司2015年9月有一笔税款计算错误，少缴2 100元税款。分析税务局应怎么处理。

[解析]　税务局应退还该公司多缴的税款5 000元，并加算银行同期活期存款利息；同时应追缴该公司所欠税款2 100元。用应退税款和利息抵扣欠缴税款后有余额的，退还纳税人。

【例5－18】　根据《税收征管法》规定，纳税人如在一定期限内发现其缴纳的税款超过应纳税额的，可以向税务机关要求退还多缴的税款并加算银行同期存款利息。这里的一定期限内是指(　　)。

A. 自结算缴纳税款之日起1年内　　B. 自结算缴纳税款之日起2年内

C. 自结算缴纳税款之日起 3 年内 D. 自结算缴纳税款之日起 4 年内

［答案］ C

［解析］ 纳税人自结算缴纳税款之日起 3 年内发现的，可以向税务机关要求退还多缴的税款并加算银行同期存款利息，税务机关及时查实后应当立即退还。

（四）纳税人涉税事项的公告与报告

（1）县及县以上税务机关应当定期在办税场所或者广播、电视、报纸、期刊、网络等新闻媒体上公告纳税人的欠缴税款情况。

（2）欠缴税款数额较大（5 万元以上）的纳税人在处分其不动产或者大额资产之前，应当向税务机关报告。

（3）纳税人有欠税情形而以其财产设定抵押、质押的，应当向抵押权人、质权人说明其欠税情况。抵押权人、质权人可以要求税务机关提供有关的欠税情况。

（4）纳税人有合并、分立情形的，应当向税务机关报告，并依法缴清税款。纳税人合并时未缴清税款的，应当由合并后的纳税人继续履行未履行的纳税义务；纳税人分立时未缴清税款的，分立后的纳税人对未履行的纳税义务应当承担连带责任。

（5）发包人或者出租人应当自发包或者出租之日起 30 日内将承包人或者承租人的有关情况向主管税务机关报告。发包人或者出租人不报告的，发包人或者出租人与承包人或者承租人承担纳税连带责任。

【例 5－19】 甲公司有乙、丙两家分公司。为改善经营管理，甲公司将乙公司资产租赁给 A 经营，约定由甲公司负责乙公司税款的缴纳；将丙公司发包给 B 经营，约定由 B 负责丙公司的税款缴纳。上述情况未向税务机关报告。由于 A、B 都未完成合同约定的经营目标，故先后与甲公司解除了合同。后税务机关找到甲公司要求甲公司缴纳乙、丙两公司在 A、B 分别租赁、承包经营期间欠缴的税款。分析乙、丙两公司欠缴的税款应由谁缴纳。

［解析］ 在 A、B 租赁、承包期间的税款缴纳应按合同约定，分别由甲公司和 B 缴纳。但由于甲公司未将 B 承包的有关情况向税务机关报告，因此甲公司对 B 应缴纳的税款承担纳税连带责任，即在 B 未缴纳的情况下，甲有义务向税务机关缴纳 B 欠缴的税款。

第四节 税务检查

一、税务检查的概念

税务检查又称纳税检查，是指税务机关根据税收法律、行政法规的规定，对纳税人、扣缴义务人履行纳税义务、扣缴义务及其他有关税务事项进行审查、核实、监督活动的总称。它是税收征收管理工作的一项重要内容，是确保国家财政收入和税收法律法规贯彻落实的重要手段。

二、税务检查的范围

（1）检查纳税人的账簿、记账凭证、报表和有关资料，检查扣缴义务人代扣代缴、代收代缴税款账簿、记账凭证和有关资料。

（2）到纳税人的生产、经营场所和货物存放地检查纳税人应纳税的商品、货物或者其他财产，检查扣缴义务人与代扣代缴、代收代缴税款有关的经营情况。

(3)责成纳税人、扣缴义务人提供与纳税或者代扣代缴、代收代缴税款有关的文件、证明材料和有关资料。

(4)询问纳税人、扣缴义务人与纳税或者代扣代缴、代收代缴税款有关的问题和情况。

(5)到车站、码头、机场、邮政企业及其分支机构检查纳税人托运、邮寄应纳税商品、货物或者其他财产的有关单据、凭证和有关资料。

(6)经县以上税务局(分局)局长批准,凭全国统一格式的检查存款账户许可证明,查询从事生产、经营的纳税人、扣缴义务人在银行或者其他金融机构的存款账户。税务机关调查税收违法案件时,经设区的市、自治州以上税务局(分局)局长批准,可以查询案件涉嫌人员的储蓄存款。

税务机关依法进行税务检查时,有权向有关单位和个人调查纳税人、扣缴义务人和其他当事人与纳税或者代扣代缴、代收代缴税款有关的情况,有关单位和个人有义务向税务机关如实提供有关资料及证明材料,不得拒绝、隐瞒。

税务机关调查税务违法案件时,对与案件有关的情况和资料,可以记录、录音、录像、照相和复制。税务机关查询所获得的资料,不得用于税收以外的用途。

第五节　违反税收法律制度的法律责任

一、违反税收法律制度的法律责任的概念及构成

违反税收法律制度的法律责任是指税收法律关系主体违反税法的行为所引起的不利法律后果。对违反税收法律制度的违法行为应当承担的法律责任,《税收征管法》及其实施细则以及《刑法》做出了相应的规定。

1. 税收违法行为的主体是税收法律关系的主体,即征纳双方

税务人员代表税务机关进行税收执法发生的违法行为除税务人员要承担责任外,税务机关也要承担相应的责任。纳税人或者扣缴义务人发生了违法行为,也要承担相应的责任。

不承担纳税义务或者征税义务者不存在税收法律责任问题。

2. 税收法律关系主体存在违反税收法律规定的行为,即没有履行税法为其设定的义务

税收违法行为包括两种:(1)违法的不作为。凡是税法要求实施的行为,税收法律关系主体就负有作为的义务。不履行义务,不做出税法要求的行为,就是违法的不作为。如税法要求办理税务登记和纳税申报,纳税人却不按期进行登记和申报;再如,税务人员玩忽职守,不征应纳税款等。(2)违法的作为。凡是税法所禁止的行为,税收法律关系主体就负有不作为的义务。不履行这一义务,做出税法所禁止的行为,就是违法的作为。如纳税人伪造账簿偷税,税务机关越权决定减免税等,就是违法的作为。

3. 违反税收法律规定的行为人主观上有过错

即税收法律关系主体对自己违反税法的行为是有清醒认识的,是故意或者过失导致违反税法行为的发生。没有过错,当事人则不承担税收法律责任。

4. 违反税法的行为造成了损害后果,并且违法行为与损害后果间存在因果关系

这种损害后果应从广义上去理解,既包括纳税主体违反税法对国家税收利益的损害,也包括征税主体违反税法对纳税人合法权益的侵害,还包括征纳主体违反税法对国家税收秩序的

损害，等等。

根据税收违法行为程度的不同，税收法律责任分为行政责任和刑事责任。

行政责任包括行政处分和行政处罚两种。根据《公务员法》，对违法违纪应当承担纪律责任的公务员给予的行政处分种类有：警告、记过、记大过、降级、撤职、开除六类。根据《行政处罚法》的规定，行政处罚包括：警告；罚款；没收违法所得、没收非法财物；责令停产停业；暂扣或者吊销许可证、暂扣或者吊销执照；行政拘留；其他七类。

税务行政处罚中的警告是对犯有轻微违反税法行为的当事人的书面告诫，常以“责令限期改正”出现。税务行政处罚中的罚款是指税务机关强迫违反税法的当事人在一定期限内向国家缴纳一定数额的金钱的制裁措施，是在税务行政处罚中运用最多的一种处罚形式。税务行政处罚中的没收违法所得是指税务机关剥夺违法当事人违法获得所得的所有权，并将其收归国有的制裁措施。税务行政处罚中的没收非法财物是指税务机关剥夺当事人非法取得财物的所有权，并将其收归国有的制裁措施。在税务行政处罚中，暂扣或者吊销许可证或执照，可以理解为包括对税务登记证的暂扣或吊销，以及停止出口退税、收缴或停止发售发票等。

【例 5—20】 根据税收征收管理法律制度的规定，税务机关的下列具体行政行为中，属于行政处罚的有（　　）。

A. 确认适用税率　　B. 确认纳税期限

C. 没收财物和违法所得　　D. 停止出口退税权

［答案］ CD

［解析］ 根据规定，税务机关做出的行政处罚行为包括：罚款；没收财物和违法所得和停止出口退税权。

二、征纳双方违反税法的法律责任

（一）纳税人、扣缴义务人违反税法的法律责任

1. 违反税务管理行为的法律责任

（1）纳税人有下列行为之一的，由税务机关责令限期改正，可以处2 000元以下的罚款；情节严重的，处2 000元以上 1 万元以下的罚款：

①未按照规定的期限申报办理税务登记、变更或者注销登记的；

②未按照规定设置、保管账簿或者保管记账凭证和有关资料的；

③未按照规定将财务、会计制度或者财务、会计处理办法和会计核算软件报送税务机关备查的；

④未按照规定将其全部银行账号向税务机关报告的；

⑤未按照规定安装、使用税控装置，或者损毁或擅自改动税控装置的；

⑥纳税人未按照规定办理税务登记证件验证或者换证手续的。

（2）纳税人不办理税务登记的，由税务机关责令限期改正；逾期不改正的，经税务机关提请，由工商行政管理机关吊销其营业执照。

纳税人未按照规定使用税务登记证件，或者转借、涂改、损毁、买卖、伪造税务登记证件的，处2 000元以上 1 万元以下的罚款；情节严重的，处 1 万元以上 5 万元以下的罚款。

（3）扣缴义务人未按规定设置、保管代扣代缴、代收代缴税款账簿或者保管代扣代缴、代收代缴税款记账凭证及有关资料的，由税务机关责令限期改正，可以处2 000元以下的罚款；情节严重的，处2 000元以上5 000元以下的罚款。

(4)纳税人未按照规定的期限办理纳税申报和报送纳税资料的，或者扣缴义务人未按照规定的期限向税务机关报送代扣代缴、代收代缴税款报告表和有关资料的，由税务机关责令限期改正，可以处2 000元以下的罚款；情节严重的，可以处2 000元以上1万元以下的罚款。

2. 逃避税务机关追缴欠税行为的法律责任

纳税人欠缴应纳税款，采取转移或者隐匿财产的手段，妨碍税务机关追缴欠缴的税款的，由税务机关追缴欠缴的税款、滞纳金，并处欠缴税款50%以上5倍以下的罚款；构成犯罪的，依法追究刑事责任。

根据《刑法》第203条的规定，构成逃避追缴欠税罪的，数额在1万元以上不满10万元的，处3年以下有期徒刑或者拘役，并处或者单处欠缴税款1倍以上5倍以下罚金；数额在10万元以上的，处3年以上7年以下有期徒刑，并处欠缴税款1倍以上5倍以下罚金。

扣缴义务人应扣未扣、应收而不收税款的，由税务机关向纳税人追缴税款，对扣缴义务人处应扣未扣、应收未收税款50%以上3倍以下的罚款。

3. 偷税行为的法律责任

偷税，是指纳税人采取伪造、变造、隐匿、擅自销毁账簿、记账凭证，或者在账簿上多列支出或者不列、少列收入，或者经税务机关通知申报而拒不申报或者进行虚假的纳税申报的手段，不缴或者少缴应纳税款的行为。

纳税人偷税的，由税务机关追缴其不缴或者少缴的税款、滞纳金，并处不缴或者少缴的税款50%以上5倍以下的罚款；构成犯罪的，依法追究刑事责任。

扣缴义务人采取上述偷税手段，不缴或者少缴已扣、已收税款，由税务机关追缴其不缴或者少缴的税款、滞纳金，并处不缴或者少缴的税款50%以上5倍以下的罚款；构成犯罪的，依法追究刑事责任。

纳税人、扣缴义务人编造虚假计税依据的，由税务机关责令限期改正，并处5万元以下的罚款。

纳税人不进行纳税申报，不缴或者少缴应纳税款的，由税务机关追缴其不缴或者少缴的税款、滞纳金，并处不缴或者少缴的税款50%以上5倍以下的罚款。

根据《刑法》第201条的规定，偷税数额占应纳税额的10%以上不满30%并且偷税数额在1万元以上不满10万元的，或者因偷税被税务机关给予二次行政处罚又偷税的，处3年以下有期徒刑或者拘役，并处偷税数额1倍以上5倍以下罚金；偷税数额占应纳税额的30%以上并且偷税数额在10万元以上的，处3年以上7年以下有期徒刑，并处偷税数额1倍以上5倍以下罚金。扣缴义务人偷税数额占应缴税额的10%以上并且数额在1万元以上的，依照前述规定处罚。对多次犯有偷税行为，未经处理的，按照累计数额计算。

4. 抗税行为的法律责任

抗税，是指纳税人、扣缴义务人以暴力、威胁方法拒不缴纳税款的行为。

对抗税行为，除由税务机关追缴其拒缴的税款、滞纳金外，依法追究刑事责任。情节轻微，未构成犯罪的，由税务机关追缴其拒缴的税款、滞纳金，并处拒缴税款1倍以上5倍以下的罚款。

根据《刑法》第202条的规定，构成抗税罪的，处3年以下有期徒刑或者拘役，并处拒缴税款1倍以上5倍以下罚金；情节严重的，处3年以上7年以下有期徒刑，并处拒缴税款1倍以上5倍以下罚金。以暴力方法抗税，致人重伤或者死亡的，按伤害罪、杀人罪，从重处罚，并处罚金。

5. 骗税行为的法律责任

骗税行为，是指纳税人以假报出口或者其他欺骗手段，骗取国家出口退税款的行为。纳税人有骗税行为，由税务机关追缴其骗取的出口退税款，并处骗取税款1倍以上5倍以下的罚款；构成犯罪的，依法追究刑事责任。

根据《刑法》第204条的规定，以假报出口或者其他欺骗手段，骗取国家出口退税款，数额较大的，处5年以下有期徒刑或者拘役，并处骗取税款1倍以上5倍以下罚金；数额巨大或者有其他严重情节的，处5年以上10年以下有期徒刑，并处骗取税款1倍以上5倍以下罚金；数额特别巨大或者有其他特别严重情节的，处10年以上有期徒刑或者无期徒刑，并处骗取税款1倍以上5倍以下罚金或者没收财产。纳税人缴纳税款后，采取上述欺骗方法，骗取所缴纳的税款的，依照《刑法》第201条偷税罪的规定定罪处罚；骗取税款超过所缴纳的税款部分，依照本罪(骗取出口退税罪)的规定处罚。

对骗取国家出口退税款的，税务机关可以在规定的期间内停止为其办理出口退税。

6. 其他税收违法行为的法律责任

(1)纳税人、扣缴义务人在规定期限内不缴或者少缴应纳或者应解缴的税款，经税务机关责令限期缴纳，逾期仍未缴纳的，税务机关除依照《税收征管法》的规定，采取强制执行措施追缴其不缴或者少缴的税款外，可以处不缴或者少缴的税款50%以上5倍以下的罚款。

纳税人拒绝代扣、代收税款的，扣缴义务人应当向税务机关报告，由税务机关直接向纳税人追缴税款、滞纳金；纳税人拒不缴纳的，依照前款规定执行。

(2)非法印制、转借、倒卖、变造或者伪造完税凭证的，由税务机关责令改正，处2 000元以下的罚款；情节严重的，处1万元以上5万元以下的罚款；构成犯罪的，依法追究刑事责任。

(3)银行及其他金融机构未依照《税收征管法》的规定在从事生产、经营的纳税人的账簿中登录税务登记证件号码，或者未按规定在税务登记证件中从事生产、经营的纳税人的账户账号的，由税务机关责令其限期改正，处2 000元以上2万元以下的罚款；情节严重的，处2万元以上5万元以下的罚款。

纳税人、扣缴义务人的开户银行或者其他金融机构拒绝接受税务机关依法检查纳税人、扣缴义务人存款账户，或者拒绝执行税务机关做出的冻结存款或者扣缴税款的决定，或者在接到税务机关的书面通知后帮助纳税人、扣缴义务人转移存款，造成税款流失的，由税务机关处10万元以上50万元以下的罚款，对直接负责的主管人员和其他直接责任人员处1 000元以上1万元以下的罚款。

(4)为纳税人、扣缴义务人非法提供银行账户、发票、证明或者其他方便，导致未缴、少缴税款或者骗取国家出口退税款的，税务机关除没收其违法所得外，可以处未缴、少缴或者骗取的税款1倍以下的罚款。

(5)税务机关依照《税收征管法》的规定，到车站、码头、机场、邮政企业及其分支机构检查纳税人有关情况，有关单位拒绝的，由税务机关责令改正，可以处1万元以下的罚款；情节严重的，处1万元以上5万元以下的罚款。

(6)纳税人、扣缴义务人逃避、拒绝或者以其他方式阻挠税务机关检查的，由税务机关责令改正，可以处1万元以下的罚款；情节严重的，处1万元以上5万元以下的罚款。

纳税人、扣缴义务人有下列情形之一的，依照前款规定处罚：

①提供虚假资料，不如实反映情况，或者拒绝提供有关资料的；

②拒绝或者阻止税务机关记录、录音、录像、照相和复制与案件有关的情况和资料的；

③在检查期间，纳税人、扣缴义务人转移、隐匿、销毁有关资料的；

④有不依法接受税务检查的其他情形的。

(7)从事生产经营的纳税人、扣缴义务人有法律规定的税收违法行为，拒不接受税务机关处理的，税务机关可以收缴其发票或者停止向其发售发票。

(8)税务代理人违反税收法律、行政法规，造成纳税人未缴或者少缴税款的，除由纳税人缴纳或者补缴应纳税款、滞纳金外，对税务代理人处纳税人未缴或者少缴税款50%以上3倍以下的罚款。

关于增值税发票违法行为及其法律责任，已在第二章流转税法律制度中讲述；至于普通发票违法行为及其法律责任，则在本章第二节中讲述。此处均不再赘述。

根据《税收征管法》的规定，违反税收法律、行政法规应当给予行政处罚的行为，在5年内未被发现的，不再给予行政处罚。

纳税人、扣缴义务人、纳税担保人同税务机关在纳税上发生争议时，必须先依照税务机关的纳税决定缴纳或者解缴税款及滞纳金或者提供相应的担保，然后可以依法申请行政复议；对行政复议决定不服的，可以依法向人民法院起诉。所谓纳税争议，是指纳税人、扣缴义务人、纳税担保人对税务机关确定纳税主体、征税对象、征税范围、减税、免税及退税、适用税率、计税依据、纳税环节、纳税期限、纳税地点以及税款征收方式等具体行政行为有异议而发生的争议。

当事人对税务机关的处罚决定、强制执行措施或者税收保全措施不服的，可以依法申请行政复议，也可以依法向人民法院起诉。当事人对税务机关的处罚决定逾期不申请行政复议也不向人民法院起诉、又不履行的，做出处罚决定的税务机关可以采取强制执行措施或者申请人民法院强制执行。

【例5－21】 下列各项中，属于偷税行为的有(　　)。

A. 隐匿账簿、凭证，少缴应纳税款

B. 进行虚假纳税申报，少缴应纳税款

C. 在账簿上多列支出，少缴应纳税款

D. 隐匿财产，妨碍税务机关追缴欠缴税款

[答案]　ABC

[解析]　选项D属于逃避税务机关追缴欠税的行为。学习时注意各种违法行为之间的区别。

(二)税务机关和税务人员违反税法的法律责任

(1)税务机关违反规定擅自改变税收征收管理范围和税款入库预算级次的，责令限期改正，对直接负责的主管人员和其他直接责任人员给予降级或者撤职的行政处分。

(2)税务人员徇私舞弊，对依法应当移交司法机关追究刑事责任的不移交，情节严重的，依法追究刑事责任。

(3)税务机关、税务人员查封、扣押纳税人个人及其所扶养家属维持生活必需的住房和用品的，责令退还，给予行政处分；构成犯罪的，依法追究刑事责任。

(4)税务人员与纳税人、扣缴义务人勾结，唆使或者协助纳税人、扣缴义务人偷税、逃避追缴欠税、骗取出口退税，构成犯罪的，依照《刑法》关于共同犯罪的规定处罚；未构成犯罪的，给予行政处分。

(5)税务人员利用职务上的便利，收受或者索取纳税人、扣缴义务人财物或者牟取其他不正当利益，构成犯罪的，依照《刑法》受贿罪追究刑事责任；未构成犯罪的，给予行政处分。

(6)税务人员徇私舞弊，不征或者少征应征税款，致使国家税收遭受重大损失的，依照《刑法》第九章渎职罪第404条的规定追究刑事责任，处5年以下有期徒刑或者拘役；造成特别重大损失的，处5年以上有期徒刑。未构成犯罪或者玩忽职守的，给予行政处分。

(7)税务人员滥用职权，故意刁难纳税人、扣缴义务人的，调离税收工作岗位，并给予行政处分。

(8)税务人员对控告、检举税收违法违纪行为的纳税人、扣缴义务人以及其他检举人进行打击报复的，给予行政处分；构成犯罪的，依法追究刑事责任。

(9)违反法律、行政法规的规定提前征收、延缓征收或者摊派税款的，由其上级机关或者行政监察机关责令改正，对直接负责的主管人员和其他直接责任人员给予行政处分。

(10)违反法律、行政法规的规定，擅自做出税收的开征、停征或者减税、免税、退税、补税以及其他同税收法律、行政法规相抵触的决定的，除按《税收征管法》规定撤销其擅自作出的决定外，补征应征未征税款，退还不应征而征收的税款，并由上级机关追究直接负责的主管人员和其他直接责任人员的行政责任；构成犯罪的，依法追究刑事责任。

(11)税务人员私分扣押、查封的商品、货物或者其他财产，情节严重、构成犯罪的，依法追究刑事责任；未构成犯罪的，给予行政处分。

(12)税务人员在征收税款或者查处税收违法案件时，未按照《税收征管法》的规定进行回避的，对直接负责的主管人员和其他直接责任人员，给予行政处分。未按照《税收征管法》的规定为纳税人、扣缴义务人、检举人保密的，对直接负责的主管人员和其他直接责任人员，由所在单位或者有关单位给予行政处分。

(13)税务机关的工作人员违反法律、行政法规的规定，在办理发售发票、抵扣税款、出口退税工作中，徇私舞弊，致使国家利益遭受重大损失的，处5年以下有期徒刑或者拘役；致使国家利益遭受特别重大损失的，处5年以上有期徒刑。

本章练习题

一、思考题

1. 税务登记与工商登记有何区别与联系？
2. 税法对纳税人账簿、凭证(含发票)的管理规定与会计法相比有何特别之处？
3. 纳税申报与税款征收方式有哪些？各自的适用范围是什么？
4. 纳税担保、税收保全与税收强制执行的区别与联系是什么？
5. 怎样理解税收优先的规定？
6. 在什么情况下税务机关可以行使代位权与撤销权？代位权与撤销权有何区别与联系？

二、单项选择题

1. 税务机关防范纳税人逃避纳税义务，转移、隐匿财产收入，在纳税期限前依法采取的防范税收流失的措施，即(　　)。

A. 税收保全　　B. 查账征收　　C. 查定征收　　D. 查验征收

2. 上级税务机关应当自收到复议申请之日起(　　)日内做出复议决定。

A. 60　　B. 30　　C. 20　　D. 10

3. 对上级税务机关复议决定不服的，可以在接到复议决定书之日起15日内向(　　)起诉。

A. 人民法院　B. 仲裁委员会　C. 国税总局　D. 财政部

4. 下列提法错误的是(　　)。

A. 纳税人、扣缴义务人、纳税担保人同税务机关在纳税上发生争议时，必须先依照法律、行政法规的规定缴纳或者解缴纳税款及滞纳金，然后可以在收到税务机关填发的缴款凭证之日起60日内向上级税务机关申请复议

B. 当事人对税务机关的处罚决定、强制执行措施或者税收保全措施不服的，可以在接到处罚通知之日起或者税务机关采取强制执行措施、税收保全措施之日起15日内向做出处罚决定或者采取强制执行措施、税收保全措施机关的上一级机关申请复议

C. 当事人对税务机关的处罚决定逾期不申请复议也不向人民法院起诉、又不履行的，做出处罚决定的税务机关可以申请人民法院强制执行

D. 复议和诉讼期间，强制执行措施和税收保全措施停止执行

5. 当事人对税务机关工作人员的具体行为不服向人民法院提起诉讼，即(　　)。

A. 税务行政诉讼　B. 民事诉讼

C. 特殊诉讼　D. 一般诉讼

6. 下列在任何情况之下都不可能承担刑事责任的是(　　)。

A. 虚开出售增值税专用发票　B. 伪造增值税专用发票

C. 非法出售增值税专用发票　D. 误开增值税专用发票

三、多项选择题

1. 下列属于征收管理的基本法规的是(　　)。

A.《税收征管法》　B.《发票管理办法》

C.《税务行政复议规则》　D.《刑法》

2. 建立税收征管法的意义是(　　)。

A.《税收征管法》在征收征管中占有重要地位

B.《税收征管法》在税法体系和税收工作中占有重要地位

C.《税收征管法》在发展社会主义市场经济中占有重要地位

D.《税收征管法》在组织财政收入过程中起到重要作用

3. 下列属于税务登记的种类的是(　　)。

A. 开业登记　B. 变更登记　C. 注销登记　D. 扣缴税款登记

4. 下列关于账簿、凭证管理说法正确的是(　　)。

A. 从事生产经营的纳税人应该按照国务院财政、税收主管部门的规定自领取营业执照之日起15日内设置总账、日记账以及与履行纳税义务有关的其他各种账簿

B. 扣缴义务人必须根据代扣、代收的税种，分别设置代扣代缴税款账簿

C. 从事生产经营的纳税人的财务、会计制度或者财务、会计处理办法，应当报送财务机关备案

D. 凡财务、会计制度或者财务、会计处理办法与国务院或者国务院财政、税务主管部门的有关税收规定抵触的，依照国务院或者国务院财政、税收主管部门的有关税收规定计算纳税

E. 从事生产、经营的纳税人的账簿、记账凭证、完税凭证及其他有关资料不得伪造、变造，

除另有规定者外,应当保存10年,未经税务机关批准,不得销毁

5. 下列关于发票的管理说法正确的是( )。
A. 发票可按所有制形式结合行业划分种类
B. 普通发票必须由省、自治区、直辖市人民政府税务主管部门指定的企业印刷,未经指定,不得印刷发票
C. 凡销售商品和产品、提供劳务服务以及从事其他业务的单位和个人,在取得收入时均应向付款方如实开具发票,并加盖印章
D. 税务机关和印制发票的单位以及一切使用发票的单位和个体工商股,都必须建立必要的发票印、领、用、存管理制度,严格审核审批手续

6. 纳税申报或扣缴税款报告的主要内容包括( )。
A. 税种 B. 应税项目 C. 适用税率 D. 计税依据
E. 扣除项目及标准

7. 下列属于税款征收的种类的是( )。
A. 查账征收 B. 查定征收 C. 查验征收 D. 定期定额征收
E. 代征

8. 下列属于税务代理的业务范围的是( )。
A. 办理税务登记、改变税务登记和注销税务登记
B. 办理发票领购手续
C. 办理纳税申请或扣缴税款报告
D. 办理缴纳税款和申请退税

四、简答题

1. 请简述征收管理的基本法规及其意义。
2. 请介绍账簿、凭证的管理规定。
3. 请介绍我国发票的管理。

五、论述题

请分析我国税收征管模式改革。

主要参考文献

1. 国务院办公厅关于转发《国家税务总局关于调整国家税务局、地方税务局税收征管范围意见》的通知(1996 年 1 月 24 日 国办发[1996]4 号)

2. 国家税务总局关于调整国家税务局、地方税务局税收征管范围若干具体问题的通知(1996 年 3 月 1 日 国税发[1996]037 号)

3. 全国人民代表大会常务委员会关于废止《中华人民共和国农业税条例》的决定(2005 年 12 月 29 日 中华人民共和国主席令第 46 号)

4. 中华人民共和国烟叶税暂行条例(2006 年 4 月 28 日 国务院令[2006]464 号 自公布之日起施行)

5. 中华人民共和国增值税暂行条例(1993 年 12 月 13 日 国务院令第 134 号发布)

6. 中华人民共和国增值税暂行条例实施细则 (1993 年 12 月 25 日 (93)财法字第 038 号)

7. 国家税务总局关于修订《增值税若干具体问题的规定》的通知(2006 年 10 月 28 日 国税发[1994]154 号)

8. 国家税务总局关于印发《增值税一般纳税人申请认定办法》的通知 (1994 年 3 月 15 日 国税发 [1994]059 号)

9. 国家税务总局关于印发《增值税小规模纳税人征收管理办法》的通知(1994 年 4 月 23 日 国税发 [1994]116 号)

10. 国家税务总局关于增值税若干征收问题的通知(1994 年 5 月 7 日 国税发[1994]122 号)

11. 国家税务总局关于修订《增值税专用发票使用规定》的通知(2006 年 10 月 17 日 国税发 [2006]156 号)

12. 中华人民共和国营业税暂行条例(1993 年 12 月 13 日 国务院令第 136 号发布)

13. 中华人民共和国营业税暂行条例实施细则(1993 年 12 月 25 日 (93)财法字第 040 号)

14. 国家税务总局关于印发《营业税税目注释》(试行稿)的通知(1993 年 12 月 27 日 国税发[1993]149 号)

15. 国家税务总局关于营业税若干征税问题的通知(1994 年 7 月 18 日 国税发[1994]159 号)

16. 国家税务总局关于营业税若干问题的通知(1995 年 4 月 26 日 国税发[1995]076 号)

17. 国家税务总局关于交通运输企业征收营业税问题的通知(2002 年 3 月 12 日 国税发[2002]25 号)

18. 财政部 国家税务总局关于营业税若干政策问题的通知(2003 年 1 月 15 日 财税[2003]16 号)

19. 中华人民共和国企业所得税法(2007 年 3 月 16 日第十届全国人民代表大会第 5 次会

议通过，自 2008 年 1 月 1 日起施行）

20. 中华人民共和国企业所得税法实施条例（国务院 2007 年 11 月 28 日通过，自 2008 年 1 月 1 日起施行）

21. 财政部、国家税务总局、中国人民银行关于印发《跨省市总分机构企业所得税分配及预算管理暂行办法》的通知（2008 年 1 月 15 日 财预[2008]10 号，自 2008 年 1 月 1 日起执行）

22. 国家税务总局关于印发《跨地区经营汇总纳税企业所得税征收管理暂行办法》的通知（2008 年 3 月 10 日 国税发[2008]28 号，自 2008 年 1 月 1 日起执行）

23. 国家税务总局关于印发《企业研究开发费用税前扣除管理办法（试行）》的通知（2008 年 12 月 10 日 国税发[2008]116 号，自 2008 年 1 月 1 日起执行）

24. 国家税务总局关于印发《非居民企业所得税源泉扣缴暂行办法》的通知（2009 年 1 月 9 日 国税发[2009]2 号，自 2009 年 1 月 1 日起执行）

25. 国家税务总局关于印发《特别纳税调整实施办法（试行）》的通知（2009 年 1 月 8 日 国税发[2009]2 号，自 2009 年 1 月 1 日起执行）

26. 国家税务总局关于印发《企业所得税核定征收办法（试行）》的通知（2008 年 3 月 6 日 国税发[2008]30 号，自 2008 年 1 月 1 日起执行）

27. 国家税务总局关于印发《企业资产损失税前扣除管理办法》的通知（2009 年 5 月 4 日 国税发[2009]88 号，自 2008 年 1 月 1 日起执行）

28. 财政部、国家税务总局关于企业重组业务企业所得税处理若干问题的通知（2009 年 4 月 30 日 财税[2009]59 号，自 2008 年 1 月 1 日起执行）

29. 财政部、国家税务总局关于企业清算业务企业所得税处理若干问题的通知（2009 年 4 月 30 日 财税[2009]60 号，自 2008 年 1 月 1 日起执行）

30. 国家税务总局关于企业政策性搬迁或处置收入有关企业所得税处理问题的通知（2009 年 3 月 12 日 国税函[2009]118 号）

31. 财政部、国家税务总局关于安置残疾人员就业有关企业所得税优惠政策问题的通知（2009 年 4 月 30 日 财税[2009]70 号，自 2008 年 1 月 1 日起执行）

32. 财政部、国家税务总局关于企业所得税若干优惠政策的通知（2008 年 2 月 22 日 财税[2008]1 号，自 2008 年 1 月 1 日起执行）

33. 财政部、国家税务总局关于执行企业所得税优惠政策若干问题的通知（2009 年 4 月 22 日 财税[2009]69 号，自 2008 年 1 月 1 日起执行）

34. 财政部、国家税务总局关于企业关联方利息支出税前扣除标准有关税收政策问题的通知（2008 年 9 月 19 日 财税[2008]121 号）

35. 财政部、国家税务总局关于中国清洁发展机制基金及清洁发展机制项目实施企业有关企业所得税政策问题的通知（2009 年 3 月 23 日 财税[2009]30 号，自 2007 年 1 月 1 日起执行）

36. 中华人民共和国房产税暂行条例（1986 年 9 月 15 日 国务院国发[1986]90 号颁布 自 1986 年 10 月 1 日起实施）

37. 财政部 国家税务总局关于房产税若干具体问题的解释和暂行规定（1986 年 9 月 25 日 财政部 税务总局[1986]财税地字第 008 号颁布 自颁布之日起实施）

38. 中华人民共和国车船税暂行条例（2006 年 12 月 27 日 国务院令第 482 号颁布 自 2007 年 1 月 1 日起实行）

39. 中华人民共和国印花税暂行条例(1988 年 8 月 6 日 国务院令第 11 号颁布 自 1988 年 10 月 1 日起实施)

40. 中华人民共和国印花税暂行条例实施细则(1988 年 9 月 29 日 财政部[1988]财税 255 号颁布 自颁布之日起实施)

41. 国家税务总局关于印花税若干具体问题的规定(1988 年 12 月 12 日 国家税务总局国税地字[1988]25 号颁布 自颁布之日起实施)

42. 国家税务总局关于印花税若干具体问题的解释和规定(1991 年 9 月 18 日 国家税务总局国税[1991]155 号颁布 自颁布之日起实施)

43. 国家税务总局关于进一步加强印花税征收管理有关问题的通知(2004 年 1 月 30 日 国税函[2004]150 号颁布 自颁布之日起实施)

44. 中华人民共和国契税暂行条例(1997 年 7 月 7 日 国务院令第 224 号颁布 自 1997 年 10 月 1 日起实施)

45. 中华人民共和国契税暂行条例细则(1997 年 10 月 28 日 财政部财法字[1997]52 号颁布 自 1997 年 10 月 1 日起实施)

46. 中华人民共和国资源税暂行条例(1993 年 12 月 25 日 国务院令第 139 号颁布 自 1994 年 1 月 1 日起实施)

47. 中华人民共和国资源税暂行条例实施细则(1993 年 12 月 30 日 财政部[1993]财法字第 43 号颁布 自颁布之日起实施)

48. 中华人民共和国城镇土地使用税暂行条例(1988 年 9 月 27 日 国务院令第 17 号颁布 自 1988 年 11 月 1 日起实施 2006 年 12 月 30 日修订重新公布 自 2007 年 1 月 1 日起施行)

49. 国务院关于修改《中华人民共和国城镇土地使用税暂行条例》的决定(2006 年 12 月 30 日 国务院令第 483 号颁布 自 2007 年 1 月 1 日起施行)

50. 中华人民共和国车辆购置税暂行条例(2000 年 10 月 22 日 国务院令第 294 号颁布 自 2001 年 1 月 1 日起实施)

51. 国家税务总局 交通部关于车辆购置税若干政策及管理问题的通知(2001 年 3 月 12 日 国家税务总局 交通部国税发[2001]27 号颁布 自颁布之日起实施)

52. 国家税务总局关于车辆购置税有关问题的通知(2002 年 9 月 11 日 国家税务总局国税发[2002]118 号颁布 自颁布之日起实施)

53. 中华人民共和国土地增值税暂行条例(1993 年 12 月 13 日 国务院令第 138 号颁布 自 1994 年 1 月 1 日起实施)

54. 中华人民共和国土地增值税暂行条例实施细则(1995 年 1 月 27 日 财政部财法字[1995]6 号颁布 自颁布之日起实施)

55. 财政部 国家税务总局关于土地增值税一些具体问题规定的通知(1995 年 5 月 25 日 财政部 国家税务总局财税字[1995]48 号颁布 自颁布之日起实施)

56. 中华人民共和国城市维护建设税暂行条例(1985 年 2 月 8 日 国发[1985]19 号 自 1985 年起施行)

57. 财政部关于《中华人民共和国城市维护建设税暂行条例》执行日期等问题的通知(1985 年 2 月 15 日 [1985]财税字第 055 号)

58. 中华人民共和国税收征收管理法(1992 年 9 月 4 日 第七届全国人民代表大会常务委员会第 27 次会议通过 1995 年 2 月 28 日第八届全国人民代表大会常务委员会第 12 次会议修

正 2001 年 4 月 28 日第九届全国人民代表大会常务委员会第 21 次会议修订）

59. 中华人民共和国税收征收管理法实施细则（2002 年 9 月 7 日 国务院令第 362 号发布）

60. 税务登记管理办法（2003 年 12 月 17 日 国家税务总局令第 7 号发布）

61. 中华人民共和国发票管理办法（1993 年 12 月 12 日 国务院批复同意 发布国函[1993]174 号）

62. 中华人民共和国发票管理办法实施细则（1993 年 12 月 28 日 国家税务总局发布 国税发[1993]157 号）

63. 纳税担保试行办法（2005 年 5 月 24 日 国家税务总局令第 11 号发布）

64. 抵税财物拍卖、变卖试行办法（2005 年 5 月 24 日 国家税务总局令第 12 号发布）

65. 欠税公告办法（试行）（2004 年 10 月 10 日 国家税务总局令第 9 号发布）

66. 中华人民共和国刑法（1979 年 7 月 1 日 第五届全国人民代表大会第 2 次会议通过 1997 年 3 月 14 日第八届全国人民代表大会第 5 次会议修订 1999 年 12 月 25 日第九届全国人民代表大会常务委员会第 13 次会议第二次修正 2001 年 8 月 31 日第九届全国人民代表大会常务委员会第 23 次会议第二次修正 2001 年 12 月 29 日第九届全国人民代表大会常务委员会第 25 次会议第三次修正 2002 年 12 月 28 日第九届全国人民代表大会常务委员会第 31 次会议第四次修正 2005 年 2 月 28 日第十届全国人民代表大会常务委员会第 14 次会议第五次修正 2006 年 6 月 29 日第十届全国人民代表大会常务委员会第 22 次会议第六次修正）

67.《2015 年全国注册会计师考试辅导教材》

68.《2015 年全国税务师考试辅导教材》